Including Children 3-11 With Physical Disabilities

통합학급 교사를 위한

지체장애 학생교육

Mark Fox 저
김삼섭 · 박은송 공역

학지사

Including Children 3-11 With Physical Disabilities
by Mark Fox

3

역자 서문

이 책 『통합학급 교사를 위한 지체장애 학생교육』은 영국의 특수교육심리학자 Mark Fox가 저술한 『3~11세 지체장애 아동이 속한 주류학교를 위한 실용적 지침(Including Children 3-11 with Physical Disabilities: Practical Guidance for Mainstream Schools)』을 우리말로 옮긴 것이다. 영국의 사정을 잘 알지 못하면서 이 책을 번역한 이유는 지체장애 학생에 한정하여 통합교육의 이모저모를 다룬 책이 드물기도 하지만, 책 전반에 반영된 저자의 통합교육에 대한 신념과 경험이 우리나라에도 고스란히 전해졌으면 하는 바람에서다.

오늘날 어느 나라를 막론하고 장애인의 정상화를 하나의 시대정신으로 받아들이고 있고, 그 결과 장애학생의 통합교육이 특수교육의 보편적 교육 형태 혹은 지향점으로 자리 잡아 가고 있다. 통합교육의 역사는 각 나라마다 다르지만, 그 역사의 길고 짧음에 관계없이 여전히 통합교육과 관련된 문제로 고민하고 있다. 이 책의 저자는 오랜 경험을 바탕으로, 영국의 특수교육 현장에서 일어나고 있는 지체장애 학생의 완전통합과 관련된 문제를 현장 중심적 사고에 바탕을 두고 그 대안을 제시하는 지혜를 발휘하고 있다.

이 책은 선행 연구에서 밝힌, 통합교육이 성공적으로 이루어지기 위한 전제 조건들을 주요 내용으로 다루고 있다. 그 전제 조건들은 성공적으로 통합교육을 이룬 학교들의 공통된 특징이기도 한데, 공유된 틀, 교사의 주인의식, 가족 참여, 전문가 간의 명확한 역할관계, 협력적 팀워크, 교직원의 활용, 발달기록부와 개별화교육계획, 효율적인 평가 절차 그리고 의사소통 계획 수립과 우호 증진 등이다. 이러한 특징 중에는 이미 우리나라에서 시행하고 있어 익숙한 것도 있고 시행 추진 중에 있는 것도 있으며, 다소 생소하게 들리는 것도 있는데, 이에 대해 각별한 관심을 기울일 필요가 있다.

이 책의 저자가 지적하는 바와 같이, 아직도 영국에서는 일부 지체장애 학생만이 통합되고 있는 실정이다. 그래서 저자는 보다 많은 지체장애 학생을 주류학교에 통합시키는 데 도움을 주고자 이 책을 집필하게 되었다. 이는 우리가 이 책을 번역한 목적이기도 하다.

번역 과정에서 우리나라 특수교육 현장 혹은 문화권에서는 이해하기 힘든 몇몇 용어 때문에 다소 어려움이 있었다. 과감히 의역하고 싶은 마음이 간절하였으나, 자칫 잘못하면 특수교육학계에 용어상의 혼동을 가져다줄 수도 있다는 우려에서 가능한 한 직역을 하고 그 의미를 독자에게 충분히 전달하기 위해 괄호 안에 원어를 표기하거나 역자 주를 첨가하였다. 또한 '지체장애 학생/아동/유아'의 용어를 경우문맥에 따라 혼용하여 사용하였다. 영국의 교육 관련 법규 등에 익숙하지 못한 관계로 우리가 미처 깨닫지 못한 나머지 오역이 발견될 수도 있다. 이에 대해서는 독자 여러분이 비판과 넓은 아량을 베풀어 줄 것을 기대한다.

이 책이 번역되기까지 많은 분의 도움이 있었다. 먼저 이 책의 번역을 허락해 준 저자 Mark Fox 박사에게 진심으로 감사 드린다. 또한 판로가 한정되어 있음을 잘 알면서도 이 책을 출판해 주신 도서출판 학지사의 김진환 사장님과 편집부 직원 여러분께도 깊이 감사 드린다.

2012년 3월

금강이 내려다보이는 연구실에서 역자

저자 서문

이 책은 지체장애 학생의 통합inclusion에 관한 것이다. 통합교육은 각 교사마다 다른 의미를 가진다. 이 책에서 통합교육의 의미는 지체장애 학생이 지역의 주류학교 혹은 일반학교에 통합되어 있는 상태를 나타내는 데 사용되고 있다. 통합교육의 목표는 가능한 한 지체장애 학생에게 일반교육을 제공하려는 데 있다. 그렇다고 이것이 지체장애 학생의 특성이나 특징을 부정하는 것은 아니다. 지체장애 학생은 학교, 교실, 수업 등에 대해서 변화를 요구한다.

성공적으로 통합교육을 이룬 학교는 여러 공통적인 특징이 있다 Giangreco, 1997. 이 책에서는 이러한 특징이 처음부터 끝까지 효과적인 통합을 위한 근거로 사용되었다. 그 특징은 다음과 같다.

- 공유된 틀
- 교사의 주인의식
- 가족 참여
- 전문가 간의 명확한 역할관계
- 협력적 팀워크

- 교직원의 효과적인 활용
- 의미 있는 발달기록부statement[1]와 개별화교육계획IEPs
- 효율적인 평가 절차

이외에도 두 가지의 다른 특징이 강조된다.

- 명확한 의사소통 계획 수립
- 우호 증진

현행 정부 정책과 특별 개정된 「특수교육법 시행령Code of Practice」(DfES: Department of Education School and pupil performance data, 2001a)과 「특수교육요구 및 장애법SENDA: Special Education Needs and Disability Act」(DfES, 2001b)은 모든 특수교육요구SEN: Special Education Needs 아동을 주류교육 안으로 통합하는 것을 장려하고 있다. 그러나 현재 영국에서는 일부 지체장애 학생만이 통합되고 있으며, 그 수는 많지 않다. 이 책의 목적은 보다 많은 지체장애 학생을 주류학교에 통합시키는 것이다. 그러나 이것은 교사, 학부모, 다양한 전문가 그리고 학생 자신이 통합이 행복하다고 느낄 때에만, 또한 통합이 유익하다고 판단될 경우에만 필요한 것이다. 실제로 이런 조건의 통합교육만이 많은 지체장애 학생에게 행복을 가져다줄 것이다.

1) 역자 주: 우리나라 학교에서 작성하고 있는 학생 발달에 관한 기록인 '학생발달기록부'와 유사하여 statement를 '발달기록부'로 표기함.

이 책 전체에서 교사와 전문가는 약자로 비추어지고 있으며, 지체장애 학생은 강자로 언급되고 있다.

지체장애physical disabilitiy와 신체 곤란physical difficulties의 용어 차이에 대한 서로 다른 사용법이 제2장에 상세히 설명되어 있다. 이 책에서 사용한 지체장애 학생과 신체 곤란 학생의 용어는 유사한대체할 수 있는 용어로 사용되고 있다.

감사의 글

지체장애인협회SCOPE에서 보내 준
여러 학문 분야의 자문 평가 서비스에 대한 감사

이 책에 들어 있는 아이디어들을 제공해 주고,
어려운 삶을 견뎌 온 학생과 학부모 그리고 전문가 모두에게
감사의 마음을 표합니다.

차 례

Chapter 03 부모와 협력

Chapter 04 팀 협력활동

Chapter 05 아동과 함께 활동하기

Chapter 06 친구 만들기

Chapter 07 요구와 지원

Chapter 08 집단 속의 변화

Chapter 01

교사의 기대

역사적 배경

이 장은 누구나 공유할 수 있는 지체장애 아동의 완전통합full inclusion에 대한 틀을 구축하는 데 그 목적이 있다. 이 틀은 교사, 교수보조원Teaching Assistants: TAs, 그 밖에 교직원의 신념, 태도, 가치관 등으로 이루어진다. 이와 같은 완전통합에 대한 태도나 신념은 교사의 전문적 실제를 뒷받침해 주는 중요한 요소다. 만약 보다 많은 지체장애 학생이 통합이 되면, 그들의 태도와 신념도 바뀌게 된다. 신념은 교사의 개인적 경험에 기반을 두고 있을 뿐만 아니라, 다른 사람들이 통합에 관하여 어떻게 생각하는가에 달려 있다. 그래서 지체장애 학생의 통합에 관한 신념은 교사 자신의 개인적 경험뿐만 아니라, 학교의 다른 사람들예를 들어, 교장과 특수교육요구협회(Special Educational

Needs Co-ordinator: SENCO) 그리고 다른 영향력 있는 직원이 쟁점을 어떻게 생각하느냐에 따라 영향을 받는다. 또한 이러한 신념과 태도는 그 학교의 문화에 의해 만들어진다. 학교 문화는 사회의 일반적인 문화와 시대에 따라 변하고 발전한다. 현재의 통합에 대한 신념은 역사적인 맥락 안에서 만들어진다.

지체장애 특수학교의 발전과정

지난 50년간 지체장애 아동교육은 변화를 거듭해 왔다. 이러한 변화는 지체장애 아동이 어떻게 하면 최상의 교육을 받을 수 있는가에 대한 새로운 주장으로 나타났으며, 동시에 장애 관련 용어를 새롭게 정의하는 것으로 표출되었다.

제2차 세계대전 이후에 장애아동은 '장애handicapped'가 있는 사람으로 표현되어 왔다. 1944년의 「교육법Education Act」은 지체장애를 포함하여 장애아동을 11개 장애 범주로 정의하였다. 지역교육청LEAs: Local Education Authorities은 특수교육요구 아동을 진단해야 할 책임이 있다. 1950~1960년대에 많은 특수학교가 이러한 장애아동의 필요를 충족시키기 위해 설립되었다. 또한 뇌성마비협회spastics society, 현재는 Scope(지체장애인협회) 등 관련 기관들은 특수학교의 설치 규정조항, 대책, 설비을 마련하였다. 특수학교의 수는 지체장애 학교 105개교를 포함하여, 1945년에 528개에서 1955년에 743개로 증가하였다Male, 1998. 1977년까지 잉글랜드와 웨일스에서는 1,653개의 특수학교가 설립되었다Booth, 1981. 그 당시 교사와 학부모는 특수학교에 지체장애 아동을 배치하는 것이 최상의 교육적 조치라고 생각하였다.

지체장애 아동을 위한 첫 번째 중요한 변화는 1970년에 나타났다. 이전에는 대부분의 중도 지체장애 아동과 말을 할 수 없는 아동은 교육을 받을 수 없다고 간주하여 왔다. 이전의 「교육법」에서는 그동안 교육받을 수 없다고 간주하여 온 3만 2,750명의 장애학생을, 이때부터는 지역교육청에서 교육하여야 할 책임이 있다고 규정하였다. 그러한 학생은 거의 모두 ESN(s)Educationally Subnormal(Sever) 학교—교육적으로 정상 이하중도 학교—로 알려진 곳에 배치되었다.

1990년 중반 이전의 통합의 발전

1970년대에는 특수학교에서 교육적 어려움을 해결하기 위하여 장애아동을 어디에 배치하는 것이 옳은지에 대한 논란이 있었다. 아동은 어디든지 통합되어야 한다는 견해가 워녹 보고서Warnock Report; 1978와 1981년의 「교육법」에 반영되었다. 통합은 다양한 의미를 가지고 있지만, 일반학교 혹은 주류학교에 다니고자 하는 장애학생의 욕구가 허용되는 것을 의미하는 용어로 사용되었다. 따라서 이 시기에 통합의 주요 방법은 장애학생을 주류학교에 참여시키는 것이었다Deno, 1970. 지체장애 아동 집단은 다양한 방법으로 통합될 수 있었다.

- 물리적 통합: 학생들이 같은 장소에 있지만, 분리되어 있다.
- 사회적 통합: 학생들이 저녁식사 등 사회 활동에 함께 참여한다.

- 학문적 통합: 학생들이 친구들과 함께 일반 학급에서 공부하고 활동한다.

지체장애 아동의 요구를 해결하기 위한 신념이 법규정을 변화시켰다. 중도 지체장애 학생이나 복합적인 요구를 가진 아동이 특수학교나 기숙제 특수학교에 들어가게 되었다. 일부 경도 장애학생은 부분적으로 특별히 지정된 주류학교에 통합될 수 있었다. 또한 경도 지체장애 학생은 지역의 주류학교에 통합되었다Within Reach, 1992. 또한 이 시기에 장애 범주가 폐지되었고 특수교육요구라는 개념은 학생이 학습에 대한 어려움을 나타내는 용어로 사용되기 시작하였다. 1980년대의 쟁점은, 학생들—그들의 특수교육요구를 인정하는—사이의 차이를 인정하는 데 있었다. 그러나 이 시기에 지체장애 학생이 어떻게 교육을 받았는지에 대한 정확한 기록은 없다. 지역교육청이나 중앙 정부에서조차 다양한 범주의 지체장애 학생이 여러 형태의 학교에서 어떻게 교육을 받았는가에 대한 기록을 갖고 있지 않다within Reach, 1992.

1990년대 중반 이후의 통합의 발전

1990년대 중반까지만 하더라도 주류학교에서 이루어지는 장애아동 교육을 일컫는 말로 'inclusion'보다는 주로 'integration'이라는 용어가 사용되었다. 최근에는 '완전' 통합'full' inclusion이란 용어가 소개되었다[1]Giangreco, 1997; Jarrett, 1996. 완전통합 모델의 특징은 다음과 같다.

- 장애가 없다면, 대부분의 아동은 가고자 하는 학교에 입학한다.
- 자연적인 장애아동의 출현율은 어느 학교에서나 비슷하게 나타난다.
- 어떤 아동도 장애의 기준에서 제외되지 않는다.
- 일반학교 및 일반교육에 배치하는 기준은 학교 내에 특수학급이 없다는 가정하에 연령에 맞게 이루어진다.
- 협동학습이나 동료교수와 같은 교육 방법이 중요한 교수전략으로 사용된다.
- 특수교육 지원 교사special educational support teacher와 교수보조원TAs은 일반학급이나 다른 통합 환경의 맥락에서 지원된다.

아직까지도 영국에서는 완전통합이 실현되지 못하고 있다. 그러나 완전통합은 일부 특수교사의 열망이며, 변화를 촉진하는 원동력이 되고 있다. 용어의 변화는 특수교육요구 아동이 적절하게 교육받지 못하고 있다는 특수교사의 관심사를 반영할 뿐만 아니라, 통합교육에 대한 국가의 인식을 변화시키고자 하는 특수교사의 노력을 반영하고 있다. 지난 50년간 교사들은 지체장애 학생을 효과적으로 교육하는 다양한 방법을 보여 주었다. 현행법에 따른 정부의 기본적인 원칙은 다음과 같다. '특수교육요구 아동은 일반적으로 주류학교에

1) 역자 주: 특수교육에서 흔히 말하는 '통합' 이라는 말과 같거나 비슷한 의미로 사용되는 영어 단어들은 'integration' 'inclusion' 'full inclusion' 등이 있다. 현재 우리나라에서는 이 용어를 학자에 따라 동일한 뜻으로 혹은 약간 다른 뜻으로 사용하고 있다. 이 책에서는 잠정적으로 'integration' 과 'inclusion' 은 '통합' 으로, 'full inclusion' 은 '완전통합' 으로 번역한다.

배치한다' DfES, 2001a: 7. 그러나 이것이 모든 아동을 포함하거나 완전통합을 의미하는 것은 아니다.

이 책 전체를 통해 '통합'이란 용어는 주류학교에서 지체장애 학생을 교육하는 것을 설명하는 데 사용될 것이다. 통합은 '완전통합'을 의미하지는 않는다. 대신에 오늘날 통합이 다양한 수준으로 나타날 수 있다는 것으로 설명된다. 대부분의 학교에서는 학부모의 기대와 적당한 지원이 없다면 완전통합을 실현할 수 없다고 생각한다. 완전통합의 길로 나아가기 위하여 이러한 제한점을 말하는 것이 이 책의 중요한 관심사다.

통합교육에 대한 교사의 태도

통합교육에 대한 교사의 태도는 통합교육의 성공 여부에 직접 영향을 미친다. 〈표 1-1〉의 질문지 문항들은 교사가 통합에 대한 자신의 태도를 이해하는 데 도움이 될 것이다. 통합교육은 각 교사 또는 교직원에 의해 완성될 수 있다.

〈표 1-1〉 **통합교육에 대한 교사의 태도**

(4=매우 그렇다; 3=대체로 그렇다; 2=그렇다; 1=그렇지 않다)

순서	항목	점수
1	지체장애 학생을 가르칠 지식이 있다고 생각한다.	
2	지체장애 학생의 통합교육을 지지한다.	
3	특수학교보다 일반학교에서 지체장애 학생이 더 발전한다고 생각한다.	
4	일반학급 친구들이 지체장애 학생을 사회적으로 받아들일 것이라고 생각한다.	
5	지체장애 학생이 학습의 어려움을 보완할 수 있다고 생각한다.	
6	지체장애 학생이 일반학급에 통합됨으로써 학업적으로 도움이 된다고 생각한다.	
7	지체장애 학생의 통합으로 인해 일반학생이 이익을 얻는다고 생각한다.	
8	이러한 학생과 함께 계획하고 작업하기 위해서 적당한 교실 지원교수보조원 등을 받고 있다고 생각한다.	
9	일반교사들이 긍정적인 교육 실천으로서 통합을 지원하고 있다고 생각한다.	
10	적당한 지원 서비스언어치료사, 물리치료사, 직업치료사, 교육심리학자들처럼가 즉각적으로 효력이 있다고 생각한다.	
11	지체장애 학생이 일반학급에서 특정한 친구로부터 상당한 지원을 받는다고 생각한다.	
12	지체장애 학생의 교육에 관하여 지식을 넓히기 위해 부가적인 직무연수In-service training: INSET에 기꺼이 참석하려고 한다.	
13	지체장애 학생을 가르치기 위해 적당한 설비와 교수 자료가 쓸모 있다고 생각한다.	
14	지체장애 학생이 일반학급에 통합됨으로써 사회적으로 이익을 얻는다고 생각한다.	
15	지체장애 학생이 일반학교에 다닐 권리가 있다고 믿는다.	

출처: Sideridis & Chandler, 1997.

해 석

〈표 1-1〉의 질문 문항은 다섯 가지 태도 영역으로 분류할 수 있다.

- 권리(문항 2, 9, 15): 일반학교에 통합되어 있는 지체장애 학생의 권리에 관한 교사의 신념
- 이익(문항 3, 6, 14): 지체장애 학생을 위한 통합교육으로부터 학문적 · 사회적인 이익에 관한 교사의 신념
- 기술(문항 1, 5, 12): 일반학교에 있는 지체장애 학생을 효과적으로 가르치고 관리하는 데 있어서 기술과 자격에 관한 교사의 신념
- 허용수용(문항 4, 7, 11): 지체장애 학생의 사회적 수용이나 거부에 관한 교사의 신념
- 자원(문항 8, 10, 13): 자원과 장비 그리고 인적 자원에서 교사에게 제공되는 지원에 관한 교사의 신념

각 영역에 속한 세 가지 질문의 점수를 합하여 각각의 태도에 대한 전체 점수를 얻게 된다〈표 1-2〉 참고.

이 영역에서 각각의 점수가 높을수록 교사는 지체장애 학생을 통합할 수 있다고 생각하거나 통합하려고 한다. 만약 어떤 영역에서 12점이 나왔다면, 그 교사는 그 영역에 관한 한 통합에 대하여 어떠한 이견도 없다는 것을 의미한다.

대부분의 교사는 각 태도 영역에서 12점을 얻지 못할 것이다. 연구

〈표 1-2〉 **통합에 대한 태도 요약**

통합에 대한 태도	전체 점수
권리	
이익	
기술	
허용	
자원	

에 따르면, 교사들은 이 다섯 가지 영역에 관하여 일관된 관심이 있음을 알 수 있다. 그러나 이러한 것들을 조사하기 전에 생각해야 할 상세한 질문들이 있다.

- 가장 확신하는 영역최고 점수를 얻은 영역은 어떤 영역인가?
- 왜 이 영역을 확신한다고 생각하는가?
- 어떤 영역을 가장 확신하지 못하는가? 왜 그런가?
- 학교에서는 누구나 같은 방식으로 생각하는가?
- 누가 그것을 다르게 보는가? 왜 그런가?
- 항상 이러한 방식으로 사물을 바라보는가? 왜 사정이 달라졌는가?
- 이 영역에서 나의 신념을 변화시키려면 무엇이 필요한가?

다섯 가지 신념의 구체화

완전통합에 대한 교사의 인식을 알아보고자 한 선행연구는 많다. 주로 미국과 캐나다, 호주에서 연구가 이루어졌지만 Scruggs & Mastropieri, 1996, 영국에서도 일부 이루어졌다Rose, 2001. 연구결과, 흥미로운 사실이 발견되었는데, 연구가 진행된 시대적 상황과 교사의 태도 사이에는 어떠한 상관관계도 없다는 것이다. 다시 말해, 교사의 태도는 정책적으로 발생한 모든 역사적인 변화에도 불구하고 30년이 넘도록 크게 변화하지 않았다는 것이다. 그러나 통합에 대한 긍정적인 태도가 한층 더 발전하고 있고, 통합교육을 전달하기 위한 책임감도 나날이 증대되고 있다Garvar-Pinhas & Schmelkin, 1989. 정책 입안자와 정치인 그리고 대학 교수가 통합에 대한 필요성을 강조하는 동안에도 통합교육에 관한 교사의 관점은 대체로 회의적이었다는 사실에 주목할 필요가 있다.

다음에서는 이러한 각각의 신념을 상세하게 살펴본다. 먼저 일반교사의 신념에 관하여 살펴본 뒤, 각 신념에 대해서 생각해 볼 수 있는 틀을 제공하기 위해 각 신념과 그 신념의 배경이 되는 주장에 대해서도 알아본다.

권 리

Q. 지체장애 학생이 일반학교에 통합될 정당한 권리가 있는가?

이 신념은 통합의 핵심 요소다. 이것은 교사가 통합교육이 윤리적으로 옳은가 혹은 그렇지 않은가에 대해 생각하는 것이다. 지체장애 학생이 일반학교에 다닐 권리가 있는가? 일반적으로 대다수의 교사는 통합을 지지한다Scruggs & Mastropieri, 1996. 그러나 많은 사람은 장애 정도의 경중에 좌우한다. 한 연구에서는 87%의 교사가 경도 지체장애 학생, 예를 들어 학교에서 이동하는 데 약간의 어려움이 있는 학생의 통합은 지지하였다. 반면, 약 32%의 교사만이 중도 지체장애 학생, 즉 신체활동 영역에서 전적으로 의존하고 있는 학생의 통합을 지지하였다Berryman & Berryman, 1981. 대다수의 교사가 통합교육의 원리를 지지한다고 해도, 장애의 정도가 심할수록 통합을 꺼리는 것으로 나타났다.

또한 실제로는 소수의 일반교사만이 장애학생을 가르치려고 하였다. 교사의 책임이 증가될수록 학생을 통합하려는 교사들의 의지는 낮아진다Scruggs & Mastropieri, 1996. 일반교사의 경우 대체로 경도 지체장애 학생을 가르칠 수 있다고 생각한다. 중도 지체장애 학생들을 가르칠 수 있다고 생각하는 교사는 50% 정도로 나타났다Phillips, Allred, Brulle, & Shank, 1990. 또한 대부분의 교사는 통합교육이 윤리적으로 옳다고 믿지만, 특수교육요구 학생을 가르치려는 교사의 비율은 낮다. 교사의 책임이 커질수록, 그리고 학생의 장애 정도가 심해질수록 그 비율은 낮아진다.

통합교육의 권리에 대한 논쟁

장애학생의 권리 혹은 사회적 정의와 가치관 등이 통합에 관한 수많은 논쟁의 기저를 이루고 있다Pearpoint, Forest, & Snow, 1992. 통합교육에 대한 논의를 인종차별과 대비시켜 정치문제로 삼기도 한다Newell, 1985. 통합교육에 대한 쟁점은 넓게는 인종차별에 대한 시각과 연결되어 있다. 이는 지체장애 아동의 요구를 넘어선 문제이며, 나아가 통합은 인간의 권리에 대한 문제로 연결된다. 지체장애 아동차별에 대한 관심보다 학교와 다른 학생들 그리고 사회구성원의 가치관이 어떤지에 초점을 맞추고 있다. 이 차이는 개인이 속한 조직의 통합교육과 인종차별 정책 사이에서 만들어지며, 이 차별은 집단의 수동적인 결속을 통해서 나타난다.

인종차별과는 대조되는 이 차이는 통합교육의 전체 의미를 변화시킨다. 통합교육은 더 이상 지체장애 학생이 일반학생과 함께 어느 정도의 시간을 교육받을 수 있을까에 대한 것이 아니다. 통합교육은 학생들이 지역사회 학교에 항상 통합되어 있어야 한다는 것을 의미한다.

이 책에서 언급되는 통합교육은 지역사회 내에 모든 아동을 통합하려는 학교 정의와 관련되어 있다. 현재는 주류학교로 학생들을 통합하는 것이 국제적인 경향이다Ainscow & Sebba, 1996. 특수교육요구에 대해서 1994년 살라만카Salamanca에서 개최된 유네스코국제연합교육과학문화기구: UNESCO의 국제회의는 통합을 인간의 권리로 인식시키는 데 중대한 영향을 끼쳤다. 이 회의의 성명서와 행동강령은 일반학교에 접근하려는 특수교육요구 아동의 권리를 포함하고 있다.

현재는 주류학급 내에서 지속적인 지원을 하려는 완전통합 모델의 적합성과 완전통합에서 기숙제 특수학교까지를 아우르는 범위에서 지속적인 지원의 적합성에 대한 논쟁이 한창이다.

통합교육의 규정에서 윤리적으로 주요한 첫 번째 논점은 아동 및 그 가족의 요구가 특수하다는 점을 받아들이지 않는다는 점이다 Skinner, 1996. 그 논점은 한 가지 방법만으로 모든 장애아동의 어려움을 해결할 수 없다는 것이다. 다시 말해, 마법 같은 해결책은 없다는 것이다. 그러므로 통합학교에서 교육받는 것을 제한하는 것은 학생의 개인적 권리를 부정하는 것이다. 두 번째 논점은 장애학생이 생활하는 데 있어 차별받지 않도록 그들의 요구에 맞춘 특수화된 편의시설을 갖추는 것이다Fuchs & Fuchs, 1995. 세 번째 논점은 일부 지체장애 학생의 부모는 통합을 반대한다는 것이다. 이것은 교육 및 고용지원국DfEE의 1997년 그린 보고서를 통해 영국 정부가 발표한 것이다. 비록 통합교육이 시대적인 흐름이라 하더라도, 일부 학생은 일반학교에 통합되지 못할 것이라는 인식이 있다. 학부모의 주요 관심사는 다음과 같다.

> 일부 학부모는 통합학교에서 자녀의 요구를 어떻게, 그리고 얼마나 만족시킬 수 있을지에 대해 의문이 있다. 아울러 학부모는 자녀의 요구에 적당하다고 판단되는 특수학교를 선택할 권리가 있다(p. 45).

상담 절차에 따라, 특수교육요구회의Meeting Special Educational Needs: 활동을 위한 프로그램 조항(DfEE, 1998)는 정부의 책임을 명확히 하였다. '일반학교로의 통합 촉진은 학부모가 어디에서라도 통합교육을 원하고 또한 적절한 지원을 요청하면 이를 제공할 수 있어야 한다는 것이 정부의 기본 방침이다.' P. 13 또한 이 성명서는 통합교육이 대세이지만, 일반학교로의 완전통합이 모든 학부모를 행복하게 만드는 방안은 될 수 없다는 정부의 견해를 강조하고 있다.

제3장은 통합교육의 가장 기초적인 문제에 대한 학부모와 교사의 견해 차이에 주목하고 있다. 이러한 문제 외에도 통합교육 상황에 배치하는 것의 타당성과 교육과정의 내용 그리고 지원 수준을 결정하는 기준 등이 포함된다. 학부모와 교육자는 기본적인 결정이나 행동에 있어서 공유 체제를 갖고 있지 않다Giangreco, 1997.

완전통합에 대한 권리는 변화를 위한 촉매로서 작용하는 것이다. 인권보호의 맥락에서 통합교육 환경에 배치하는 것이 교사로 하여금 "통합이 가장 좋은 교육방법이다."라고 말할 수 없다면, 모든 학생에게 이익을 주면서 실제로 효과를 줄 수 있는 방법이 무엇인지 교사에게 질문해 보도록 한다.

요 약

다음은 지체장애 학생이 가장 잘 통합될 수 있는 최적의 조건이다.

- 교사가 통합교육을 지지한다.
- 학부모가 통합교육을 지지한다.
- 적절한 지원이 제공된다.

이 익

Q. 지체장애 학생은 통합을 통해 학업적 · 사회적으로 이점이 있는가?

교사와 학부모가 통합을 지지하지 않는 주요 이유 중 하나는 통합교육이 학생에게 학업적 · 사회적으로 유용하지 않다고 생각하는 것이다. 대부분의 교사는 통합교육이 어느 정도 도움이 된다고 생각한다. 하지만 일부 교사는 특수교육요구 아동에게 가장 적절한 교육적 배치라고 생각하지 않는다. 반면 소수의 일반학급 교사는 특수학급 배치와 관련하여 전일제 통합이 학업적 · 사회적으로 많은 이점이 있을 것으로 생각한다Scruggs & Mastropieri, 1996. 여기에서 중요한 점은 교사의 기대가 교육활동과 교육성과에 영향을 준다는 점이다Stolber, Gettinger, & Goetz, 1998. 즉, 학생에게 이익이 실제로 있을지 없을지는 교사의 신념이 영향을 미칠 수 있다는 것이다. 그렇다면, 지체장애 학생을 통합하는 이점에 대한 증거는 무엇인가?

통합의 이점에 대한 논쟁

통합교육의 이점에 대한 연구는 두 부분으로 나뉜다. 첫째는 통합되어 있는 모든 특수교육요구 아동이 특수학교에서 학업적 · 사회적으로 보다 더 많은 이점이 있는가를 증명하는 연구다. 둘째는 지체장애 아동이 통합교육 환경에서 더 잘하는 것이 무엇인지를 찾는 것이다.

■ 특수교육요구 아동을 위한 통합의 이점

통합의 이점을 평가하는 것은 방법적으로 어려움이 있다Farrell, 1997. 특히, 특별한 개인적 요구를 가진 아동을 일반화시키는 데 어려움이 있다. 뿐만 아니라 각 아동마다 차이가 있기 때문에 비교하는 것이 어렵다. 마지막으로, 연구자들의 이해관계다. 통합교육의 이점에 대한 일반적 결론을 이끌어 내기 위한 한 가지 방법은 연구들을 메타분석하는 것이다. 메타 분석은 개별 연구가 서로를 지지하는지 알아보기 위해 많은 연구의 정보를 결합시킨다. 이 방법은 편향된 소수의 연구결과를 일반화하는 위험을 줄일 수 있다.

세 개의 메타 분석 연구가 통합교육에 관한 연구를 요약하였다. 이 연구들은 효과 크기로 알려진 일반적 기준을 제시하였는데, 통합교육이 특수교육보다 더 효과적이라는 사실을 말해 주고 있다. 이 결과는 〈표 1-3〉에 요약되어 있다.

〈표 1-3〉 **통합교육 배치의 효과**

저 자	Carlberg & Kavale	Wang & Baker	Baker
발표 연도	1980년	1985~1986년	1994년
배치 기간	1980년 이전	1975~1984년	1983~1992년
학생 수	50명	11명	13명
학문적 효과 크기	0.15	0.44	0.08
사회적 효과 크기	0.11	0.11	0.28

메타 분석의 결과는 통합교육이 특수교육요구 아동의 학업 및 사회성 성취 측면에서 적절하면서도 유용한 방법임을 보여 주고 있다

Baker, Wang, & Walberg, 1995. 모든 효과 크기는 주류학급에서 교육받는 학생이 특수학급과 특수학교에서 교육받는 학생에 비해 보다 더 학문적이고 사회성이 높은 행동을 한다는 것을 일관되게 보여 준다. 연구자는 통합교육의 결과가 긍정적이며 가치가 있지만, 아주 크지는 않다고 결론지었다. 여하튼, 이 메타 분석은 통합교육이 특수교육요구 아동에게 학업적 · 사회적으로 유익하다는 결론을 제시한다.

■ 지체장애 학생을 위한 통합교육의 이점

주류학교에 다니는 지체장애 학생의 통합교육 효과를 알아보고자 하는 연구도 몇 편 이루어졌다. 초기 연구 중의 하나는 적합한 지적 능력과 발음 기술을 고려했을 때, 통합교육이 학문적으로 성공적일 수 있다는 것을 보여 주고 있다Bowley, 1969.

또 다른 연구는 경도 지체장애 학생과 평균 지적 능력을 가진 지체장애 학생은 장애 때문에 괴롭힘을 당하는 등 여러 문제가 있음을 보여 주고 있다Marlow, Thoman, & Innes, 1968.

Anderson1973, 1975은 영국 최초로, 통합되어 있는 지체장애 학생을 연령대별로 상세하게 분석 · 연구하였다. 이 연구를 통해 주류학교에 배치된 지체장애 학생이 대부분 행복해하였다는 것을 발견하였다. 이에 관한 연구가 많이 이루어지지는 않았지만, 그녀의 연구는 지체장애 학생이 주류학교에 효과적으로 통합될 수 있다는 것을 보여 주고 있다.

아울러 그녀는 지체장애 학생의 유형에 따라 신중히 판단하여 조심스럽게 통합교육으로 접근하도록 제안하였다.

1980년대 초에 교육자들은 주류학교에 지체장애 학생을 통합하는 데 있어 신중을 기할 것을 강조하였다. Center와 Ward1984는 '권리' 논쟁에도 불구하고, 학생이 실제로 학업적 · 사회적으로 통합교육으로부터 이익을 얻고 있음을 보여 주는 연구결과는 거의 없다고 주장하였다. 또한 교사의 기술과 태도 등의 필수조건도 검증되지 않았다. 호주에서 중도 뇌성마비cerebral palsy: CP아동의 효과적인 통합교육에 대한 연구가 이루어졌다. 연구결과 뇌성마비 아동이 일반아동에 비해 읽기, 수학 성취도 및 사회적응력 점수가 더 낮은 것으로 나타났다. 그러나 뇌성마비 아동은 비교할 만한 동질집단이 없었다. 뇌성마비 아동은 학업적 · 사회적 수행에서 유의한 차이가 있었다. 하지만 이 연구결과도 특수학교에 배치된 또래 학생이 성취하는 방법과 비교할 수가 없었다. 연구자들은 지체장애 학생에게 다양한 지원 시스템이 제공되기 전까지는 주류학교에서의 성공을 보장하지 못할 것이라고 추정하였다. 특별히 그들은 다음과 같은 문제를 강조하였다.

- 조기 교육 중재의 지원
- 유치원과 주류학교 사이의 연계
- 교사 준비
- 자원
- 지역사회 참여

Center, Ward 그리고 Ferguson1991은 효과적인 통합교육의 성패를 좌우하는 요인으로 학급과 학교 학생의 중복장애 여부가 어떠한 영향을 미치는지에 관한 연구를 진행하였다. 그들의 연구결과는 지체장애 학생이 중복장애를 가지고 있지 않을 경우 통합교육이 성공적으로 이루어졌음을 보여 주고 있다. 중복장애 학생은 통합에서 실패하였다. 그러나 저자는 지체장애 학생의 장애 정도를 기준으로 통합교육이 성공할 것인가 실패할 것인가를 추측하는 것은 잘못이라고 지적하였다. 성공적으로 통합된 학생 중에는 장애 정도에 있어 다양한 차이가 있었다.

중요한 점은, 성공적인 통합교육은 잘 조직된 교수 활동과 적절한 지원에 의해 좌우된다고 많은 연구결과가 지적하고 있다는 것이다. 잘 조직된 교수 활동과 적절한 지원이 있다면, 지체장애 학생의 장애 유형이나 정도에 상관 없이 성공적으로 통합될 것이다. 바꾸어 말해서 위의 두 가지 지원 없이는 학생이 성공적으로 통합될 수 없다. 다만, 예외인 경우는 통합교육에 대하여 학교운영위원회의 규정이 매우 허용적인 학교 풍토일 때라고 지적하였다. 이것이 실현된다면 그들은 미약하지만 조직된 교수 활동 혹은 지원의 부족을 극복할 수 있다.

이 연구결과는 성공적인 통합이 학생 요인이 아니라 교수 활동, 학교의 조직 및 풍토에 의해 좌우된다는 것을 강조하였다는 점에서 그 의의가 있다.

요 약

다음과 같은 조건일 때 지체장애 학생이 주류학교에 참여하여 학업적 · 사회적으로 이익을 얻을 수 있다.

- 학교 풍토가 허용적이다.
- 교사는 교수 활동에서 잘 구조화된 전략을 사용한다.
- 교사는 적절한 지원을 한다.

기 술

Q. 성공적인 통합을 위해 필요한 지식과 기술을 가지고 있는가?

세 번째 영역은 교사가 주류학교에서 지체장애 학생을 효과적으로 지도하고 관리하는 데 있어서 그들의 능력을 어떻게 지각하고 있는가에 관한 것이다.

대다수의 교사는 특수교육요구 아동에게 필요한 학급 규정, 교수 활동 및 교육과정 등을 수정해야 한다고 생각한다Scruggs & Mastropieri, 1996. 대부분의 주류학교 교사는 자신이 통합교육을 활성화시키기 위한 전문가로서의 능력이 없다고 생각하고 있을 뿐만 아니라, 충분하게 훈련되어 있거나 준비되어 있다고 생각하지 않는다Rose, 2001. 주류학교 교사는 지체장애 학생의 통합교육에 필요한 기술과 지식을 습득하기 위해서는 훈련과 연수가 필요하다는 사실도 인정하지 않는다.

교사의 기술에 대한 논쟁

지체장애 학생을 가르치기 위해서는 교사의 특별한 기술이 필요하다는 것과 관련하여 몇 가지 논쟁이 있다. 논쟁 중의 하나는 교사가 적합한 기술을 가지고 있느냐, 가지고 있지 않느냐 하는 것이다. 또 다른 논쟁은 특수교육요구 아동을 가르치기 위해 특별한 기술이나 다른 기술이 필요하지 않다고 말하는 교육자들이 있다는 것이다. Center 등1991은 성공적인 통합교육의 주요인은 잘 구조화된 교수조직이라고 하였다다른 요인, 즉 지원의 적합성은 자료 영역에서 다룰 것이다. 구조화된 교수조직은 다음의 구성요소를 가진다.

- 명확한 수업목표
- 상세한 수업 개요
- 단계적이고 계열화된 수업 지도
- 기초 기술 영역에서의 직접 지도
- 아동의 기초 기술의 규칙적인 모니터링
- 말하기 또는 쓰기 과제 지도 시 계속적인 피드백
- 아동이 자습하는 동안 이와 관련된 교사 활동

구조화된 교수조직은 효과적인 주류학교 교사의 교수조직처럼 여겨 왔다Wittrock, 1985. 이전 연구는 이 영역을 상세히 설명하였다Larrivee, 1985. 예를 들어, 아동의 요구에 대한 피드백의 형태는 다음과 같다.

- 정확한 대답에 대한 긍정적인 피드백
- 대답을 독려하기 위한 자극
- 틀린 대답에 대한 단서 제공
- 간헐적 비판

교수 · 학습은 다음과 같이 구성할 필요가 있다.

- 교수 · 학습 활동을 전환하는 데 낭비되는 시간이 적어야 한다.
- 교수 · 학습은 충분한 시간이 주어져야 한다.
- 수준에 적합한 교수 · 학습 활동이 이루어져야 한다.

이 구성요소는 주류학급에서 효과적인 교수 · 학습 활동을 하기 위한 요인이다. 이 연구는 특수교육요구 아동을 가르치는 데 필요한 기술은 그 밖의 모든 아동을 가르치는 데도 필요하다는 것을 보여준다. 그러나 많은 교사는 자신이 충분한 기술을 가지고 있다는 것을 느끼지 못하고 있는데, 그 원인은 다음과 같다.

- 문화: 전통적으로 교사는 지체장애 학생은 특별한 학교에서 가르쳐야 한다고 생각한다.
- 다양한 전문가: 교사는 지체장애 학생이 다른 발달적 요구—예를 들어, 신체적 또는 의사소통—를 가지고 있으며, 그것은 다른 전문가의 지원이 필요하다고 생각한다.
- 의사소통: 지체장애 학생은 의사소통에 어려움을 가지고 있다.

이러한 요구에 대한 서비스가 다양한 전문가 팀예를 들어, 언어치료사에 의한 지원에 의해 제공된다 해도, 교사는 종종 그들과 의사소통하기 위해 필요한 방법에 관해 관심을 가져야 한다.

- 능력: 교사는 지체장애 학생이 신체 곤란이나 의사소통장애 때문에 학습하는 데 어려움이 있을 것으로 생각하며, 그렇기 때문에 일반학급에서 그들을 만날 수 없다고 생각한다.
- 생소: 교사는 익숙하지 않은 지체장애 학생을 연구 대상으로 삼아야 하며, 전문 용어예: 척추측만, 도구예: 의사소통판 그리고 교실 수정예: 조절된 책상을 포함해야 한다고 생각한다. 이 생소함은 교사로 하여금 학생을 가르치는 데 필요한 다양한 교수 기술에 대해 고민하게 만든다.

이 쟁점들의 일부는 연수를 통해 수정 · 보완될 수 있다. 연수는 이론으로 행하는 것보다 특수교육요구 아동에게 실제적으로 적용하는 것이 더욱 효과적이다Lipsky & Gartner, 1996. 또한 경험이 연수보다 더 중요하다는 주장도 있다Ainscow, 1999. Larrivee1985는 효과적으로 구조화된 교수조직보다 특수교육요구 아동과 함께한 교사의 경험이 더 큰 영향을 미친다고 하였다. 교사를 위한 효과적인 지원은 시스템을 멘터링하거나 가르쳐 주는 것이다. 이것은 지체장애 학생을 지도해 본 경험이 있는 교사가 교육 경험이 적은 동료에게 지원하고 조언하도록 하는 것이다.

요 약

교사가 효과적인 통합교육을 위한 기술과 지식을 갖추기 위해서는 다음과 같은 활동이 필요하다.

- 교수 활동을 구조화하라.
- 효과적인 피드백을 제공하라.
- 적절한 수준과 동기를 유지하도록 지원하라.
- 교육 외적인 영역에서도 효과적인 다학문적 지원을 하라.
- 지체장애 학생을 가르치는 교사의 경험을 반영하라.

허 용

Q. 지체장애 학생의 통합은 학급의 나머지 학생에게 부정적인 영향을 미치는가?

대부분의 교사는 같은 학급 학생들이 지체장애 학생을 받아들이지 않을 것에 염려한다. 지체장애 학생이 소외되거나 소수의 친구만을 사귈 것이라고 걱정하며, 문제를 일으키는 다른 학생들로부터 주의를 빼앗길 것이라고 염려하기도 한다. 이러한 생각은 지체장애 학생과 통합하면 자신의 자녀가 잘못 성장한다고 믿는 부모에게 통합교육이 원망의 원인이 되기도 한다Rose, 2001.

사회적 수용을 위한 논쟁

지체장애 학생을 통합하지 않은 학급과 통합한 학급 학생들의 발달을 비교한 연구가 있다. 이들 연구결과에 따르면, 장기간에 걸쳐 바람직한 지원이 제공되는 통합학급 내 일반학생들은 지체장애 학생에 의해 발달에 있어서 부정적인 영향을 받지 않았음을 일관되게 보여 주고 있다Staub & Peck, 1995.

사회 수용의 항목에서는 통합에 대한 잠재적 이익이 있는 것으로 나타났다. 초등학교 학생들의 경우 지체장애 학생을 다르게 보고 이들과 함께 활동하지 않으려는 일반학생들의 경계가 줄어들면서 학부모들은 걱정을 덜 하게 되었다York & Tundidor, 1995. 장애학생과 생활한 결과, 일반학생들은 자존감이 증가하고, 부정적인 신입견이 감소되었다Peck, Carlson, & Helmstetter, 1992. 또한 조기에 형성된 장애학생과 일반학생 간의 인간관계는 장기간에 걸쳐 유지되는 것이 보통이다Staub & Peck, 1995.

장애학생과 일반학생 간의 관계가 조기에 원만하게 형성되었다고 해서 지체장애 학생이 사회적으로 수용되는 일이 해결된 것은 아니다. 대다수의 지체장애 학생의 부모는 자녀가 학교를 다니면서 친구를 사귈 수 있을까 걱정한다Fox, 1999. 사람들의 '다름'에 대한 편견은 일반적인 현상인데, 이를 극복하는 데 교사의 영향력이 매우 크다Parish et al., 1980. 지체장애 학생은 친구를 사귀는 것이 어렵기 때문에 교사가 도움을 줄 필요가 있다Strully & Strully, 1989.

Booth, Ainscow 그리고 Dyson1997은 오늘날 학교가 겪는 딜레마에 대해 언급하였다. 교육효과의 기대치와 기준을 높이고자 하는 정부의 교육정책은 통합교육과 쉽게 일치되지 않는다. 학교 당국은 일반부모에게 지체장애 학생을 통합하는 것이 자녀의 교육에 방해가 되지 않는다는 사실을 설득시켜야 한다. Booth 등1997의 연구는 통합교육이 일반학생들에게 부정적인 영향을 미치는 것이 아니라, 오히려 긍정적인 영향을 미칠 수 있다는 점을 강조하고 있다.

요 약

지체장애 학생의 통합교육은 일반학생들에게 긍정적인 영향을 미칠 것이다.

- 구조화된 교수조직으로서 접근을 강화하는 것
- '다름'을 받아들일 수 있도록 하는 것
- 두려움과 편견을 줄이는 것
- 모든 학생의 자존감을 증가시키는 것

자 원

Q. 지체장애 학생의 성공적 통합교육을 위해 요구되는 자원의 지원은 무엇인가?

자원은 적절한 장비나 교수매체와 같은 물적 자원과 교수보조원과 전문가예: 물리치료사와 같은 인적 자원으로 나눌 수 있다. 교사는 통합교육에 대한 연구를 해야 하기 때문에 더 많은 시간이 필요하다고 생각한다Barton, 1992. 통합교육 활동을 위해 추가되는 시간은 교수보조원이 보충해 줄 것이다. 그러나 대부분의 교사는 교수보조원이 보충해 주는 시간에 만족하지 않는다Rose, 2001. 교사들은 인적 자원보다 장비와 같은 물적 자원을 더 원한다Scruggs & Mastropieri, 1996.

자원에 대한 논쟁

자원에 대한 논쟁의 근본은 '시간'이다Stolber et al., 1998. 교사는 지체장애 학생을 통합하여 교육하기에는 시간이 부족하다고 말한다. 다음과 같은 경우에 추가시간이 필요하다.

- 개별화교육을 제공해야 할 때예: 언어 프로그램, 신체관리 프로그램 등
- 지체장애 아동을 교수 활동에 참여하도록 지원할 때
- 학습활동 간의 전환을 지원할 때
- 독립 기술을 촉진할 때

*출처: Rose, 2001.

그 밖의 추가시간이 필요한 활동은 다음과 같다.

- 교육과정을 계획할 때
- 교수보조원과 함께 활동을 계획할 때
- 다른 전문가예: 물리치료사와 함께 활동을 계획할 때

- 부모와의 만남을 계획할 때

*출처: Logan & Malone, 1998; Thomas, Walker, & Webb, 1998; Bennett, Deluca, & Bruns, 1997.

교수보조원의 교실 지원은 시간을 확보할 수 있는 중요한 방법이다. 지역에 따라 차이가 있지만학교 예산 항목에 따라 지체장애 학생에 대한 자원의 지원은 지역교육청에서 작성하는 학생의 발달기록부와 밀접한 관련이 있다. 그러나 지난 10년간 지역교육청의 자원의 지원은 점점 줄어들었다. 그 첫 번째 원인은 특수교육요구 아동의 수가 지속적으로 증가해 왔으며, 주류학교에 배치된 학생의 비율도 해마다 늘고 있다는 점이다. 1995년 통계에 의하면 통합학교는 66.4%였는데, 2000년에는 75.6%로 늘어났다DfES, 2001c.

주류학교에서 규정하고 있는 지체장애 학생에 관한, 지역교육청에서 요구되는 자원 비율은 증가되고 있다. 지역교육청에 포함된 예산은 이러한 자원이 아동의 필요를 충족시키기 위해 골고루 분배할 필요가 있음을 의미한다.

자원의 효과적인 관리는 통합교육을 유지하게 하는 중요한 원동력이다Society of Education officers, 1996. 교육과학국DES, 1989의 지체장애 학생 교육에 관한 보고서는 지역교육청이 적용하였던 여러 가지 교육적 배치를 중심으로, 지체장애 학교에서 주류학교로의 통합을 언급하고 있다. 이 시기에 주류학교에 개별 학생을 통합하는 것이 자원을 효과적으로 사용하는 것인가라는 의문이 제기되었다.

통합과 관련하여 자원에 대한 두 가지 논쟁이 있다. 첫째는 학교의 접근성이다. 「특수교육요구 및 장애법」DfES, 2001b에도 불구하고, 많은 학교는 휠체어를 탄 학생들이 접근하기 곤란하다. 만약 접근이 쉽지 않다면 학교는 접근을 쉽게 할 수 있도록 개선할 책임이 있다. 건물을 건축할 때 충분한 자본 투자 없이는 지체장애 학생을 통합교육으로 이끌어 내기 어렵다학교의 접근 계획에 대한 미래의 관계는 8장을 참고하라.

두 번째 논점은 지체장애 학생을 위한 자원을 지원하는 데 다른 기관들을 포함시키는 것이다. 특히 국민건강보험협회NHS는 지역의 신뢰를 통하여 통합교육을 위해 가장 중요한 전문가—물리치료사, 작업치료사, 언어치료사—를 제공한다. 그들은 또한 장비예: 의사소통 보조기구의 일부를 책임진다. 이렇게 다른 기관과의 연합은 자원을 지원하는 결정을 하는 데 중요하다.

또한 교사는 지체장애 학생의 통합교육을 위해 적합한 지원을 하는 데 어려움이 있음을 지적한다. 교사는 지역교육청과 학교에서의 자원의 지원이 빈약하다고 생각하면서, 지체장애 학생을 위한 효과적인 통합교육은 자원의 지원 여부에 달려 있다고 생각한다. 미국교원단체AFT 회장은, 교사는 제공된 서비스가 적절하지 못할 경우 이를 보고할 수 있어야 하며, 이러한 양심선언에 대한 보복으로부터 보호를 받아야 한다고 주장하였다.

요 약

「특수교육요구 및 장애법」에 의해 지원되는 추가 자원은 지체장애 학생의 성공적인 통합교육을 위해 다음과 같은 조치가 필요하다.

- 학교 건물을 개조하라.
- 특별한 요구에 대해 국민건강보험협회NHS 지원을 제공하라예: 특수한 신체관리 프로그램
- 특수 장비를 제공하라.
- 교수매체를 제공하라.
- 교사가 성공적으로 계획하도록 허용하라.

교사의 역할

이 장에서는 지체장애 학생의 통합교육에 대한 교사의 태도에 대해 알아보았다. 성공적인 통합교육은 교사의 신념을 토대로 하여 시작된다.

또한 통합교육은 교장의 지원으로부터 시작된다. 교장은 효과적으로 학교의 의사소통 통로를 관리하는 사람이다. 교장이 통합교육을 지원하지 않는다면 통합교육은 실현되기 어렵다. 교장은 이념적 · 실제적으로 통합교육을 위한 의욕과 정신적 지원을 제공하는 사람이다.

교장이 긍정적으로 통합교육을 지지한다면 학급 교사는 통합교육이 성공하든 실패하든 간에 결심을 해야 하고, 결국 통합교육은 이루어지게 된다Erwin & Soodak, 1995. 실제로 통합교육의 성패를 좌우하는 것은 학급 교사의 신념이다. 대부분의 학교 교사가 지체장애 학생의 통합을 지원한다고 믿는 것이 중요하다. 통합교육의 어려움은

주요 영역에서 발견된다. 이에 대한 연구결과는 현재의 통합교육에 대한 믿음을 상세하게 검토하기 위한 근거를 제공하는 것이다.

자신의 신념과 처한 상황에 따라 통합교육에 대해 다양한 태도를 보일 수 있다. 그것은 다음과 같은 네 가지 태도로 정리할 수 있다.

- 체념
- 옹호
- 멘터링
- 정상화

체 념

불행하게도 일부 교사는 지체장애 학생의 통합교육을 도와주기 위해 교실에서 바꿀 수 있는 것은 아무것도 없다고 생각한다. 지체장애 학생을 가르치기 위해서는 자신의 모든 에너지를 쏟아야 한다는 것을 잘 알고 있다. 더구나 가르치는 내용이 새로운 것일 수도 있고, 전부터 보아 왔지만 어떤 특별한 지원도 없으며, 새 학급에 다른 특수교육요구 아동이 배치될 수도 있다.

옹 호

일부 교사는 통합의 옹호자로 활동한다. 그들은 지체장애 학생의 통합이 옳다고 믿는다. 또한 통합교육을 실현하기 위해서는 변화가 필요하다고 생각한다. 이러한 교사의 태도는 신체관리 프로그램을 변화시키는 것처럼 개개 아동에게 영향을 미칠 수도 있고, 장애에 대한 개념처럼 학교 차원의 변화를 가져올 수도 있으며, 더 나아가 자원을 어떻게 배분할 것인가와 같이 지역교육청 차원의 변화를 도모할 수도 있다. 여기에 속한 교사는 학생, 가족 및 학교의 편에 서서 상황 변화에 대처한다. 이러한 노력의 최종 목적은 통합이다.

멘터링

교사 중에는 지체장애 학생의 통합교육을 경험한 사람도 있다. 그들은 그와 같은 경험을 되살려 통합교육을 시도하는 동료교사를 지원하기도 한다. 이 지원은 장비 혹은 교수 전략에 대한 특별한 충고 같은 것일 수도 있으며, 체념하는 교사에 대한 정서적 지원의 형태일 수도 있다. 오래전부터 직접 지도한 경험이 있는 교사의 지원은 지체장애 학생의 성공적인 통합교육을 위해 필수적이다.

정상화

일부 교사는 정상화 방안을 가지고 있다. 사실 모든 교사는 학생의 정상화를 위해 일정한 역할을 하고 있다—지체장애 학생도 학교의 정상화 영역으로 통합되어야 한다고 믿는다. 일부 교사는 왼손잡이 아동교육으로 문제가 있어 보이는이나 신체의 일부분을 움직이는 것이 어려운 아동도 통합되어야 한다고 생각한다. 또 다른 교사는 휠체어를 사용하는 아동도 통합되어야 한다고 생각한다. 그런데 불행하게도 정상화의 개념에 대하여 다른 견해를 가지고 있는 교사도 있다. 이런 견해는 학기 중에 바뀔 수도 있다. 그래서 학기 초에는 학생이 무능력하게 보이다가 학년 말에는 당연하게 학급의 한 구성원으로 보일 수 있다.

이 네 가지 태도는 어떻게 교사가 통합교육에 대해 서로 다른 견해를 가지고 있는가를 개념화하는 데 도움을 줄 것이다. 이는 성격의 형태에 관한 것이 아니라 교사가 가질 수 있는 태도에 관한 것이다. 교사는 자신이 속해 있는 학교에서 각기 다른 역할을 맡을 수도 있다. 모든 태도는 나름대로의 기능을 각기 가지고 있다. 체념은 교사가 강한 스트레스를 받거나 필요한 지원이 제대로 되지 않는다고 느끼는 데서 오는 것이다. 이 책이 교사가 태도를 바꾸고 체념으로부터 멘터링과 정상화를 옹호하는 데 도움이 되길 바란다.

요 약

교사의 기대는 지체장애 학생의 성공적인 통합교육을 위한 기초다.

- 권리: 지체장애 학생이 주류학교에서 통합교육을 받는 것은 당연한 권리이자 타당한 일이다.
- 이점: 지체장애 학생의 통합교육은 학업적 · 사회적으로 이점이 있어야 한다.

- 기술: 교사는 성공적인 통합을 위해 필요한 지식과 기술을 가지고 있어야 한다.
- 수용: 지체장애 학생의 통합은 같은 학급 학생에게 긍정적인 영향을 미칠 것이다.
- 자원: 추가 자원 또는 지원은 지체장애 학생의 성공적인 통합을 위해 필요하다.

이 장에 언급한 내용은 확실한 조건 아래에서 실현된다. 이 책의 나머지 부분은 이 조건이 주류학교에서 실현될 방법을 검토한다.

Chapter 02

지체장애란

'곤란' 혹은 '장애'

'지체장애'라는 용어는 어떠한 의미를 가지고 있는가? 1장에서는 '장애handicapped'에서부터 '특수교육요구를 가진having special educational needs' 아동에게까지 사용되는 단어가 수년간 어떻게 바뀌었는지 간략하게 서술하고 있다. 아직까지도 어떤 단어가 적절한가에 대한 논쟁은 계속되고 있다. 언어는 장애인에 대한 사람들의 사고방식을 반영하고 있으며, 이는 작지만 중요한 의미를 지니고 있다. 어떤 사람은 장애를 가진 아동에게 무능함을 뜻하는 '불구implies'라는 단어를 사용하기도 한다. 또 어떤 사람은 '장애아the disabled child'라는 용어를 사용하기도 하는데, 이는 어떤 사람이 가지고 있는 신체 곤란 때문이라기보다는 신체 곤란에 따른 사람들의 태도나 자원 부족과 같은 주변 상황에 의해 어려움을 가진다는 뜻으로 표현될 수 있다. 이 장에서는 아동의 신체 곤란에 중점을 두고 있다. 지체장애의 유무는 학교와 다른 서비스들이 신체 곤란에 대한 장애를 어떻게 관리하느냐에 달려 있다.

〈표 2-1〉은 흔히 사용되고 있는 지체장애와 관련된 용어다.

〈표 2-1〉 **지체장애와 관련된 용어**

바르지 못한 표현	바른 표현
handicapped child	disabled child
suffers from a victim of	has the condition has the impairment
confined to a wheelchair wheelchair bound	wheelchair-user
mentally handicapped learning disabled	learning difficulty
crippled	disabled child
spastic	has cerebral palsy

〈표 2-1〉에서 '바르지 못한 표현'에 속한 용어는 지체장애를 누군가의 도움을 필요로 하는 힘없는 약자로 표현하고 있다. 이에 대하여, 지체장애인협회Scope, 1998는 현재 상황에서 어떤 단어를 사용하는 것이 가장 적절한가에 대한 지침을 만들었다〈표 2-1〉 참조. 하지만 이러한 용어는 언제든지 변할 수 있고, 또 변해야 할 필요성이 제기될 수도 있다.

신체 곤란-연속성

'지체장애'는 신체 기능에 있을 수 있는 많은 어려움을 모두 포함하는 광범위한 개념이다. 그러면 그 범주는 어디까지인가? 올림픽 참가 선수와 일반사람을 비교하면, 사람들은 신체적으로 조금씩의 장애가 있다. 이 범주에는 소근육에 약간의 문제를 가지고 있는 아동에서부터 신체 기능을 조절할 수 있는 능력이 거의 없는 아동까지 포함된다. 또한 이 범위 안에는 많은 신체 곤란이 포함된다. 그렇다면 협응이 어렵고 서투른 사람이 지체장애인인가? 휠체어를 사용하지만 다른 사람과 같은 인지능력을 가지고 있는 사람은 어떠하며, 교통사고로 재활치료를 받고 6개월 안에 다시 걸을 수 있는 사람은 어떤가? 이 모든 사람에게는 신체 곤란이 있다. 이러한 장애는 걸을 수 있느냐 없느냐처럼 신체 운동의 범주와 관련이 있다.

아동의 신체 곤란이 일반사회와 학교에 참여하는 것을 방해한다면, 이 어려움은 결국 장애로 인식된다. 즉, 행동에 문제가 있는 학생이 수업에 필요한 학습 과제를 하지 못한다는 이유로 지체장애로 인식될 수도 있다. 하지만 같은 학생에게 워드프로세서 등 여러 소프트웨어를 제공한다면, 신체 곤란을 가졌어도 지체장애로 분류되지 않을 수 있다.

이 책은 신체 곤란으로 현재 주류학교에서 장애를 가진 것으로 판단되는 학생들에게 초점을 맞추고 있다. 10년 후에는 이 같은 지체장애가 사라질지도 모른다. 현재 소근육에 어려움을 가진 아동은 어떤가? 과거에는 골반장애를 가진 아동이 장애인 취급을 받거나 특수학교로 보내졌다. 현재는 다음과 같은 활동에서 어려움을 겪고 있는 아동이 지체장애로 간주된다.

- 학교에서 이동하기
- 교실 안에서 이동하기
- 수업 시간에 참여하기
- 손 기술을 사용하여 교육활동에 참여하기
- 신체 곤란으로 인한 언어장애를 가지고 교과활동에 참여하기

교사는 기본적으로 교실에서 학생에게 신체 곤란에 대한 도움을 주기 위하여 학생의 신체 능력을 알고 있을 필요가 있다. 〈표 2-2〉의 '신체 기술: 교사들을 위한 체크리스트〈표 2-2〉'는 이를 이해하는 데 유용할 것이다.

〈표 2-2〉 **신체 기술: 교사를 위한 체크리스트**

• 신체 곤란의 영역

이동하기	선 택
잘 걷는가?	
잘은 아니지만 걸을 수 있는가?	
적은 움직임으로 이동하는 데 어려움이 있는가?	
독립보행을 할 수 없는가?	
이동하는 데 휠체어를 사용하는가?	

머리 조절하기	선 택
정상적으로 머리 조절을 할 수 있는가?	
어려움-긴 시간 동안 머리를 들 수 있는가?	
어려움-짧은 시간 동안 머리를 들 수 있는가?	

별다른 머리 조절은 없는가?	
머리 조절을 위하여 특수 의자를 사용하는가?	

앉 기	선 택
일반 의자에 앉을 때 특별한 문제는 없는가?	
불안정하지만 도움 없이 잘 앉는가?	
도움을 받지 못하면 앉지 못하는가?	
도움을 받는 상황에서도 앉는 자세 유지에 어려움이 있는가?	
자세 유지를 위하여 의자를 이용하는가?	

손 사용하기	선 택
두 손을 함께 사용하는 데 문제는 없는가?	
혼자 옷을 입을 수 있으나 두 손을 사용하는 데 약간의 어려움이 있는가?	
연필을 주면 잡을 수 있는가?	
손을 뻗고 잡는 것이 불가능한가?	
교과 학습활동 시에 스위치를 이용하는가?	

언 어	선 택
발음에 문제가 있는가?	
언어를 이해하는 데 문제가 있는가?	
언어를 이해하지 못하는가?	
의사소통을 위하여 특정 도구를 이용하는가?	

다음 정보를 알면 더 유익하다.

원치 않는 움직임 관찰	휴식 시간	흥분 혹은 목표 행동 시
없음		
경련을 일으키는가?		
몸을 뒤트는가?		
떨림이 있는가?		
근육 경련이 있는가?		

신체 곤란 구분	예	아니요	모름
몸의 양쪽에 특별한 차이가 있는가?			
그렇다면, 어느 쪽이 더 우월한가?			
다리보다 팔에 더 영향을 받는가?			
팔보다 다리에 더 영향을 받는가?			

다음 영역에서 신체 곤란이 있다.

하위 구분	예	아니요	모름	도구 사용/필요	내용
이동하기					
머리 조절하기					
앉기					
손 사용하기					
언어					

출처: Evans, Johnson, Mutch, & Alberman, 1989.

지체장애의 종류

아동의 신체 곤란은 다른 조건이나 의학적 증후군으로 인하여 생긴다. 이러한 증후군은 아동이 학교에 입학하기 전에 진단된다. 오늘날 증후군 진단에 관한 용어는 간략화되어 있다. 이러한 용어의 간략화는 아동을 묘사하는 데 편리한 용어가 될 수 있다. 그렇기 때문에 '지체장애'라는 용어를 쓰기보다 아동이 가지고 있는 의학적 증상으로 이해하는 것이 유용하다. 뇌성마비 아동과 근이영양증 아동의 교육 사이에는 명확한 차이가 있다. 또한 같은 의학적 진단을 받은 아동이라 할지라도 교육 요구가 같은 것은 아니다. 따라서 교사는 의학적 진단의 의미를 이해할 필요가 있다.

의학적 진단을 이해하면 다음과 같은 측면에서 도움이 된다.

- 다른 전문가와 동일한 용어를 사용하여 의사소통하는 데 유익하다.
- 학부모와 전문적으로 상담할 수 있다.
- 어떤 활동은 유익하고 어떤 활동은 그렇지 않다는 것을 알 수 있다.
- 피로와 같은 이차 문제를 미리 알 수 있다.

학령기 지체장애 학생에 대한 정확한 통계가 없고, 신체 곤란을 판단할 수 있는 명확한 정의도 없는 실정이다. 하지만 이러한 유형에 대한 특성을 살펴보는 것은 가능하다. 지체장애의 세 가지 주요 유형은 다음과 같다.

- 뇌성마비: 1/400명
- 이분척추: 1/300~1,000명
- 근이영양증: 1/3,000명

신체 기능에 영향을 줄 수도 있는 골다공증1/20,000명과 같이 잘 알려지지 않은 유전적 질환도 있다.

신체 곤란은 움직임과 관련된 모든 어려움이다. 이러한 문제는 다음과 같이 각각 다른 신체 부위에서 발생한다.

- 근육 이동을 조절하는 뇌의 중심 영역예: 뇌성마비
- 뇌에서 근육까지 정보를 전달하는 신경관예: 이분척추
- 근육 자체예: 근이영양증

이러한 차이점을 알아 두면 학생의 다양한 어려움을 이해하는 데 도움이 된다.

뇌성마비

뇌성마비란 뇌에서 발생하는 여러 가지 질환의 복합체라 할 수 있다. '뇌성마비는 뇌가 몸의 근육을 조절하는 상황에서 이를 방해하여 나타나는 여러 증상을 통합하여 일컫는 용어다.' Queensland spastic Welfare League, 1993. 이 정의는 뇌에서 발생하는 '방해요소' 로 인한 어려움을 강조하고 있는데, 아동의 뇌 손상에 대한 이전의 정의보다 훨씬 더 유익하다. 따라서 뇌 내부에서 발생하는 방해로 인해 나타나는 아동의 행동장애로 이해하는 것이 중요하다. 이 정의는 교육적으로도 유용하다. 예를 들어, 뇌를 서류 상자와 비교해 보자. 우리는 가끔 서류 상자에서 무언가를 찾아내는 데 어려움을 겪은 경험이 있을 것이다.

만약 서류 상자에서 무엇인가를 찾아내고자 할 때 서류 상자 자체가 손상되어 찾을 수 없다면, 그것은 색인 체계가 제대로 작동하지 못해서 발생되는 어려움이다. 마찬가지로 뇌성마비 아동은 신체 정보를 수집하고 그 정보가 몸 안에서 적절하게 근육 움직임으로 작동

하는 일련의 근육 작동의 문제라기보다 손상된 뇌로 인하여 겪는 어려움으로 볼 수 있다.

뇌성마비의 원인

뇌성마비를 뇌에서 발생하는 방해요소 장애로 보는 이유는 태어날 때 뇌의 질식으로 인한 '뇌손상'이 원인이기 때문이다. 현재 뇌질식에 의한 뇌성마비 발생률은 출생 시 10% 정도로 알려져 있다. 몸집이 작아 생명의 위협을 받는 조산아는 뇌성마비가 될 가능성이 많다. 또한 뇌성마비 아동 중 1/3 이상이 조산아다. 의학의 발달로 이러한 추세는 더욱 늘어날 것으로 보인다.

영향을 받는 몸의 부위

뇌성마비는 몸의 다양한 부위에 영향을 줄 수 있다.

- 사지마비는 사지가 마비되어 있는데, 일반적으로 몸 전체에 영향을 받는다.
- 양마비는 보통 양쪽 다리가 마비되어 있는데, 쌍마비라고도 한다.
- 편마비는 몸의 한쪽 부분이 마비되어 있는 상태를 말한다.

이러한 용어는 지체장애 아동을 분류하는 일반적 표현으로 사용된다. 각 사지가 영향을 받는 데에는 정도의 차이가 있다. 예를 들어, 사지마비 아동이지만 왼손보다 오른손을 훨씬 쉽게 사용하는 것이 이에 속하는 경우다.

뇌성마비의 유형

뇌성마비는 크게 경직형, 불수의 운동형 그리고 운동실조형 세 가지 유형으로 구분되며, 각기 다른 신체적 특징을 가지고 있다Levitt, 1982.

■ 경직형

뇌성마비의 가장 흔한 형태인 경직형의 신체적 특징은 다음과 같다.

- 근 긴장: 근 긴장은 근육이 수축하면서 나타난다.
- 비정상적 자세: 근 긴장은 비정상적인 자세를 만들기도 하는데, 이는 척추측만증과 같은 기형이나 수축을 일으킨다. 따라서 아동은 올바른 자세와 교정을 필요로 한다.
- 근 긴장 변화: 근 긴장과도 긴장은 특히 머리와 목의 자세 변화에 영향을 미친다. 이는 아동의 감정 상태흥분이나 두려움의 변화와 갑작스런 움직임에 따라 증가할 수 있다.
- 수의 운동: 사지가 마비되어 있을 뿐만 아니라 움직이는 것이 매우 어렵고, 움직임의 전체 가동 범위를 가지고 있지 않다. 또한 움직이는 데 오랜 시간이 걸리기도 한다.

■ 불수의 운동형

불수의 운동형의 신체적 특징은 다음과 같다.

- **불수의 운동**: 불수의 운동형 뇌성마비 아동은 목적 없이 움직인다. 종종 몸을 뒤틀기도 하고, 움직임을 조절하는 데 상당한 어려움을 겪는다.
- **의식 통제**: 역설적으로, 불수의 운동은 운동을 조절하려고 하면 불수의 운동이 더 증가하며, 흥분이나 두려움과 같은 감정도 불수의 운동을 발생시킨다. 다른 것에 집중하면서 안정을 취하면, 불수의 운동이 감소하는 경향이 있다.
- **연령에 따른 변화**: 불수의 운동은 주로 2~3세에 나타난다.

운동실조형

운동실조형의 신체적 특징은 다음과 같다.

- **균형 유지의 어려움**: 운동실조형 아동은 걸을 수 있지만, 움직임이 불안정하며 균형을 잘 유지하지 못한다. 특히, 학교에서 돌아다니거나 휴식을 취할 때 어려움을 겪기도 한다.
- **수의 운동**: 실조형 아동은 움직이고 싶을 때 움직일 수는 있지만, 근육의 협응에 문제를 가지고 있다. 간혹 바르지 못한 소근육의 통제와 불수의 운동으로 인하여 불편함을 겪는다.

이상의 내용은 뇌성마비 아동에 대한 여러 문제를 이해하는 데 유용한 시발점이 될 수 있다. 그러나 각 아동에게는 팔다리에 더 많이 혹은 더 적게 영향을 주는 한 가지 이상의 신체적 특징이 있을 수 있다는 점에 유의할 필요가 있다.

교사를 위한 TIP

- 뇌성마비는 움직임에 어려움을 갖는 장애다. 뇌성마비 아동은 학교생활에서 기능적 기술을 잃어버리지 않도록 해야 한다. 또한 신체적 기능의 유지와 발전을 위한 신체관리 프로그램이 필요하다.
- 뇌성마비 아동은 약 7세가 되기 이전에 신체적 기술을 습득한다.
- 뇌성마비는 움직임을 조절하는 데 어려움을 갖는 것이 일반적인 증세이며, 이러한 어려움은 다른 교육활동에 영향을 줄 수도 있는데, 특히 시지각 기능에 영향을 줄 수 있다.

이분척추

두 번째로 흔한 신체적 증상은 이분척추다. 이분척추란 척추 분열split spine을 말하며, 신경관이 완전하게 발달되지 않은 상태로 닫히는 것이다. 이는 출생 후 바로 척추 손상 부분을 닫도록 수술을 요한다. 이분척추에는 다양한 유형이 있다. 어떤 유형은 상당히 심한 신체 곤란을 야기하는 반면에, 일부 유형은 수술을 하면 장기적으로 신체적 문제를 일으키지 않는다.

척추 손상 부위는 장애의 정도를 이해하는 데 중요한 열쇠가 된다. 손상 부위가 척추 밑부분에 있다면, 걸을 수는 있으나 방광이나 장에서 곤란을 겪게 된다. 손상 부위가 늑골 밑부분에 있다면, 걸을 때 버팀대나 목발을 필요로 한다. 또한 손상 부위가 위쪽에 있다면, 양마비를 앓게 되어 걸을 수 없다Rekate, 1990.

이분척추 아동 중 뇌와 골반 사이의 액체 순환에 어려움을 겪는 아동도 있다. 이를 뇌수종이라 하며 뇌의 팽대를 야기시킬 수 있다. 이는 흔히 '뇌에 물이 차 있는 것water on the brain'을 말하는데, 낭성이분척추를 앓는 아동의 80% 이상이 이러한 증상을 겪는다. 이를 제거하기 위해서는 뇌에 '션트shunt'를 삽입하는 수술을 해야 한다. 션트는 액체를 뺄 수 있도록 만들어진 작은 플라스틱 도관을 말한다. 가끔 션트 시술과 관련된 감염이나 기능부전과 같은 문제가 발생하기도 한다.

교사를 위한 TIP

- 이분척추는 움직임에 어려움을 갖는 증세 중 하나이며, 학교에서는 기능적 기술을 잃어버리지 않도록 해야 한다. 이 증세가 악화되면, 학부모와 의료 관계자는 션트와 같은 시술을 통해 환자를 관리해야 한다.
- 이분척추 아동은 신체관리 프로그램이 필요하다. 이는 어린 아동에게 걷도록 독려할 수도 있다. 6세까지도 타인의 도움 없이 일어서지 못한다면, 스스로 이동할 수 있는 방법을 배워야 한다. 이 단계에서는 휠체어를 이용한 이동에 중점을 두어 훈련을 하기도 한다Hall & Hill, 1996.
- 점차 고통이 심해지는 것이 실제적인 문제가 되며, 아동은 정기적으로 교실에서 자세를 교정하고, 고통을 예방하기 위해 아동 스스로 바른 자세와 자세교정을 위한 기능을 터득해야 한다.
- 대부분의 이분척추 아동은 용변처리를 하는 데 어려움이 있다. 이에 대하여 교내에서는 장의 움직임을 규칙적으로 확립시킬 수 있는 배변훈련 프로그램이 필요하다. 요도 감염은 이분척추 장애아에게는 심각한 문제이며, 이에 대한 위생관리 프로그램이 함께 계획되어야 한다.

근이영양증

근이영양증은 유전성 근육 질환이며 치명적인 증세를 가지고 있다. 여자에게는 아주 드물게 나타난다. 가장 일반적인 형태는 뒤선형 근이영양증Duchenne dystrophy이다. 이 질환은 남자 3,000명 중 한 명꼴로 발생하며, 근육 부피의 감소와 약화에 따라 근육 섬유질이 점진적으로 쇠약해진다. 주로 2~4세의 유아에게 증상이 나타나는데, 몇 년이 지나도 명확한 진단이 어려운 경우가 대부분이다. 어려서는 달리거나 계단을 오르는 데 어려움이 있고, 걷는 데도 어려움이 있을 수 있다. 그렇기 때문에 12세 정도가 되면 휠체어를 사용해야 할 수도 있다. 근이영양증의 진행 속도는 아동에 따라 차이가 있으나, 성인이 되기 전에 사망하는 것이 보통이다.

교사를 위한 TIP

- 대개의 지체장애 학생은 일찍부터 자신의 증상을 스스로 인식하게 된다. 따라서 이들에게는 바람직한 자아의식을 확립하도록 지원하는 것이 중요하다.
- 근이영양증 학생을 담당하는 교사도 힘든 과정을 겪기 때문에, 이들 또한 정신적 지원을 받아야 하며, 필요하다면 상담을 받을 필요가 있다.
- 신체관리 프로그램을 계획할 때는 주의가 필요하다. 이들 중에는 이동과 관련하여 걷기에서 휠체어의 사용으로 전환하기도 한다. 따라서 신체관리 프로그램을 적절하게 계획할 필요가 있다.
- 더 이상 걷지 못하게 된 학생의 경우는 근육이나 힘줄이 구축拘縮되거나 불구의 위험이 크다. 때문에 학생을 그들의 목적과 동기를 인식하게 하는 신체관리 프로그램 계획에 참여시킬 필요가 있다.

유전 질환

앞에서 진술한 질환으로 진단을 받지 않은 지체장애 아동도 많다. 이들은 알려지지 않은 미상의 희귀 질환을 가지고 있다. 이 중에는 수백 가지의 다양한 신체 질환이 있기도 하고, 일부 질환은 전국에서 단지 몇 명만 앓고 있는 매우 희귀한 병도 있다. 또한 이름이 알려지지 않은 질환도 있다. 현재는 지체장애를 보다 쉽게 구별할 수 있는 DNA 검사 시스템이 급격하게 변화 · 발전하고 있다. 이러한 의학의 발전으로 일반적인 뇌성마비로 진단받은 아동도 재진단을 받을 수 있게 되었다.

교사를 위한 TIP

- 어떤 질환에 대하여 알고 싶다면, 특수교육요구협회나 학교 보건교사에게 문의한다.
- 희귀 질환에 대한 정보를 수집하려면 인터넷을 이용한다.
- 아동에 대한 관찰과 경험을 공유한다아동을 익명으로 하고. 희귀 질환의 교육적 양상에 대하여 전문가 간에 의사소통할 수 있는 관계를 형성한다.

이차 장애

이상의 질환과 뇌성마비는 뇌의 발달과 직접적인 연관이 있다. 이는 지체장애와 관련된 다양한 신경 계통에 문제가 있다는 것을 의미한다. 이러한 문제 중 다음의 세 가지 요소, 즉 시각, 청각, 간질은 특히 중요하다. 지체장애 아동은 이러한 이차적 문제를 모두 가지고 있거나 그렇지 않을 수도 있다. 교사는 학생이 이러한 문제로 인해 영향을 받고 있는지의 여부를 확인하는 것이 중요하다.

시 각

지체장애 아동은 일반아동에 비해 시각적으로 어려움을 더 많이 가지고 있다. 시각의 특성은 시각 정보를 입력하는 데 장애를 일으키는 시각 손상과 시각 정보를 처리하는 과정의 문제로 구분된다 Dutton, Day, & McColloch, 1999. 아동의 시각 장애는 아동의 신체 문제 때문에 나타난다. 따라서 시각 자극 처리에서 기회의 한계가 아동의 독립적 움직임의 한계로 나타날 수 있다.

시각 정보 투입

시각 문제는 다음과 같은 두 가지 요소로 판단된다Lodge, 1999.

- 시력시각 투명도
- 시야주변 시야

시력이란 물체를 보는 명료도를 의미한다. 일반적으로 시력은 20/20~20/40 사이이며, 20/20의 시력을 가진 아동은 6m 거리에서 물체를 뚜렷하게 볼 수 있다. 또한, 20/40의 시력을 가진 아동은 일반아동이 12m에서 볼 수 있는 물체를 6m의 거리에서 볼 수 있다. 일반적인 시야는 수평으로는 160~180도이며, 수직으로는 120도다. 시야에 제약을 받는 아동은 마치 터널을 바라보는 것과 같은 '터널' 시야를 가지기도 한다.

시력이나 시야가 기준치에 미치지 못하면 시각장애로 분류된다. 안경을 쓰고도 시력이 20/200일반인이 약 60m 거리에서 볼 수 있는 것을 약 6m에서 볼 수 있을 정도의 낮은 시력 이하이거나 수평 시야가 20도 이하이면 시각장애로 분류된다.

만약 시력에 문제가 있다면 교육활동에 지장이 있을 것이다. 한 예로, 인쇄된 글자를 정확하게 읽을 수 없게 된다. 또한 시야에 문제가 있다면, 교실이나 학교에서 이동하는 데에 따른 이동성에 어려움이 생길 것이다.

지체장애 아동은 안구 운동의 조절과 조화에 문제가 생기기 쉬우며, 이는 안구가 본의 아니게 빠르게 사방으로 움직이는 안구진탕증nystagmus과 두 눈이 동시에 한 방향을 보지 못하는 사시strabismus, 한쪽 눈의 이용을 억제시키는 약시amblyopia를 일으킬 수 있다. 이러한 증상은 무리하게 글을 읽거나 하면 눈의 피로와 두통을 발생시킬 수 있다Lodge, 1999.

중도 시각장애와 지체장애를 수반하는 중복장애 아동은 소수에 불과하다. 교사가 그와 같은 아동을 교육하기 위해서는 상당한 추가 자원 혹은 지원과 시각장애 관련 분야 전문가의 도움이 필요하다. '시각 정보 수집: 교사용 체크리스트' 〈표 2-3〉는 아동의 시각 정보 투입의 문제점에 대하여 전반적인 평가 요소를 제공하고 있다.

교사를 위한 TIP

- 학생이 시각 정보를 받아들이는 과정에 문제가 있다면, 어떤 문제가 발생하고 어떻게 지도해야 하는지에 대한 이해를 높일 수 있도록 학부모 및 특수교육요구협회와 협의를 해야 한다.
- 학생은 이러한 시각적 어려움을 극복하거나 최소화하기 위하여 안경을 착용한다. 이때 안경은 정밀해야 하고, 시력에 맞게 착용해야 한다.
- 시각장애의 유형과 관계없이 자신의 시력을 효과적으로 사용할 수 있도록 가르쳐야 한다.
- 교수전략 및 교수매체에 대한 조언과 지원은 지역교육청의 시각장애 서비스, 시각장애인협회RNIB 및 다른 특별한 자원봉사 조직에서 구할 수 있다.

〈표 2-3〉 **시각 정보 수집 : 교사용 체크리스트**

아동이 안경을 쓰고 있습니까?	예	아니요
아동의 반응		
두통		
먼 거리의 사물을 보기 어려움		
책을 읽거나 볼 때 눈이 침침함		
이중으로 보기		
눈의 외관		
한쪽 눈이 안 혹은 밖으로 돎		
무의식적인 눈의 움직임		
눈을 가늘게 뜨고 보거나 치켜뜨고 보기		
충혈된 눈 또는 눈꺼풀, 두꺼운 눈꺼풀		

행 동		
책이나 장난감을 얼굴에 가까이 하기		
머리를 상하좌우로 젓기		
과도하게 머리를 움직이기		
거리를 두고 볼 때 사시가 되거나 눈을 찡그리기		
거리를 두고 볼 때 머리로 들이박기		
자주 눈을 비비기		
교육과정		
읽은 위치를 잃어버리거나 다음 읽을 줄을 건너뛰기		
읽거나 보고 쓸 때 단어를 빼놓고 쓰거나 철자 틀리기		

출처: Mandell & Fiscus, 1981.

시각 정보 처리

지체장애 아동은 시각 정보 처리 과정에서 어려움을 겪기도 한다. 시각 정보 처리 과정의 장애는 분류하기 곤란하다Dutton et al., 1999. 교사와 부모는 아동의 어려움이 무엇인지 정확하게 파악하기 위하여 함께 의논할 필요가 있다. 장소, 운동, 사람 그리고 물체로 시각장애를 분류하는 방법은 시각장애의 다양성을 표현하는 데 도움이 된다〈표 2-4〉 참고.

〈표 2-4〉 **시각적 처리 과정: 교사용 체크리스트**

영역	인지	예	아니요
	장소		
동시 지각과 분석	구분하기 어려운 복합된 시각배경에서 찾기 예를 들면, • 문양이 새겨진 카펫에서 장난감 찾기의 어려움 • 짧은 단어는 읽을 수 있지만 긴 단어는 읽기 어려움		
상세한 분석	• 흐릿하게 보임 • 지면의 선과 계단 사이를 구분하기 어려움		
	운동		
물건을 피해 움직이기	• 학교에서 부자연스러운 행동 • 학급에서 물건을 찾지 못함		
목표운동	• 목표물 추적이 어려움 • 움직임이 제한된 텔레비전 프로그램을 선호함		
상세한 분석	• 흐릿하게 보임 • 지면의 선과 계단 사이를 구분하기 어려움		
	사람		
인물/얼굴 분간	• 원거리의 사물은 볼 수 있고 근거리의 사람은 구분하지 못함		
	물체		
공간 정위	• 조각 그림과 추상적인 퍼즐 맞추기의 어려움 • 칠판에 씌어진 것을 따라서 쓰기 어려움 • 읽는 방법을 배우기 어려움		
시 기억	• 머릿속에 시각적 이미지를 그리거나 복사COPY한 후, 정확히 그 이미지를 유지하기 어려움		

교사를 위한 TIP

- 학생은 시력이 좋아서 안경이 필요하지 않을 수도 있지만, 여전히 시각 정보처리에 어려움이 있을 수 있다.
- 학생을 지도하기 위해 지역 소아과 의사, 지역교육청 내의 시각장애 서비스와 전문가의 평가에 따른 조언을 들을 수 있다.
- 학생은 교실과 학교에서 문의 색, 교실 구조 그리고 학교에 대해 정확하게 안내받기 위해 안내문의 수정을 요구할 수 있다.
- 학생은 시각 자료가 범람하는 것을 막기 위해 어떻게 자료가 제시되어야 하는지에 대한 교육자료의 제시 방법을 수정해 줄 것을 요구할 수 있다. 예를 들어, 자료의 확대를 요구하거나 배경의 명료화에 대한 요구 등이다.
- 학생은 교수방법의 수정을 요구할 수 있다. 여기에는 인쇄 자료, 연속되어 나타나는 복잡한 정보보다는 언어적 자료를 요구할 수도 있고, 칠판의 글씨를 보고 쓰는 일을 줄여 줄 것을 요구할 수 있다.
- 학생은 시력을 집중하는 데 장애를 가지고 있을 수 있다.
- 학생은 새로운 자료 또는 새로운 상황에서 쉽게 피로해질 수 있다.
- 학생은 시각자료를 보는 데 추가시간이 필요할 수 있다.
- 시각 정보처리 과정에서 어려움을 갖는 학생은 조기중재 프로그램을 실시하면 시각 정보 처리 과정의 장애를 어느 정도 개선할 수 있다.

청 각

일부 지체장애 아동은 듣기에 어려움을 가진다. 청각은 한쪽 귀unilateral, 일방의 혹은 양쪽 귀bilateral, 쌍방의에 장애를 입을 수 있다. 듣기는 모든 의사소통의 기본이며, 청각장애의 발생 시기는 매우 중요하다. 청각을 잃은 채로 태어났거나선천적 청력 감소 약 3세 이전에 청각 손상이 일어났다면, 언어 발달에 많은 영향을 미친다. 이를 '언어사용 이전 청력손실'이라고 한다. 중도 지체장애 아동과 청력손실 아동이 중도 학습장애로 잘못 판단되어 청각장애가 간과되기도 하는데, 이는 위험한 일이다.

일부 아동은 언어를 습득한 3세 이후에 청각장애로 진행되기도 하는데, 이것을 '언어사용 후 청력손실'이라고 한다. 이러한 유형의 청력손실 아동은 언어 능력은 떨어질지 몰라도 말은 이해할 수 있다.

듣기는 보통 두 가지 차원에서 측정할 수 있다. ① 소리는 데시벨dB로 측정할 수 있다. 그것은 소리를 듣기 위해서는 얼마나 소리가 커야 하는지와 관련 있다. ② 주파수는 헤르츠Hz로 측정할 수 있다. 이것은 소리의 톤, 일정하게 높고 낮은 주파수를 아동이 들을 수 있는지와 관련이 있다.

청력손실은 각각의 주파수에서 들을 수 있는 소리의 크기로 나타낼 수 있다. 청력손실은 보통 그 정도에 따라 다음과 같이 나뉜다.

- 경도25~40dB: 조용한 환경에서 원거리의 소리나 말을 듣기 어려운 정도

- 중도41~55dB: 말을 이해하기 어려운 정도
- 중등도56~80dB: 보청기를 사용해야만 말을 이해할 수 있을 정도

  즉, 소리를 증폭시키는 도구
- 최중도81dB 이상: 보청기를 사용해도 말을 이해할 수 없는 정도

〈표 2-5〉의 '청력: 교사용 체크리스트'는 청각장애 아동을 조기 진단하는 데 유용하다. 질문에 대한 부정적인 응답이 많으면 청각장애가 있을 수 있음을 의미한다.

〈표 2-5〉 **청력 : 교사용 체크리스트**

아동은 보청기를 착용하고 있는가?	예	아니요
아동의 반응행동		
큰 소음에 반응한다.		
소리가 들리는 곳으로 돌아본다.		
음성으로 소리에 반응한다.		
나이에 적합한 수준의 말하기를 이해한다.		
행 동		
주변에 관심을 보인다.		
질문을 이해한다.		
다른 아동과 어울린다.		
요구에 적절한 반응을 한다.		

청력손실의 유형

청력손실의 종류는 두 가지로 구분할 수 있다.

- 전음성 청력손실
- 감음성 청력손실

이 두 가지 유형은 때로 섞여 있기도 하다. 전음성 청력손실은 외이와 중이를 통한 음파가 내이로 유도되는 과정에서 방해가 있을 때 생긴다. 이 방해는 귀지의 증가, 감염, 이물질 때문일 수 있다. 전음성 청력손실은 모든 주파수에서의 청력손실을 일으킬 수 있다. 전음성 청력손실의 경우 치료가 가능하기도 하다. 하지만 자주 재발할지도 모르기 때문에 정기적인 청각검사를 통해 아동의 청력을 진단할 필요가 있다. 아동은 보청기를 사용해야 할지도 모른다.

감음성 청력손실은 뇌로 가는 내이 또는 신경이 제대로 작동되지 않을 때 발생한다. 때문에 다른 주파수에서 손실의 요인이 될 수도 있다. 다시 말해서 어떤 주파수에서는 일반 크기의 소리를 들을 수 있지만, 다른 한편으로는 훨씬 더 큰 소리여야만 들을 수 있다. 감음성 청력손실은 수술로 치료할 수 없다. 따라서 아동은 보청기가 필요할 것이다. 그러나 보청기는 단순히 소리의 양을 증폭시켜 줄 뿐 소리를 명료하게 하지는 못하므로, 아동은 소리를 듣고 반응할 수 있지만 말을 이해하지 못할 수 있다.

보청기

보청기는 소리를 증폭시키지만 듣지 못하는 소리를 대체하지는 못한다. 보청기의 이어폰은 귀 모양이거나 보청기 자체에 붙어 있어 주머니에 넣거나 끈으로 연결해 몸에 휴대할 수 있다. 대부분의 보청기는 고리 모양의 장치를 사용한다. 교사는 라디오 전송 장치를 이용해서 보청기를 통해 아동에게 직접 말하거나, 교실의 여러 가지 소음을 제거해 줄 수도 있다. 어떤 보청기는 선택된 주파수에서 소리를 확대할 수 있다. 이러한 유형의 보청기는 부분 청력손실 아동에게 큰 도움을 주고 있다.

교사를 위한 TIP

- 지체장애 학생이 청각장애가 있다면 부모와 특수교육요구협회는 이 문제를 어떻게 해결해 나갈 것인지 의논해야 한다.
- 아동을 교실의 정면에 앉게 하여 독순lip-read을 할 수 있도록 해야 한다.
- 언제든지 가능한 시각적 단서와 자원을 사용한다.
- 교사는 보청기가 어떻게 작동하는지 알아야 하고 제대로 작동하는지 점검해야 한다.
- 교수전략과 자료에 대한 조언과 지원은 지역교육청의 청각장애 서비스를 통해서 찾아야 한다.
- 청각장애 아동의 의사소통에 대한 조언과 지원은 청각장애 아동을 전문적으로 다루는 언어치료사, 청각장애인협회the Royal National Institute for Deaf People: RNID 및 다른 특수 전문가에게서 찾아야 한다.

간 질

간질은 발작을 보이는 아동을 일컫는 포괄적인 용어다. 발작이라고 불리는 간질은 뇌의 신경학적 활동의 변화에 기인한다. 발작은 근육이 긴장한 상태에서 나타나는 것으로, 의식을 잃거나 정신 착란

mental flash을 보이기도 한다. 또한 발작은 아동의 근육이 무의식적으로 수축하는 것 때문에 경기를 일으킬 수도 있다. 만약 어떤 경련성 운동에 의해 경직이 된다면 경기가 일어날 수밖에 없다.

간질은 뇌와 연관되어 있으므로 지체장애 아동뿐만 아니라 뇌에 장애가 있는 아동도 간질을 가지고 있을 가능성이 많다. 특히, 뇌성마비 아동 중 상당수가 간질을 앓고 있다. 이분척추와 뇌수종 아동의 경우는 약 1/3이 간질을 앓고 있다Hall & Hill, 1996. 간질은 대부분 약물로 치료된다. 치료 프로그램에도 많은 유형이 있으나 부작용이 뒤따른다. 특히, 아동의 주의집중과 동기부여에 부정적인 영향을 미친다.

교사를 위한 TIP

- 발작이 일어났다면, 담당의사는 어떤 조치를 취했는지 그 내용을 문서로 남겨야 한다. 문서에는 처방의 세부사항을 포함해야 하고 학생이 참여해서는 안 되는 교육과정이 있는지도 기록해야 한다예: 수영.
- 몇몇 일반 약품예: rectal diazepam은 반입에 따른 허가 절차가 필요하다.
- 학교에서는 교육 고용부Department of Education and Employment: DfEE의 지침을 참고하여 학생의 의학적 요구에 대해 지원을 한다.
- 모든 약은 부작용을 가지고 있으며, 교사는 학생의 기분과 동기, 행동의 변화를 감지할 수 있는 위치에 있다. 교사는 이러한 내용을 부모 및 특수교육요구협회와 의논해야 한다.
- 발작 형태 또는 유형의 변화는 학생이 좋지 않은 상태에 있거나 스트레스를 받거나 지루해하는 것을 알 수 있는 단서를 제공하기 때문에 면밀히 관찰할 필요가 있다.
- 간질은 발작 그 자체기억 손실, 약의 영향기면상태 또는 아동의 성취에 대한 교사의 낮은 기대 때문에 교육 성취에 부정적인 영향을 미친다.

이상과 같이 세 가지의 이차 장애는 지체장애 학생이 의사소통에 문제가 있을 경우 보완·대체 의사소통Augmentative or Alternative Communication: AAC 체계를 필요로 할 것이다. 이에 대해서는 5장에서 다룬다.

〈표 2-6〉 **이차 장애**

시각	예	아니요	모름	장비 사용/요구	설명
시각 정보 투입					
시각 정보 처리					
청각	**예**	**아니요**	**모름**	**장비 사용/요구**	**설명**
전음성					
감음성					
의학	**예**	**아니요**	**모름**	**장비 사용/요구**	**설명**
간질					
기타					

신체 곤란의 관리

아동의 건강 상태를 알고 있는 경우, 예를 들어 뇌성마비임을 알고 있다면, 신체 곤란을 이해하는 첫 단추를 끼운 셈이다. 이차 장애를 확인하는 것은 교육계획을 수립하는 데 도움이 된다. 그러나 때로는 신체 곤란을 극복하는 방법이 없는 경우도 있다. 따라서 지체장애 학생들 사이의 유사점과 차이점을 구분하는 것이 중요하다. 교사는 7세 아동의 읽기 교육을 위한 기본적인 틀을 준비하고 있어야 하며,

개별 학생을 위한 읽기에 대해 특정 전략을 가지고 있어야 한다. 동시에 일반학생과 특수교육요구 학생을 위한 개별 전략을 수행하기 위해 일반적이고 기본적인 활동도 있어야 한다. 일반적으로 물리치료사혹은 작업치료사는 개별 학생을 위한 교육활동과 특정 전략을 결정할 때 부모 및 교사와 협의해야 한다. 학교에서 장애학생의 신체관리를 어떻게 할 것인지에 대한 교사의 지식은 지체장애 관리 프로그램을 실현하는 데 매우 중요한 요소다.

신체적으로 완전히 독립하는 데 장애가 되는 것은 두 가지다. 하나는 자신의 몸을 움직이는 데 어려움이 있다는 것이고, 다른 하나는 신체 기능을 사용하는 것을 제약하는 환경이다. 어떤 학생이 보행에 곤란을 겪고 있어서 독립적으로 움직일 능력이 없다면, 점심시간 등에 진동 휠체어를 이용해 강당에 갈 수 있도록 해야 한다. 동일한 유형의 지체장애를 가졌다고 해서 반드시 동일한 정도의 독립적 기능을 가지고 있는 것은 아니다. 그 이유는 다음과 같다.

- 학생은 전동 휠체어를 가지고 있지 않다.
- 학생은 전동 휠체어를 가지고 있지만 강당으로 가는 경사로가 없다.
- 학생은 전동 휠체어를 가지고 있지만 사용하도록 권장받지 않았다.
- 학생은 전동 휠체어를 가지고 있지만 배터리가 방전되어 있다.

지체장애 관리는 실제적인 어려움뿐만 아니라 학생을 둘러싼 주위 환경이 어떻게 구성되어 있는지를 포함하여 고려해야 한다.

지체장애 아동의 신체 곤란을 다루는 신체관리 프로그램의 유형

신체를 관리하는 일반적인 접근 방법으로 보바스Bobarth와 전도성 교육conductive education이라는 두 가지의 프로그램이 있다. 이러한 접근들은 아동의 나이, 지체장애의 정도 그리고 동기를 고려하여 개별 신체관리 프로그램을 제공하기 위하여 설계된 것이다.

보바스

1940년대 Karl과 Berta Bobarth는 영국에서 보바스 프로그램을 개발했다. 보바스 프로그램은 근육의 경직을 줄이고 중력에 대항하는 근육의 자제력을 길러 근육 활동을 안정시키는 것을 목적으로 특별하게 고안된 관리 프로그램이다Scope, 1995. 보바스 프로그램의 3단계는 다음과 같다.

- 정상적인 음색과 움직임을 느낄 수 있는 감각을 제공하기
- 치료 전문가의 도움을 받아서 의미 있는 활동을 하는 동안 아동이 움직임을 시작하도록 돕기
- 치료 전문가의 최소한의 통제를 받으며 정상적인 움직임을 연습할 수 있도록 격려하기

아동의 신체관리를 하고 있는 많은 물리치료사가 보바스 훈련을 받았다. 보바스 치료는 물리치료사가 아동을 직접적이고 정기적으로 치료해야 한다. 또한 아동은 학교의 운동 프로그램에서도 보바스 프로그램을 적용받을 수 있다.

전도성 교육

전도성 교육은 제2차 세계대전이 끝나갈 무렵, 헝가리의 András Petö에 의해 개발되었다. 이 방법은 1980년대에 영국에 소개되었고, 많은 관심을 불러일으켰다. 전도성 교육은 헝가리에서 지도자로 알려진 한 사람에 의해 교사와 치료사의 역할이 필요한 기숙제 환경에서 발달되었다. 그녀는 모든 아동의 학습과 발달에 책임을 가지고 있었다. 오늘날 영국에는 기숙학교에서 주류학교까지 그리고 취학 전 '부모를 위한 학교'에 이르기까지 많은 전도성 교육의 모델이 있다. 보바스 프로그램과는 다른 전도성 교육은 특정 근육의 장애를 분석하는 것을 기반으로 하지 않는다. 대신에 아동은 정기능ortho-function으로 알려진 기능적 운동 중 자신이 가지고 있는 가장 좋은 방법을 통해 발달을 도모한다. 이는 보바스 프로그램과 대조되는 것으로 아동을 정상적 운동 형태로 발달시키고자 하는 것이다.

아동은 무엇인가를 잡을 수 있도록 된 슬레이트 기둥slatted plinths과 의자의 등받이에 사다리 모양의 가로대를 댄 래더백ladder-backed 의자를 사용하여 자세를 유지하도록 훈련받는다. '율동치료rhythmic intention'는 아동이 무엇인가 하려는 바를 말하고 동작을 세도록 하는데 사용한다. 예를 들어, '나는 나의 연필을 집었다-하나, 둘, 셋,

넷, 다섯.' 이렇게 스스로 말하는 것은 신체 기능을 강화시킨다. 물리치료사 중에는 보바스의 신체관리 프로그램과 전도성 교육 프로그램을 병행하여 실시하기도 한다.

다양한 접근 방식의 효과 증거

이상의 두 가지 접근 방법이 아동의 신체 기능을 발달시키는 데 가장 도움이 되는 효과적 방법이라고 믿는 확고한 지지자가 있다. 많은 교육활동이나 발달 영역에서는 어떤 접근 방법이 최상인지를 밝힌 연구결과가 있다. 그러나 어떤 연구도 하나의 특정한 중재 유형이 다른 중재보다 더 성공적이라는 결정적인 증거를 보여 주지 못하였다.

보바스 유형의 프로그램을 평가하는 것은 각각의 중재에는 각기 다른 목표가 있기 때문에 효과를 측정하는 데 어려움이 있다는 것에 주목할 필요가 있다Bower & McLellan, 1994. 이처럼 효과 측정이 어려운 이유는 운동의 형태 또는 기능적인 기술에서 변화에 대한 목표가 무엇인지에 따라 영향을 받기 때문이다.

전도성 교육에 대한 심도 있는 연구가 Bairstow, Cochrane, 그리고 Hur1993에 의해 실행되었다. 이 연구에서는 전도 교육을 받은 아동이 근육 운동과 학습에서 보바스 물리치료를 받는 통제 집단의 아동보다 더 많은 발전을 보이지는 않는다고 밝혔다.

특정 처치에 대해서 부모, 치료사, 교사 및 아동의 태도가 성공의 결정적 요인이라고 추정하는 것은 당연하다. 이것은 특정한 중재 유형이 성공의 요인이라고 믿고 실천하기 때문이다. 어떤 전문가는 경우에 따라서는 1년 이상 연습을 해야만 기술을 습득할 수 있다고 한다. 더욱이 각 부모는 생활양식과 가치관이 각각 다르며, 그 결과 아동 역시 유사한 프로그램에 대한 반응이 각기 다르게 나타나게 된다. 학교생활 속으로 신체관리 프로그램을 끌어들이기 위해서는 무엇이 중요한가? 신체관리 프로그램 중 한 가지 방법으로 MOVEMobility Opportunities Via Education라는 미국의 프로그램을 소개하고자 한다.

MOVE

MOVE는 1990년대 미국의 Linda Didabe에 의해 개발되었다. 앞에서 기술한 두 개의 신체관리를 위한 프로그램과는 달리, 이것은 학교에서 직접 사용하도록 고안되었다.

MOVE는 아동에게 기초적이고 기능적인 운동 기술을 가르치도록 고안된 활동 중심 교육과정으로 분류된다MOVE, 1995. 우선 아동과 가족이 성취하기를 바라는 기술을 먼저 확인한다아동의 신체 곤란과는 대립되는 것. 그중의 하나는 아동이 지역사회에서 기능하기 위해 요구되는 이동 기술이다. 이 교육 프로그램은 신체기술을 획득하는 방법을 찾기 위하여 학생의 가장 높은 수준의 능력을 이용한다.

MOVE 교육과정은 16개의 기초적인 기술 영역으로 나누고 있는데, 그중 몇 가지 중요한 영역은 다음과 같다.

- 앉은 자세를 유지하기
- 앉은 상태에서 움직이기
- 서기
- 앉기에서 서기로의 전환

- 서기에서 앉기로의 전환
- 걷기

이 영역은 4개의 성공 수준으로 나뉜다. 성공 수준은 아동이 동작하기 위해 요구되는 성인의 도움이 어느 정도냐에 따라 구분된다. 최고 등급— '졸업 수준grad level' —은 가정과 지역사회 내에서 최소의 도움으로도 독립적으로 동작할 수 있는 수준이다. 두 번째 높은 등급수준 1은 아동에게 필요하더라도 리프트를 사용하지 않는 수준이다. 이 기술은 물리치료사가 개발한 개별 아동 프로그램을 기초로 하여 가르친다. 또한 이것은 보바스 혹은 전도성 교육 분석에 근거한 것이다. 물리치료사가 구안한 개별 프로그램이지만, 교사와 교수보조원을 훈련시켜 학교교육 과정의 일부로 프로그램을 제공해야 한다. MOVE는 교사가 직접 참여하여 지체장애 아동을 지도하는 프로그램이다.

학교 · 학급에서 신체관리 프로그램 실시

교사는 학생의 신체 곤란을 지도할 뿐만 아니라 학교 · 학급에서 신체관리 프로그램을 실현하는 데 중심역할을 수행한다. 학생이 교실에서 신체관리 프로그램을 시작하기 전에 자신의 기능적 기술을 알고 있는 것이 중요하다. 어느 학교든지 그들의 요구를 충족시킬 수 있도록 계획할 수 있다. 「특수교육요구 및 장애법 2001」의 규정에 의해 학교 접근 계획을 수립할 필요가 있다8장 참조. 이를 적용하기 위한 자원은 학교접근협회School Access Initiative를 통해 중앙 정부로부터 나온다.

이에 필요한 자금조달은 교육기술부DfES에 의해서 지역교육청을 통해 학교에 제공된다. 자금의 지원은 모든 시설, 초등학교 및 중등학교가 해당된다. 학교는 지역교육청에 학교에 적용할 때 필요한 모든 것을 상세화한 제안서를 제출해야 한다. 이 자금은 특정한 지체장애 학생에게 한정할 필요는 없다. 학교에서 처음 시작하려는 학생의 기능적 신체 기능의 분석을 포함시킨다면 의뢰서의 힘은 강화된다. 학교접근협회는 자원의 분배에 대한 기준을 제시하면서 개선하고자 하는 것을 발표하였다.

- 물리적 접근: 경사로, 점지발판, 핸드레일, 리프트 및 탈출 장비 구비
- 학교 주변의 물리적 환경 개선: 잘 정비된 식당, 학교 강당과 같은 공공장소와 학급에 접근하기 쉽도록 설계된 경사로, 핸드레일 및 리프트 설치
- 국가 수준 교육과정 개정: 책상과 같은 특수한 가구를 포함하여 높낮이 조절 책상, 싱크대와 오븐, 공학 장비하드웨어 및 소프트웨어
- 학교 내 설비: 화장실과 보건실 개선 등

또한 자원은 초등학교에서 중·고등학교 전 과정까지 계속 지원되고 지체장애 학생의 통학 시간을 감소시키는 데 지원될 수 있다.

어떤 개선이 학생의 접근을 완벽하게 도울 수 있는가를 분석하는

것은 위와 같은 모든 것을 포괄하는 협력적인 방법일 때 최선일 것이다. 이렇게 개선된다면 특정 학생뿐만 아니라 부모에게도 확실히 도움이 될 것이다. 그리고 효과적인 통합을 위한 지원과 그들의 역할까지 매우 명확해질 것이다. 이 영역에서 지역교육청은 소속 교사에게 특별한 지원을 해 줄 것이다. 또한 물리치료사와 작업치료사는 특정한 훈련과 교육을 받은 사람들이기 때문에 계획 수립과정에서 그들을 포함하는 것은 바람직한 일이며, 어떻게 하면 학교가 녹적에 맞게 변할 수 있을까에 대해서도 힘께 고민할 필요가 있다. 〈표 2-7〉은 요구에 대한 적용과 장비를 분석하기 위한 양식이다.

〈표 2-7〉 **학교와 학급의 개선점**

1. 학교에서는 무엇을 개선해야 하는가?

	학교에 대한 개선 요구	장비 요구
등교		
수업과 수업 사이의 전환		
휴식		
용변처리		
식사 시간		
방과 후		
기 타		

2. 학급에서는 무엇을 개선해야 하는가?

	학급에 대한 개선 요구	장비 요구
자세 예: 앉거나 설 때		
교실의 위치 예: 조명		
활동과 활동 사이의 전환		
전체 수업		

소집단 수업		
개별 수업		
기 타		

요 약

지체장애는 신체 곤란의 모든 영역을 포함하는 포괄적인 용어다.

- 지체장애는 의학적 조건에 의해 영향을 받는다.
- 이차 장애는 시각, 청각장애 그리고 간질 등이다.
- 지체장애 학생이 학급 및 학교에 적응하기 위해 필요한 장비를 지원받지 못한다면 이로 인해 또 다른 장애가 나타날 것이다.
- 신체관리 프로그램은 다음 두 가지 형태의 극복에 초점을 맞추고 있다. ① 신체 곤란, ② 학생의 기능 사용을 방해하는 환경이다.
- 교사와 교수보조원은 학생의 신체 곤란을 극복하는 데 직접적인 역할을 해야 한다.
- 학교는 학교와 교실환경 개선을 위한 정부의 방안을 이용할 필요가 있다.

Chapter 03

부모와 협력

부모의 생활

개정된 「특수교육법 시행령」DfES, 2001a은 부모의 지원이 성공적인 통합을 이루기 위한 중요한 요인이라는 것을 인식하고 있다. 지체장애 아동의 부모는 통합에 대해 동의할 것이며, 자녀가 일반학교에 가기를 원한다. 이와는 반대로 자녀가 특수학교 또는 이와 유사한 기관에서 보다 더 잘 교육받는다고 느끼는 부모도 있을 수 있다. 대다수의 부모는 애매모호한 입장일 것이다. 지체장애 학생 부모의 경우 통합을 지지하지만 그것이 자녀의 권리라고는 생각하지 않는다. 교사는 충분한 지원이 주어진다면 당연히 부모가 통합을 원할 것이라고 추측해서는 안 된다. 이유인즉, 그렇게 생각하지 않는 부모도 많기 때문이다Jenkinson, 1997, 1998. 이 장에서는 통합에 대한 부모의 근심거리를 살펴보고, 학교와 부모 사이의 협력적인 역할 구축을 위한 전략을 제안하고자 한다.

전문가에 대한 부모의 염려

대다수의 부모는 전문가가 지체장애 자녀를 양육하는 것이 어떤 것인지 이해하지 못할 거라고 생각한다Beresford, 1995. 그래서 부모는 종종 전문가와 단절되고 거리감을 느끼게 된다. 이에 관해서는 여러 가지 이유가 있다Beresford, 1995; Darling, 1993.

- 아동의 문제: 부모는 흔히 자녀가 지닌 문제에 초점을 두는 전문가의 방식을 좋아하지 않는다. 교사냐 물리치료사냐의 여부를 떠나, 부모는 전문가를 아동이 발전하도록 도움을 주어 아동들을 변화시키는 사람으로 인식하고 있다. 부모는 자녀의 얼굴이 거북스럽고, 특이한 외모 때문에 문제를 불러일으킨다고 생각한다. 또한 자녀의 신체 곤란보다는 학교에 장애인용 화장실이 없다거나 화장실 사용을 지원해 줄 보조자가 없다는 것이 사실상 더 큰 문제라고 여길지도 모른다.
- 전문가: 부모는 전문가가 자녀에 대해 알고 있는 것을 탐탁지 않게 여긴다. 부모는 자녀에 대해 교사가 잘 알지 못하는 부분을 자신은 잘 다룰 줄 안다고 믿고 있다Wolfendale, 1992. 그 영역은 다음과 같다.

  –학령기 전의 초기 발달과정

–학교와 가정에서 다르게 나타나는 자녀의 행동과 기능
–사전 학습 경험에 대한 자녀의 반응
–자녀의 기분과 감정

- 혼란: 부모는 여러 환경 속에서 일하는 전문가를 만나게 된다. 그 환경은 아동발달센터 또는 지역교육청에 속한 학교일 수도 있다. 부모는 자녀에 대한 전문 영역의 시각은 전문가가 속한 환경에 따라 영향을 받는다고 믿는다. 부모는 전문가가 그들의 상황에서 벗어나 생각하는또는 보는 섯에 어려움이 있다고 판단한다. 특히, 부모는 관료주의적 방식으로 자원이 할당되는 것에 대해 걱정한다. 이러한 자원의 지원이 지역교육청에 의해서 형식적으로 이루어지는 것을 염려하는 것이다. 이것은 학생을 특정한 범주로 분류한 다음, 지원이 그 기초에 근거하여 할당될 때다. 이와 같은 시스템은 평등의 원리에 기초를 두고 있는 것이지만, 많은 부모는 자녀의 개인적인 요구를 헤아려 수렴하지 않는 부적절한 지원 체계로 본다.
- 단편적인 관점: 부모는 전문가가 단순히 자녀의 한 면에만 관심을 두는 것을 걱정한다. 언어치료사는 말과 언어에, 의사들은 단순히 의학적으로 건강에만 관심을 두고, 교사는 전반적인 영역에서의 진전에만 관심을 갖는다. 이렇듯 각 전문가는 부분적인 특별한 관점에서 아동을 보게 되는 것이다. 부모는 이러한 관심을 아동의 전체의 문제에 대한 관심으로 이해하지 않는다.
- 전문가의 변동: 부모는 전문가를 변화시킨다는 것이 어렵다는 것을 알게 된다. 일반적으로 교사는 아동이 진급하여 이동하기까

지 약 1년간 함께 지내게 된다. 부모는 교사 외에 다른 전문가를 만나는 것이 드물고, 그 교사는 2년 후에는 다른 지역으로 떠날지도 모른다. 관계자들의 이러한 교체는 부모에게 또 다른 어려움을 준다. 실제로 부모는 자녀가 가지고 있는 문제와 진전 상황에 대해 전문가에게 끊임없이 설명하는 것을 반복해야만 한다. 전문가의 교체는 심리적으로도 부모에게 영향을 미친다. 학령기의 시작은 아동의 삶에서 중요하고도 어려운 전환점이다. 가족의 어려움은 아동이 학교에 다니는 것에서 기인한 것처럼 보인다. 그러나 '자녀는 해가 저물면 집으로 돌아올 것이다.' 자녀가 학교를 졸업한 후에는 다시 집으로 돌아오고 그 책임을 부모가 맡아야 한다는 점을 알아야 한다. 또다시 부모는 자녀가 삶을 영위할 수 있도록 돕는 책임을 맡게 될 것이다. 그러므로 부모는 교사가 이런 고통 속에서 자신의 자녀의 삶을 영위하도록 돕는 사람이 아닐 뿐만 아니라, 자녀가 도중에 좌초된다 해도 결코 책임지지 않는 사람이라고 생각한다. 많은 부모는 자녀를 돌보는 일이 자신에게 책임이 있다고 느낀다. 그러나 교사가 그들의 자녀를 위해 최선을 다할 것이라는 믿음을 주는 것은 모든 부모에게 큰 힘이 된다.

지체장애 아동 부모의 일반적인 문제

지체장애 아동들은 동질집단이 아니다. 그들은 다양한 신체 능력과 교육적 요구를 가진다. 이러한 차이점이 있음에도 불구하고 많은 부모는 유사한 경험에 직면하게 된다. 그들은 지체장애 자녀의 출생을 통해 예상치 못한 정신적 경험을 해야만 한다. 이것은 예상치 않은 사건에 대한 타인전문가 또는 친척의 반응과 가족의 실질적인 지원이나 형태 그리고 장애의 심각성 등에 의해 형성된다Darling, 1993. 그러나 사건의 정서적인 이해뿐만 아니라 실질적인 문제점도 있다. 지체장애 자녀는 많은 요구와 특별한 양육환경을 필요로 한다Beresford, 1995. 이러한 요구는 시간, 금전, 주거 또는 전문지식 등의 영역이다.

- 시간: 종종 지체장애 영유아의 부모는 자녀의 기본적인 요구를 단순히 해결하는 데만 일주일에 40시간 이상이 필요할 것으로 추정된다. 즉, 이 시간에는 특별한 방법으로 음식을 준비하는 것, 음식을 먹이는 것, 밤에 자녀를 돌보는 것과 같은 일들이 포함된다.
- 금전: 장애아동을 둔 가족은 일반가정의 가족보다 수입이 더 적다. 이는 장애아동의 부모는 취업과 고용에 있어서 불리하기 때문이다. 장애자녀를 둔 부모 중 한 사람은 자녀를 돌보는 데 많은 시간을 사용해야 하므로 수익과 관련된 경제활동을 할 수 없다. 더욱이 직장에 다니는 사람은 일반적인 직장 환경에서 승진의 기회를 잡지 못할지도 모른다. 아울러 지체장애 자녀를 양육하는 데는 세탁비, 난방비 또는 집 수리비와 같은 추가적인 비용이 든다.
- 주거: 지체장애 자녀를 둔 많은 가족은 부적절한 주거환경에서 살고 있다. 다른 주거 형태보다 더 열악하기 때문이 아니라, 자

녀의 부가적인 필요시설이나 환경 때문에 부적절한 것이다. 예를 들어, 휠체어로 2층에 올라가려면 특별한 공간이 필요하다. 자녀가 3~4세 정도라면 문제가 되지 않을지도 모르지만, 7~8세 정도가 되었을 때는 어려움이 늘어나게 되거나, 특별하게 개조되지 않은 가정에서는 위층을 사용하는 것이 불가능하다.

- 전문지식: 부모는 지체장애 자녀가 태어났을 때 자신의 삶에서 일어난 새로운 사건에 대해 이해해야만 한다. 또한 현실적으로 그들은 다양한 영역에서 새로운 기술을 익혀야 한다. 이러한 기능에는 약물복용의 관리에서부터 특별한 식사 준비나 신체관리 프로그램과 같은 일까지의 영역이 될 것이다. 부모는 각각의 요구를 새롭게 배운다. 그러나 문제는 자녀의 어려움이 간단하게 해결될 수 있는 것이 아니라는 것이다. 다시 말해, 부모는 다른 약물이나 식사 프로그램을 실험해 봐야 하는데, 가장 바람직한 것이 무엇인지에 대한 분명한 지시 사항이 없다는 현실이 이러한 어려움에 해당된다.

교사는 앞에서 언급한 문제점을 모두 알게 될 것이다. 지체장애 아동이 학교에 통합되었을 때 교사가 직면할 수밖에 없는 문제점인 것이다. 교사의 입장에서는 아동의 신체 곤란을 확실히 이해하고, 이를 다루고, 가르치기 위한 추가시간, 자원, 교실의 시설 및 학교 환경 개선과 같은 새로운 영역의 기술이 필요해지는 것이다. 부모와 마찬가지로 교사 역시 지체장애 학생의 지도에서 가장 효과적인 방법이 무엇인지 혼란스러워하는 상황에 이르게 된다. 부모와 교사가 새로 유사한 문제를 인식하고 있다는 것은 서로 간에 공감대를 형성한다.

자립기술 발달

어린이집이나 유치원 과정을 마치는 아동은 독립성이 많이 향상된다. 이것은 성장과정 중의 일부분이다. 교사가 아동이 옷 입는 것을 배울 수 있도록 돕는 것에서부터 나이프와 포크 사용하기 등과 같은 기술을 가르치는 것은 자립기술 향상 과정에서 중요한 역할을 하게 된다. 지체장애 아동은 이러한 자립기술 영역에서 특별한 문제점이 있다[그림 3-1] 참고. 지체장애 아동의 자립기술을 발달시키는 과정에서의 어려움은 정서적인 면과 현실적인 면 모두에서 나타난다.

무엇보다 식사 시간에 곤란함이 발생한다. 인간 본능인 섭식에 어려움이 있는 유아의 부모는 많은 어려움을 겪는다. 섭식과 관련된 실제 상황에서 식사하는 데 매일 오랜 시간이 걸린다는 것도 그중 하나일 것이다. 섭식의 어려움은 구강 근육의 어려움에서 기인할 수도 있고, 삼키는 것에 문제가 있어서 심각한 위험에 빠질 수도 있다. 섭식에서의 어려움은 체중의 증가나 감소, 식이요법을 요하는 등의 걱정거리를 뜻할 수 있다. 게다가 일부 지체장애 아동은 그들의 위에 '페그peg'를 삽입하여 음식물을 섭취해야 할 수도 있다. 이 자체로도 작은 외과적 개입이며, 이는 중대한 어려움으로 보일 수도 있다.

〈표 3-1〉 자립기술: 교사를 위한 점검표

• 자립 영역

옷 입기	선 택
나이에 맞게 스스로 옷을 입을 수 있다.	
옷이 준비되어 있을 때 스스로 입을 수 있다.	
약간의 도움을 받아 옷을 입을 수 있다.	
전반적인 도움을 받아 옷을 입는다.	
옷 벗기	**선 택**
나이에 맞게 스스로 옷을 벗을 수 있다.	
옷이 준비되어 있을 때 스스로 벗을 수 있다.	
약간의 도움을 받아 옷을 벗을 수 있다.	
전반적인 도움을 받아 옷을 벗는다.	
식사하기	**선 택**
나이에 맞게 스스로 밥을 먹을 수 있다.	
음식이 잘라져 있다면, 숟가락을 사용해서 스스로 먹을 수 있다.	
스스로 먹을 수 있으나 숟가락을 들어 줘야 한다.	
전반적인 도움을 받아 밥을 먹을 수 있다.	
삼키는 데 어려움이 있다음식이나 음료.	
모두 액체로 된 음식을 필요로 한다.	
특별한 음식 요구가 있다	
음식 섭취를 위한 특수한 섭식 장치예: 'peg feed'가 있다.	
용변처리하기	**선 택**
나이에 맞게 변기를 사용할 수 있다.	
일단 화장실로 데려다 주어야 하고, 다음은 스스로 필요한 것을 처리한다.	
화장실에 데려다 주고 소변 보는 일까지 도움을 필요로 한다.	
방광 제어는 안 되지만 변을 본다.	
변을 못 보거나 방광 조절이 안 된다.	

〈표 3-2〉 **자립생활의 요약**

하위 영역	예	아니요	모름	기술 사용/요구	비 고
옷 입기					
옷 벗기					
식사하기					
용변처리하기					

또한 화장실 사용하기는 지체장애 아동이 겪는 큰 어려움이다. 지체장애 아동에게는 용변 보기 역시 문제가 된다. 이는 접근성의 문제로 함축될 수 있을 뿐만 아니라 장애아동의 방광이나 장의 조절이 전혀 안 되는 경우 아동 자신과 가족에게 심리적 충격을 줄 수 있다.

자립기술의 어려움은 그 자체로 큰 부담은 아니다. 그러나 그것이 앞에서 언급한 일반적인 문제와 결합하여 나타난다면 크게 부각될 수 있다. 대다수의 아동은 전반적으로 의존적인 경향을 보인다. 무엇보다도 지체장애 아동 부모가 힘들다고 느끼는 것은 장기간의 보살핌에 따른 부담과 아동의 의존성이다.

자립생활에서 어려운 기술 영역의 항목은 〈표 3-1〉과 같으며, 이를 요약하여 〈표 3-2〉에 기술하였다.

정상화에 관한 부모 연구

지체장애 아동을 양육한다는 것은 스트레스가 될 수 있다. 특히 부모가 고위험군의 심리적 압박을 받게 된다. 다른 특수교육요구 아동, 예를 들어 다운증후군이나 중도 학습장애 아동의 부모보다 훨씬 많은 스트레스를 받는다Sloper & Turner, 1991, 1993. 지체장애 아동을 양육하는 데 어려움이 있다는 것을 파악하는 것은 중요하지만, 가족이 잘 적응할 수 있는 방법을 아는 것도 마찬가지로 중요하다Byrne & Cunningham, 1985.

부모는 자녀의 필요에 맞추어 그들의 삶에서 '정상화normalisation'를 찾는 것처럼 보일 수 있다. 가족은 그들의 아동이 태어나기 전—즉, 비장애인 가족과 같은 생활방식으로 기대했던 삶을 살 수 있도록 지원되는 서비스를 찾고 있다. 그들의 삶을 정상화하고, 장애인 가족으로서의 삶에 적응하고자 하는 욕구가 가족에게는 주요한 삶의 원동력이다Seligman & Darling, 1989.

기회조직

정상화가 이루어지기 위해서는 확실한 '기회조직opportunity structures'이 요구된다. 이러한 기회조직은 물질적 · 실용적 혹은 심리적인 것일 수 있다. 예를 들어, 조부모로부터 정신적 지원을 받고 있는 것처럼 자동차를 소유하고 있는 것은 외식때 가족을 차에 태우고 이동할 수 있어 가족에게 큰 도움을 줄 수 있다. 다음에 열거된 모든 기회조직 목록은 부모가 그들의 삶에서 '정상화'를 찾는 데 도움이 될 수 있다.

- 일반의a general practitioner: GP를 통한 안전한 의학적 처방과 보호 요청하기
- 협력적인 친척과 친구
- 허용적인 이웃의 존재
- 아동을 위한 친구와 사회적 기회의 존재
- 필요에 따른 임시간호와 주간보호 요청하기
- 적절한 예산 지원
- 가사도움의 양과 질
- 적절한 여가활동의 가능성
- 필요에 따른 특수장비 요청하기
- 적절한 운송수단
- 알맞은 학교생활의 가능성

적절한 교육은 기회조직이 지역 주류학교에만 국한되어 있지 않다. 모순점은 어떤 가족은 그들의 아동그리고 가족을 위한 정상화는 특수교육요구 학생이 특수학교 혹은 유사 기관에 배치되는 것이 가장 정상화가 잘 이루어질 조건이라고 믿을지도 모른다는 것이다. 가족이 특수교육요구 학생을 일반학교에서 교육받게 할지, 특수학교에서 교육받게 할지에 대한 적절한 결정 방법에 대해서는 다음 장에서 다룬다.

이 기회조직은 가족이 이사하거나, 유용한 전문가를 만나거나, 직장에서 승진할 경우 바뀔 수 있다. 요컨대, 가족의 정상화에 대한 가능성은 지역사회 내 그들의 삶의 상황 안에서 다루어져야 한다. 또

한 기회조직은 '전환' 점에 따라 변할 수도 있다. 주요 전환점 중에 하나는 자녀가 학교에 다니기 시작하는 것이다. 학교 안에서는 작은 전환점—예를 들어, 학급이 바뀌거나 새로운 교사를 만나는 것과 같은—이 있다. 또한 전환점은 가족의 삶에서도 발생한다. 부모가 지속적으로 아프거나, 부양자조부모가 사망하거나, 이별한다거나, 누군가 해고당했을 경우, 그 가족은 점점 더 약해진다. 이런 전환점에서 학교교육의 지원과 안정성은 특히 중요하다.

일반교육은 확실히 아동과 가족의 정상화를 돕는 기회조직일 수 있다. 이런 방향으로 발전하기 위해서는 일반학교에 자녀를 배치하는 것이 기존의 스트레스 및 압박을 받는 삶을 증가시키지 않으면서, 부모의 스트레스를 없앨 수 있어야 한다. 그러나 자녀를 일반학교에 배치하면서 부모가 방과 후 교육 장소에 나가야 하고, 까다로운 통학버스 이용 조건을 맞춰야 하고, 학교 적응을 위해 또 다른 수고를 해야 한다면, 오히려 그들은 이 모든 어려움을 쉽게 해결할 수 있는 특수학교에 아동을 보내는 것이 아동에게 더 정상적인 삶을 성취하게 해 줄 것이라고 생각한다.

통합을 정상화의 기회로 만들기

지체장애 아동이 학교를 다니기 전에는 부모에게 선택권이 있다. 일부 아동은 집에서 머물고, 일부 아동은 사설 보육원 또는 탁아소에 다니고, 일부 아동은 특수보육원이나 특수학교, 어린이교육센터에 나간다. 이 시기의 경험은 일반학교에 다니기 시작하는 자녀에 대한 부모의 태도를 구체화시킨다.

아동이 사설 보육원 또는 탁아소에 다닌다면, 부모는 통합이 아동의 발전에 긍정적이라고 믿게 된다. 그러나 특수유치원에 아동이 다니고 있다면 부모는 통합에 대해 덜 긍정적일 수 있고, 오히려 주류학교에 있는 학생이 질 낮은 교육을 받는다고 생각할 수도 있다Bailey & Winton, 1987.

취학 전 준비와 미래 학교 배치 사이에는 연계성이 있다. 취학 전에 특수교육을 받은 아동은 취학 전에 통합되어 있던 아동보다 더 많이 특수학교에 가는 경향이 있다. 반대로, 취학 전에 통합되어 있던 아동은 주류학교에 가려고 한다. 이 과정은 교육청의 발달기록부에 의한 공식적인 평가와 더불어 비공식적인 절차에 따라 진행되는 것으로 보인다. 대다수의 지체장애 유아의 부모는 교육청의 발달기록부를 작성하는 것이 끝나기 전에 아동을 어떤 학교에 보낼 것인지를 결정한다.

정부는 부모가 아동을 주류학교에 보내는 결정을 하는 것에 동참해야 한다고 생각한다. 주류학교에 대한 부모의 만족도는 아동이 받는 물리치료의 양이나 신체 곤란의 정도보다도, 그러한 결정에 그들이 참여하였는가에 의해 좌우되는 것이다. 따라서 부모가 통합의 가능성을 의논하기 위해 지역 주류학교에 처음으로 방문했을 때에는 그들의 의견을 경청하는 것이 중요하다. 이 모임은 교장이 주도하여 진행한다. 여기에는 특수교육요구협회 회원과 장차 아동을 맡게 될 학급 담임도 포함되어야 한다. 또한 첫 협의에서는 다른 기관을 포함시킬 필요가 있다. 많은 부모는 기관에서 일하고 있는 잘 모르는 사람을 만나는데, 그것은 많은 가족에게 큰 스트레스가 된다. 여러 기관들과 동등하고 협력적인 방법으로 통합과정을 시작하는 것이 부모에게 특히 중요하다. 동등하고 협력적인 과정 중에 하나는 물리치료 서비스를 어떻게 포함시킬 것인지 등을 함께 고민하는 것 등이다. 부모는 주류학교에 다니는 자녀 걱정을 많이 한다Fox, 1999. 이것은 부모가 받는 스트레스의 잠재적 원인이다. 이런 것을 파악하고 있는 교사는 부모를 안심시킬 수 있을 뿐만 아니라, 이런 논란을 다루기 위한 실제적인 전략을 투입할 수 있다.

통합에 대한 부모의 염려

관계 형성

많은 부모는 자녀가 친구와 좋은 관계를 유지할지, 학급에는 잘 적응할 것인지에 대해 걱정한다. 부모는 자녀가 친한 친구를 만나서 함께 놀기를 원한다. 그러나 대다수의 부모는 친구와의 관계 형성이 이루어지기 전에 또래로부터 괴롭힘을 당하거나 따돌림당할 것을 걱정한다. 따라서 학교에 다니고 있는 형제나 가까운 사람으로부터 도움을 받는 것은 중요한 전략 중 하나다. 만약 이것이 불가능하다면, 같은 지역에 사는 아동을 만나게 해 주는 것은 이 통합교육을 시작하는 부모에게 도움이 된다. 또한 학교는 학급활동과 쉬는 시간에 친구관계를 촉진하는 전략을 사용할 수 있다6장 참고.

교 육

많은 지체장애 아동의 부모는 국가수준 교육과정의 적용 과정에서 자녀가 이 교육과정을 이수할 수 있을지, 이수하지 못할지에 대해 걱정한다. 자녀의 교육적인 발전에 대한 부모의 걱정은 주류교육으로부터 이익을 얻을 수 있는지 없는지의 여부에 따라 좌우된다. 따라서 처음에 자녀가 읽기 및 수학과 같은 기초 영역에서 진전을 보여 안심할 수 있기를 바란다. 자녀가 쓰기와 같은 주요 도구교과 영역에서 어려움을 느낀다면, 이 문제를 해결하려는 여러 가지 전략이 지원될 것이라는 믿음을 가질 필요가 있다연습을 통해서나 아동의 진전을 기록하는 대안적인 수단을 통해서.

발 달

부모는 국가수준 교육과정을 이수하는 것뿐만 아니라 여러 영역에서의 발달에 대해 걱정한다. 가장 중요한 것은 아동의 신체적 기술의 발달이다. 부모는 자녀의 신체관리 프로그램이 학교교육 과정에 포함되길 원한다. 또한 학교교육 과정 속에는 발달의 다른 영역들도 포함되길 바란다. 부모와 대화할 수 있는 의사소통 기술 등이 이에 해당된다. 마지막으로, 부모가 가장 많이 기대하는 독립기술의 발달 영역 또한 학교교육 과정 속에서 다루길 원한다.

학 교

부모는 학교 자체에 대한 염려가 있다. 가장 기본적인 염려는 학교에 입학하는 것에서부터 시작된다. 지역에 주류학교가 있다면, 부모는 자녀를 주류학교에 입학시키고자 할 뿐만 아니라, 학교에 다녀야 할 다른 자녀가 있거나 방과 후 보호해야 할 자녀가 있다면 이와도 연관시켜 걱정을 할 것이다. 학교 문제는 학교의 접근성에 관해 문제점이 나타난다. 학교는 모두 단층으로 되어 있는가? 어떻게 교실에 접근할 것이며, 위층으로는 어떻게 이동할 것인가? 휠체어를 사용할 수 있는 경사로가 설치되어 있는가? 또한 휠체어를 이용하는 데에 있어서복도의 폭은 충분하게 넓은가? 또한 출입문은 특별하게 제작되어 있는가?

안 전

지체장애 아동의 부모는 자녀의 안전을 염려하게 된다. 비록 안전을 위협하는 것이 미약할지라도, 이는 주류학교 모든 요소의 안전을 위협하는 것이 될 것이다. 안전 문제를 다루는 것은 운동장과 같이 체계적으로 정비되지 않은 환경에서 아동의 신체적 취약성이 드러나는 것을 다루는 것이다. 많은 부모가 자녀가 누군가에 의해 밀리거나 우연히 넘어지는 것을 걱정한다. 일부 아동은 간질과 같은 이차 장애 문제가 있을 수 있다. 부모는 의약품 관리를 포함하여 정확한 안전에 관한 지침서를 요구한다. 또한 학교가 어떤 응급사태에도 잘 대처할 수 있도록 체계적으로 정비되어 있기를 바란다.

일반적인 것

일반적으로 부모는 이상과 같이 특정한 영역에서 뿐만 아니라 '막연한' 걱정거리를 가지고 있을 것이다. 부모는 자녀가 인생에서 행복하고, 사랑받으며 기회를 잡을 수 있기를 바란다. 이것은 학교 문화, 교장의 태도 및 교직원의 긍정적이고 우호적인 태도가 있어야 가능하다. 교사의 태도는 아동의 온정, 감성 및 수용의 관계에서 중요하다.

부모는 자녀와 동료학생과의 관계 그리고 학교생활이 시작되면서 부모와 분리되어 있는 자녀의 안전에 대해 걱정한다. 그러나 부모의 다른 걱정거리는 자녀가 학교에 다니게 되도 바뀌지 않는다. 부모는 자녀가 학교에 다니기 전부터 지녀온 걱정거리를 지니기 학교에 다니는 동안에도 계속 가지고 있다. 그래서 학교생활에서 특별한 문제가 발생하지 않아도 그 밖의 영역에서 부모의 걱정은 지속될지 모른다. 부모는 자녀가 학교에서 읽기 시간에 발전을 보이는 것조차 걱정을 한다. 교사는 이것이 학교에 대한 비판이 아니라 부모의 자연적인 근심이라는 것을 알 필요가 있다.

부모의 인식 이해하기

장애의 모델

부모와 전문가가 장애를 어떻게 보는지에 대한 관점을 쉽게 설명하는 두 개의 모델이 있다Quinn, 1998.

- 장애의 개별적혹은 의학적 모델

• 장애의 사회적 모델

장애의 개별적혹은 의학적 모델

장애의 개별적 모델은 아동의 의학적 상태뇌성마비, 이분척추가 각 아동의 장애 원인이라고 굳게 믿는 것을 바탕으로 한다. 의학적 상태는 관리가 필요하고, 이를 통해 장애를 극복할 수 있다. 장기간 아동과 가족이 전문가의 조언 및 제안을 따르면 좋아질 것이다. 아울러 가족이 관리 프로그램을 따르지 않는다면 아동의 상태는 분명히 좋아지지 않을 것임을 내포하고 있다.

영국의 「특수교육법」은 장애의 개별적 모델에 근거를 두고 있다. 모든 교육이 그런 것처럼 개별적 모델에서의 교육의 초점은 아동이 새로운 기술을 배우는 것에 맞춰진 발달 모델이다. 효과적인 교육이란 아동이 장애를 극복하려고 노력하며 어느 정도 진전을 보였는가로 정의된다. 연간보고서 그리고 개별화교육계획은 특수교육요구가 규준norm에서 벗어난 정도를 기준으로 정의한다. 장애의 개별적 모델을 지지하는 부모는 새로운 기술에 의해 자녀가 발전되는 것을 보길 원한다. 그들은 '프로그램' '관리' '교육' 등이 자녀가 장애를 극복하는 데 도움이 되어 자녀가 발전하길 원한다.

장애의 사회적 모델

장애의 사회적 모델은 신체 곤란이 동료와 동일한 신체적 기술을 가지고 있지 않다는 관점을 기반으로 하며, 이와 관련된 여러 가지 문제는 그를 둘러싼 주위 환경에 의해 발생한다고 보는 관점이다. 다시 말해, 문제가 발생하는 곳이 그가 살고 있는 사회적 환경인 것이다. 이러한 문제는 다른 사람의 부정적인 태도나 편견, 혹은 학교에 접근하려 할 때, 접근성이 좋지 않은 환경에서 발생할 수 있다. 지체장애 성인의 문제는 공공건물로의 접근성 곤란, 이동성 곤란 그리고 그들이 많은 임금을 받을 수 있는 경제 체계가 아니라는 점이다. 장애의 사회적 모델은 장애아동의 문제가 아닌 사회 문제로 보는 것이다Swain, Finkelstein, French, & Oliver, 1993. 장애의 사회적 모델을 지지하는 부모의 관점은 자녀의 신체 곤란을 극복하기 위한 관리나 프로그램을 우선적으로 보지 않는다. 그들은 교직원의 적극적인 태도, 친구관계, 적절한 장비와 자녀가 실제 사회처럼 통합된 학교에 적응하는 것을 우선시한다.

통합의 차원

부모는 정상적인 가족생활을 위하여 두 개의 차원에 주목할 수 있다.

- 자녀의 발달
- 자녀의 사회통합

부모는 자녀의 발달을 최우선 과제로 여기며, 지체장애를 극복한다면 가족생활은 정상궤도에 오르게 될 것으로 생각할지 모른다. 또는 학교사회가 자녀의 장애를 잘 수용한다면 가족생활이 정상화될 것으로 믿을지 모른다. 물론, 두 차원이 사실이라고 생각한다. 두 개의 차원은 [그림 3-1]과 같다. 각 차원의 단위는 가장 높은 점수가 10점이고 낮은 점수가 1점이다.

교육에서 이 두 가지 차원은 다른 방향으로 작용할 수 있다. 실제 사회통합 방향에 초점을 둔 부모는 통합을 원한다. 뿐만 아니라 발전에 초점을 둔 부모는 특수학교를 원한다. 그러나 효과적인 통합은 이 두 차원이 공존해야 한다는 것을 의미한다.

부모는 다음에 요약된 다양한 단계를 선택할 수 있다.

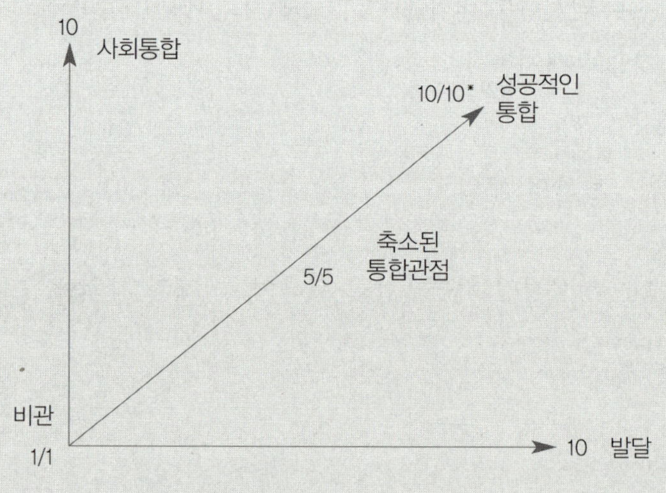

부모의 선택권은 10/10이다 – 실제 사회 통합과 발달에 가장 높은 점수다.

[그림 3-1] 통합의 차원

10/10 - 성공적인 통합: 높은 발달/ 높은 사회통합

이 단계에 속한 부모는 두 영역에 초점을 두는 것이 중요하다고 믿으며, 자녀의 통합과 발달을 강하게 믿는다. 주류학교가 자녀를 최상으로 발달시키기 위한 태도, 지식, 기술 및 자원을 가지고 있다면 가능하다.

10/1 - 사회통합에 초점: 높은 사회통합/낮은 발달

사회통합에 대한 관심은 사회통합에 대한 관점과 주류학교에의 통합이 우선이라는 신념이 포함된다. 이 단계에 속한 부모는 자녀가 통합사회에 속해 있는 것을 중요시한다. 그들이 지역사회에서 받는 특별한 지원이나 기술 때문에 그들에게 발달은 우선적인 것이 아니다. 따라서 발달에 대한 관심사는 낮을 수 있다.

1/10 - 발달에 초점: 높은 발달/ 낮은 사회통합

이 단계에 속한 부모는 자녀의 기술 발달이 무엇보다도 중요하다고 믿으며, 기술 발달이 교육의 중심이라고 믿기 때문에 사회통합은 별로 중요하지 않다. 이는 자녀가 사회에서 기능할 수 없을 정도로 심한 장애를 가지고 있다고 생각하기 때문일 것이다. 또는 교육이 역동적인 과정이고 조기에 기술의 발전에 초점을 두고 있기 때문일 것이다. 기술의 발달에 관심을 두는 것은 아동이 성인이 되었을 때 사회에서 더 좋은 기능을 수행할 것이라고 믿기 때문이다.

5/5 - 축소된 통합 관점: 중간 정도의 발달과 사회통합

이 단계에 속한 부모는 자녀가 정상적인 생활을 할 수 있다는 신념을 잠시 동안 잊어버리기도 한다. 이것은 아동의 생활 중에서 특정한 시간에 일어난다. 즉, 자녀가 지역 유아학교local infant school에 통합되어서 아무런 이익이 없었거나, 독립보행을 위한 훈련을 멈추게 하고 주류학교의 이곳저곳을 휠체어를 이용해서 다니도록 하는 조치가 있었다면 이러한 일이 일어날 것이다. 두 경우, 부모는 학교생활이 좋지 않다고 생각할 것이다.

1/1 - 비관적 관점: 낮은 사회통합과 발달

일부 부모는 자녀가 무력하고 희망이 없다고 느낀다. 또한 자녀가 정상화되거나 사회통합이 될 수 있을 것이라고 믿지 않는다. 그들은 자녀뿐만 아니라 가족의 미래도 불행할 것으로 생각할 수 있다. 이런 생각은 장애 정도가 심하기 때문만은 아니다. 경도 지체장애 부모도 비관적일 수 있다. 부모의 기대와 자녀의 성취 사이에서의 차이는 비관적으로 혹은 그렇지 않은 감정으로도 이끌 수 있다.

이 장에는 부모의 신념에 대한 두 가지 차원이 기술되어 있다. 그러나 교사가 학생의 교육을 어떻게 바라보며 동시에 어떻게 적용할 것인지를 아는 것이 중요하다. 어떤 교사는 학생의 교육적 성취의 발달을 염려한다1/10 발달 관점. 다른 교사는 통합을 걱정한다10/1 통합 관점. 또한 통합에 대해 비관적인 관점을 가진 교사는 아동의 기술 발달이 안 되거나 통합하는 데 도움을 줄 수 없다고 믿는다.

학교생활을 시작하는 아동 돕기

부모가 자녀를 주류학교에서 가르치려고 할 때 불일치되는 관심사를 이해하는 통합에 대한 두 가지 차원이 있다. 자녀의 통합이 성공적이길 원한다면 사회통합 과정에서 자녀의 발전과 사회통합에 대한 확신을 가져야 한다. 부모는 다음과 같은 확신을 가질 필요가 있다.

- 학교에서 좋은 친구관계: 형제자매가 없으면서도 학교에서 또래에게 소외되지 않아서 지원받는다는 것을 느끼지 못하는 친구관계
- 긍정적인 학교 환경: 특히, 교장과 교직원이 학생에게 친근하고 보호하는 태도를 보임
- 특별한 편의와 장비의 제공
- 특별히 신체관리에 있어서 적절한 기관에서의 지원
- 교육의 과정에 관심
- 학교와 학급의 접근성
- 안전, 특히 학교에서의 이동과 응급구조 대책

지체장애 자녀는 이와 같은 영역에서 성취하기 어려울 수 있을 지라도 대부분의 부모는 자녀가 학교생활을 시작할 때 이런 영역에서 확신을 가질 수 있기를 원한다.

함께 MAPS 계획하기

이 책은 특수교육요구 아동과 관련된 사람이나 기관이 함께 활동하고 계획하는 것을 강조하고 있다. MAPS는 부모와 아동이 계획하기 위한 것으로, 아동이 학교생활을 시작할 때 특히 유용하다.

MAPS McGill Action Planning System는 특수교육요구 아동을 위한 통합 프로그램의 선정과 그 계획을 돕도록 설계되었다 Forest & Lusthaus, 1990; Vandercook, York, & Forest, 1989. 이것은 지체장애 아동뿐만 아니라 모든 특수교육요구 아동에게 유용하다. MAPS는 아동과 부모의 과거와 미래를 위한 계획은 물론, 다양한 정보를 공유하는 과정이다. MAPS의 종류 중 하나는 지체장애 아동과 그의 동료를 계획과정에 포함시키는 것이다.

계획과정에서 아동의 참여

현재는 특수교육요구 아동을 점점 더 적극적으로 특수교육요구에 대한 프로그램의 계획과정에 참여시키는 것이 증가하고 있다. 「특수교육법 시행령」은 참여를 강조한다. 「특수교육법 시행령」의 기본 원칙 중 하나는 교육이 계획될 때 아동의 생각과 아동의 평가 기록이 반드시 반영되어야 한다고 명시하고 있다. 그것은 아동의 나이와 인지 수준을 고려해야 한다는 것이다. 그 원칙의 기저에는 아동이 어릴 때부터 계획에 참여하는 것이 성인이 되었을 때보다 자신의 생활

양식을 더 잘 선택할 수 있다는 믿음이다. 4~5세의 어린 아동도 그들이 즐기려는 것에 대한 생각을 가지고 있다.

또한 MAPS는 아동의 또래의 참여도 권장한다. 참여하면 다음과 같은 이익이 있다.

- 통합은 전체 학급의 논점이 된다.
- 또래는 차이가 나는 것을 지각한다.
- 또래는 쟁점을 보는 관점에서 다른 방법을 찾을 수 있다.
- 또래는 문제해결을 위해 다른 해결책을 모색한다.
- 또래는 아동의 교육활동 안에 통합된다.

또래는 그들의 나이나 이해력에 따라서 통합된다. 또한 그들이 지체장애 아동을 얼마나 알고 있는지에 따라서 통합된다. 만약 지체장애 학생이 몇 년 동안 한 교실에 있었다면, 또래는 이들을 더 잘 알 것이다.

또래를 참여시키는 것은 부모와 지체장애 학생에게 매우 중요한 결정이다. 지체장애 학생의 다음 학기 및 전 학년 과정의 교육계획을 수립하는 회의에 몇몇 학급 동료를 참여시킬 것을 제안한다. 학급 동료가 참여하는 영역은 다양하며, 이러한 또래의 참여는 지체장애 학생에게 중요한 이익이 된다는 관점이다.

따라서 지체장애 아동을 위해 전문가로서 부모, 지체장애 학생 그리고 그 또래를 MAPS의 일부분에 직접적으로 참여시킬 것을 권한다. 이 과정에서 교사는 중심 역할을 한다. 교장은 학교의 규모와 조직에 따라 특수교육요구협회와 교수보조원을 모두 포함시킨다. 외부 전문가로는 물리치료사를 포함한다. 그들은 4장에 기술한 것처럼 또 다른 전문가 영역에 속하는 인적 자원이다. 지체장애 아동을 위한 MAPS 과정에서 쟁점 중 하나는 누구를 포함시켜야 할지, 즉 참여시킬 전문가의 범위다. 자칫 협의회가 너무 거대해지거나 광범위해질 염려가 있다. 반대로 핵심 인원만 참여하다가는 중요한 요소를 빠뜨릴 염려가 있다. 핵심 팀에 대해서는 4장에서 다룬다.

MAPS 과정

MAPS의 핵심에는 7가지 주요 질문이 있다. 이 질문에 대해서는 차례대로 설명할 것이다. MAPS는 부모와 자녀를 위한 논점이 무엇인지에 대한 이해를 공유함으로써 확립된다. 그것은 그들이 들어 왔던 질문과 가족과 학교 사이의 협력관계에 관한 내용이다.

질문 1: 어떻게 성장하여 왔는가

첫 번째 영역의 설명은 지체장애 아동이 살아온 과정에 대한 이야기다. 부모혹은 아동는 이야기의 대부분을 말할 것이다. 그 영역은 다음과 같다.

- 놀이집단에 참여하였는가?
- 그곳에서 가장 즐거워한 것은 무엇인가?
- 학교에서 이동할 때 도와준 친구가 있는가?

- 형제자매가 있는가?
- 언제부터 휠체어를 타기 시작했는가?

이것은 아동의 삶에서 일어났던 핵심 사건을 추려내는 것을 목적으로 한다. 분명히 질문이 학교에서는 이미 잘 알려진 아동의 생활 과정에 맞추어질지도 모른다. 이 경우 지난해 또는 지난 인터뷰 이후에 일어난 일들에 대해 질문할 수도 있다. 아동과 부모가 그들의 이야기를 말하는 것은 중요한 시작점이 된다. 이는 모든 구성원에게 이 아동의 생활이 어떤지, 어떤 사건이 일어나고 있는지를 알려 주는 계기가 된다. 이 인터뷰는 아동과 부모가 첫 만남에서 중요한 역할을 하도록 하며, 아동에게 자신이 인터뷰의 중심이며, 자신의 이야기를 들어 줄 것이라는 신호를 준다.

질문 2: 너의 꿈은 무엇인가

이 질문은 사람들로 하여금 현재 주위의 상황을 넘어 미래를 생각하도록 설계되었다. 이것은 아동의 미래에 대한 희망을 만들고자 설계되었다. 계획을 뒷받침하는 것은 현재의 위치에서 미래까지 비전을 설계하며, 어떤 일들이 일어날 것인지에 대한 생각으로 이루어진다. 대화는 아동의 꿈에 대한 내용에서부터 부모의 꿈의 순서로 진행된다. 아동과 부모에게는 너무 먼 미래에 대해 생각하는 것이 어려울 수 있다. 꿈은 그들이 어른이 되었을 때 어떤 모습일지, 그들이 하는 일은 무엇일지, 그리고 그들이 삶을 어떻게 살아갈지에 관한 것이어야 한다. 그러나 아주 어린 아동에게는 다가올 1, 2년 동안의 계획을 생각해 내는 것만이 가능할 수 있다.

질문 3 : 네가 두려워하는 것은 무엇인가

이 질문은 무척 어려울 수 있으며, 질문해서는 안 될 상황이 있을 수도 있다. 그러나 이 질문은 매우 중요하다. 이는 아동과 부모에게 그들에게 일어나지 않기를 바라는 일들이 무엇인지에 대해 생각하도록 하는 중요한 질문이다. 그들이 발생하지 않기를 바라는 일이 무엇인지를 안다면 발생할 일을 예방할 수 있다. 아동에게 '네가 학교에 대해 좋지 않은 기억을 가지고 있다면 그것은 어떤 것이니?'라고 묻는다면 괴롭힘을 당하는 것, 놀이 시간에 혼자 남는 것, 숙제를 할 수 없는 것, 하루 종일 교실 앞에 앉아 있을 때 등의 대답일 것이다. 이 대답은 아동과 부모가 어떻게 생각하고 있는지를 통찰하는 데 많은 도움을 준다.

질문 4: 아동은 누구인가

이것은 모두를 위한 첫 번째 질문이다. 아동에게 먼저 시작하는 질문일 수도 있지만, 회의에 참여하는 모든 사람에게 던지는 질문일 수도 있다. 모든 사람은 그들의 자녀를 생각할 때 생각나는 단어가 무엇인지 질문받는다. 방 안의 사람들에게 돌아가면서 순서대로 질문하는 것이 최선이다. 누군가 자신의 생각을 단어로 표현할 수 없다면 그냥 넘어간다. 모든 대답은 글로 완전히 기록해야 한다. 이 과정의 끝에는 아동을 묘사한 낱말의 긴 목록이 나올 것이다. 그다음에는, 아동에게 그들을 가장 잘 표현하고 있다고 생각되는 세 개의 낱말을 고르도록 한다. 또한 부모도 같은 과정을 거치도록 한다.

질문 5 : 아동의 강점과 재능은 무엇인가

아동의 강점에 초점을 맞추기 시작한다는 것은 이 질문에서 중요하다. 대부분의 모임에서는 지나치게 아동의 단점에만 집중한다. 그러나 이 방법은 기본적으로 아동의 강점에 주목한다. 질문 4에 대한 대답은 이것의 시작점이 될 수 있다. 모임에 참가한 사람들은 아동을 표현할 단어 목록에서 어떤 것이 학생의 강점을 나타내는지 말하도록 요구받을 수 있다. 또다시 이 과정은 아동에서부터 시작해 주위 사람들로 이어진다.

질문 6 : 아동의 통합교육에 대한 요구는 무엇인가

이 질문은 특수교육 시행규칙에 정의된 특수교육요구와 지원에 관한 질문이 아니다. 대신에 질문은 더 간단하다. '아동에게 필요한 것은 무엇인가?' 이 질문에서 흥미로운 것은 사람들이 이 질문에 대해 얼마나 다른 생각을 가지고 있는가다. 그래서 어떤 아동은 학급에서 누가 짝꿍이 될지, 누구와 함께 점심을 먹으러 갈지, 어떤 부모는 용변처리에 지원이 필요할지에 주목하기도 한다. 반면에 교사는 신체관리 프로그램이 가장 필요한 것이라고 생각할 수도 있다. 다른 질문과 같이, 그룹은 한 명씩 돌아가며 서로에게 필요한 것이 무엇인지 대답해 볼 수 있다.

질문 7 : 아동에게 학교에서의 최고의 날은 언제일까

교사가 학급에서 다른 학생들의 평범한 하루는 어떤지에 대해 그려 보는 것으로 시작할 수 있다. 질문 6에 대한 대답으로 통합에 대한 요구가 학교생활 중에 얼마나 잘 반영될 수 있는지 혹은 지연될 수 있는지를 생각할 수 있다.

만남의 마지막에는 사람들에게 MAPS를 한마디로 표현할 수 있는 한 낱말을 묻는다. 이것은 만남의 가치를 확인하는 중요한 방법이다. 또한 이것은 사람들이 가지고 있을지도 모르는 어떤 어려움을 밝힐 수도 있다.

MAPS는 융통성 있는 체계이고, 다른 방법으로 이용될 수 있다. 그것은 지체장애 학생이 새로운 학교생활을 시작한 직후의 전환과정에서 유용하다. MAPS를 위한 모임은 지체장애 학생이 새로운 학교에 적응한 이후에 이루어질 수 있다. 이것은 교사와 교수보조원 그리고 동료가 지체장애 학생에 대해 더 잘 알 수 있도록 도와준다. MAPS는 비공식적인 방법으로 정보와 지체장애 학생에 대한 여러 가지 시각을 공유하는 개방적이고 협력적인 과정이다. 그리고 MAPS의 여러 가지 측면은 보다 형식적인 계획, 예를 들어 연간보고서 또는 개별화교육계획 등으로서 조직화될 수 있다. 만약 기본적인 원칙이 지켜지지 않는다면 MAPS 과정이 모두 성공적으로 적용되지는 않을 것이다. MAPS는 지체장애 학생, 부모 그리고 교사가 지체장애 학생의 현재 위치를 파악하고, 희망을 설계하며, 전진하는 방법을 계획할 때 쓰일 수 있다.

MAPS는 많은 목적을 가지고 있다.

- 학교와 부모의 확실한 협력
- 다른 견해의 공유
- 아동에 대한 공유된 희망의 발전
- 부모와 전문가 간의 공유된 언어의 발전
- 아동에게 자신의 의견을 말할 기회
- 통합에서 또래를 포함
- 아동에게 결정 권한 부여

이것은 학교에서 새롭게 시작할 때 희망을 발전시키고 협력적 접근을 보장하는 데 가장 중요하다. 다음으로 아동이 무엇인가를 결정할 수 있도록 허용하는 것이 중요하다. 교사는 MAPS를 위한 만남이 생산적이고 보람 있는 것이라고 확신할 수 있다.

요 약

이 장에서는 지체장애 학생의 부모가 가지고 있는 문제를 설명하였다. 특히, 다음의 사항을 인식하는 것이 중요하다.

- 부모는 교사와는 다른 시각으로 교육을 볼 것이다.
- 통합에 대한 부모의 지원은 성공에 필수적이다.

- 부모는 가끔 전문가가 지체장애 아동이 가진 문제를 잘 이해하지 못한다고 생각한다.
- 부모는 정서적 어려움과 같은 실제적인 어려움에 직면한다.
- 부모는 가족의 삶을 정상화하기 위해 노력한다.
- 통합은 정상화가 가능하도록 지원할 것이다.
- 부모는 자녀가 실제적으로 사회통합되는 것을 우선시하는 경우와 자녀의 발달을 우선시하는 것 사이에서 크나큰 갈등을 느낄지 모른다. 바른 통합을 위해서는 아동, 부모와 또래가 협동적으로 일을 해 나가는 것이 중요한 출발점이다.
- 협력적으로 일하기 위해서 지체장애 아동, 부모 그리고 그의 또래를 포함시키는 것은 중요한 출발점이다.

Chapter 04

팀 협력활동

왜 다른 사람과 협력하는가

지체장애 학생의 효율적인 통합을 위해서는 교사와 함께 협력적으로 도움을 줄 여러 사람이 필요한데, 그들은 지역교육청 관계자, 교장, 특수교육요구협회, 법령에 명시된 전문가, 교수보조원 그리고 부모다. 또한 이외에도 간접적으로 도움을 주는 중요한 역할을 하는 사람들이 있다. 여기에는 영양사, 재활공학자와 시각교정을 담당하는 의사와 같은 전문가가 있으며, 조부모 및 형제자매 그리고 이웃과 같은 비전문가도 있다. 이들은 직접적으로 학교와 연관되어 있지 않다. 하지만 때때로 그들의 적절한 조언과 지원은 지체장애 학생의 효과적인 통합교육을 위해 중요하다.

이 장에서는 특히, 팀 내에서 함께 활동할 수 있는 전문가에 대해 설명한다. 팀원은 각각의 특색을 가지고 있으며, 전문가는 다른 종류의 팀핵심 팀 혹은 보조 팀에 관여하고 있다. 다양한 전문가는 각기 다른 역할과 책임을 맡고 있으며, 교사는 효율적인 통합교육이 될 수 있도록 이러한 팀 내 구성원의 특정 전문지식을 활용하며, 중심적인 역할을 한다.

팀이란 무엇인가

팀은 상호의존을 필요로 하는 복잡한 업무와 공통된 목표를 가지고 있는 두 명 이상의 사람이 정기적으로 함께 만나 협력을 이루는 구성체라 할 수 있다. 우리가 필요로 하는 것은 지체장애 학생을 위한 성공적인 통합이며, 팀 구성의 목표는 지체장애 학생의 발달을 최대화하는 것이다. 다음은 이 정의에 대한 함축적인 요소다.

- 팀은 두 명만으로도 구성될 수 있다. 학급의 핵심 팀은 교사와 교수보조원이 지체장애 학생의 통합교육에서 중심적인 역할을 하기 때문에, 이 두 명만으로도 팀을 구성할 수 있다.
- 팀 구성원은 서로 만나고 협력해야 한다. 그러므로 학교에 있지 않은 사람과 팀을 구성하는 것은 매우 어려운 일이다.
- 학교에서 일을 어떻게 진행시켜야 하는지에 대한 팀 구성원 간의 일반적인 의견 통합이 필요하다.
- 팀은 한 명의 개별 전문가가 해결할 수 없는 복잡한 과제가 있을 때 필요하다.

- 팀 구성원은 상호의존적이다.
- 팀 구성원은 지체장애 학생과 함께 일하기 위한 공통의 목표가 있다는 것을 생각해야 한다. 전문가가 팀을 고려하지 않는다면, 어려움을 해결할 수 없다.

팀의 기능 수행

대부분의 팀은 공식적이거나 비공식적인 역할을 한다Schein, 1988. 여기서 공식적인 역할은 한 사람으로서는 할 수 없는, 상호의존해야 하는 복잡한 업무 등이다. 이 책에서는 지체장애 학생의 효과적인 통합에 대해 강조하고 있다. 이를 효율적으로 이루기 위해서는 팀워크와 협력이 필요하다. 효과적인 통합의 과제는 다른 공식적인 활동 목표를 세우는 기초가 된다. 공식적인 목표에는 다음과 같은 것이 포함된다.

- 교육과정을 확립하는 것
- 신체 기능을 최대화시키는 것
- 의사소통 기술을 발달시키는 것
- 사회정서적으로 자립심을 키워 나가는 것

이러한 목표에는 여러 전문가의 도움이 필요하다. 교육과정을 확립하기 위한 목표 중 하나는 '필기 기능을 향상 시키는 것'이다. 따라서 다음과 같은 활동 요소가 필요하다.

- 필기 능력 향상을 위한 최적의 조건 결정하기
- 적합한 책상 구비하기
- 필기 능력 향상을 위한 교육 프로그램 결정하기
- 동료와의 팀 결정하기
- 근력 강화를 위한 소근육 운동하기
- 부모에게 소근육 운동에 대해 조언하기

효율적인 통합은 이러한 공식적인 과제를 함께 수행할 전문가를 필요로 한다.

두 번째로, 팀에 의해 이루어지고 있는 중요한 것 중 하나는 사람들에게 정신적 · 사회적으로 무엇인가를 제공하는 비공식적인 역할이다. 이러한 것은 다음과 같다.

- 우정과 지원: '내가 의존할 수 있는 누군가가 있다는 것은 좋다.'
- 자존감과 가치로운 일의 수행: '그녀는 나의 노력을 참 고맙게 생각하는구나.'
- 사회적 현실 파악: '사회의 의사소통 체계를 이해한다는 것이 나만 어려운 것은 아니구나.'
- 근심, 걱정 그리고 무력감 감소: '다른 사람도 모든 일을 최상의 방법으로 실행하고 있다는 확신은 갖고 있지 못하구나.'

많은 교사는 진행이 느려지거나 목표 달성이 지체될 때, 동기와 책무를 유지시킬 수 있도록 팀으로부터 비공식적으로 지원받는다.

팀 내 활동

활동 단계

지체장애 학생을 위한 활동에는 다음과 같이 세 가지 단계가 있다.

- 직접 활동
- 관찰 활동
- 상담 활동

직접 활동direct work에서 전문가는 학급 전체 혹은 소그룹을 만들어 개별적으로 지체장애 학생과 활동한다. 전문가는 지체장애 학생에게 새로운 기술을 가르치거나 전에 배웠던 기술을 복습하게 한다. 관찰 활동monitoring에서는 주로 목표 설정이나 학생의 발달을 모니터링하는 데 관여하지만, 직접적으로 교육에 관여하지는 않는다. 상담 활동consultancy에서는 다른 전문가에게 어떻게 과제를 진행해야 하는지에 대하여 충고한다.

모든 전문가는 때때로 이런 다양한 단계를 이용하기도 한다. 예를 들어, 교사가 학생에게 행성의 이름을 가르치거나직접 활동, 학생이 행성을 잘 그리고 있는지 확인하고 나서관찰 활동, 부모에게 학생이 숙제를 잘할 수 있도록 하는 유익한 방법에 대하여 조언상담 활동하는 것이다.

각 전문가에게 중요한 결정 중 하나는 어떻게 해야 각 단계에서 활동 시간을 가장 효율적으로 이용할 수 있느냐다. 한 단계에서 다른 단계로 이행하는 능력은 효율적인 활동의 핵심 요소다. 어느 단계에서 업무에 임하는 전문가를 평가절하하지 않는 것이 중요하다. 상담은 중요한 단계이지만 학생과의 직접 활동도 역시 중요하다. 전문가가 그들의 능력을 가장 효율적으로 이용하려면 철저한 시간 관리에 주의를 기울여야 한다.

다양한 팀

지체장애 학생의 주변에는 다양한 팀이 있다. 교사는 이러한 팀과의 여러 가지 협력에 있어서 중심적 역할을 한다. 문제는 그 전문가들이 어떻게 협력하느냐에 있다. 학부모는 이러한 팀과의 논의에서 제외되고 있는 실정이다. 이는 부모가 참여하지 않을 뿐만 아니라, 많은 부분에서 팀원과 수준이 맞지 않기 때문이다. 팀의 실용성은 팀원이 얼마나 적극적으로 참여할 수 있는지에 따라 좌우되지만, 그들이 팀원의 자격으로 교사의 생각에 한층 다가가는 것이 필요하다.

- 핵심 팀the core team: 지체장애 학생과 매일 혹은 정기적으로 활동하는 전문가로 구성된다. 팀은 교사와 교수보조원으로 구성되고, 학습활동을 비롯한 다양한 활동을 지체장애 학생과 직접적으로 수행하는 역할을 맡고 있다.
- 보조 팀the secondary team: 정규 체제에서 지체장애 학생에게 직접적으로 관여하는 전문가로 구성되어 있다. 보조 팀은 핵심 팀과

교내 업무를 수행하거나, 지체장애 학생을 지원하는 전문가로 구성되어 있다. 즉, 이들은 물리치료사, 언어치료사 그리고 작업치료사로 구성되어 있으며, 또한 자문교사, 특수교육요구협회, 소아과 의사와 사회사업가도 포함된다. 이들 중 일부는 지체장애 학생과 직접 활동을 하나, 대부분은 관찰 활동이나 상담 활동을 맡고 있다.

두 팀은 다소 임의적인 여러 방법에 의해 구분될 수 있다. 중요한 것은 교사가 지체장애 학생의 통합교육에 도움을 주는 사람들이 누군지, 그리고 이들과 적정 수준의 관계를 맺을 필요성에 대해 알고 있는지가 중요하다. 각 팀에 있어서 누군가는 지역적 상황에서 문제가 될 수 있을 것이다. 팀은 가능한 한 통합되어야 한다. 도움을 주고자 하는 사람은 자신이 팀의 일부분임을 인식해야 한다. 하지만 팀의 구성원이 되기 위해서는 특정 단계에 관여할 수 있는 헌신적인 태도가 있어야 한다. 이는 지체장애 학생과 직접 만나거나 활동하면서 관여하는 것을 뜻한다. 지체장애 학생의 발달에 따라 팀의 구성원은 바뀔 수 있다. 언어치료사는 핵심 팀의 중요한 구성원이지만, 몇 년이 지나면 더 이상 핵심 팀에는 필요하지 않게 되어 보조 팀의 구성원으로 바뀔 수 있다.

핵심 팀

역할과 책임

핵심 팀의 중심에는 교사와 교수보조원이 있다.

학급 교사

교사는 학교에서 업무를 하며, 학교에서는 한 교사가 한 반을 책임지고, 같은 나이의 지체장애 학생을 맡도록 하고 있다. 한 반의 학생 수는 대략 25~35명이다. 일반적으로 교사는 그룹 지도나 개별 지도와 같은 다양한 방법으로 교육에 임하고 있으며, 이들은 국가수준 교육과정을 가르쳐야 하며, 또한 정해진 교과 시간에 읽기 능력과 사고 능력을 기를 수 있도록 가르쳐야 한다. 이 내용은 교사는 잘 아는 것들이지만, 물리치료사나 학부모에게는 생소할 수 있다. 하루에 정해진 읽기 시간은 정부가 요구하는 사항이기 때문에, 이를 무시할 수 없다는 사실을 명심해야 한다. 지체장애 학생의 담임교사에게는 다음과 같은 추가적인 역할이 있다.

- 학생 가르치기
- 학생 옹호하기
- 학부모 상담하기
- 교수보조원과 함께 모니터링 활동하기

• 핵심 팀과 보조 팀을 조화시키기

교수보조원

특수교육요구 학생을 지원하기 위해 학교에서는 교수보조원을 고용하고 있으며, 이들의 수는 크게 늘고 있다. 많은 지체장애 학생은 교수보조원의 도움을 받아 통합교육에 참여하고 있다. 종종 교수보조원은 한 학급 혹은 두 학급을 배분받는다. 그들은 교사와 밀접하게 협력하며, 많은 시간을 개별 아동과 직접 활동할 것이며, 지체장애 학생이 독립심을 기르고 교육과정을 이수할 수 있도록 지원한다.

대부분의 교수보조원은 전 학년도의 교사 그리고 지체장애 학생과 활동하지만, 서로 모르는 경우도 있다. 교수보조원은 정기 근무를 하거나 단기 시간제 근무를 하며, 다소간의 훈련을 받고 지체장애 학생과 활동하게 된다. 다시 말해, 교수보조원은 교사와 함께 교수 · 학습 활동을 완성해 가고 있는 것이다.

핵심 팀에서 발생하는 문제점

핵심 팀의 주요 문제점은 교사와 교수보조원 간의 책임 분배다. 공적인 신분을 가지고 있음에도 교수보조원은 낮은 지위에 있으며, 평가절하될 위험도 적지 않다. 이를 보완하기 위해서는 먼저 교수보조원이 통합교육 활동 과정에 있어서 책임을 맡을 수 있도록 해야 한다. 따라서 교사보다 더 자세히 지체장애 학생을 파악하고, 지체장애 학생에 대한 전문가가 되어 이러한 관계를 발전시킬 수 있도록 해야 한다. 또한 교사가 지체장애 학생을 큰 부담으로 받아들이지 않도록 해야 한다. 이러한 갈등 구조는 교수보조원이 학부모와 상담하면서 점점 커질 수 있다. 다른 전문가는 지체장애 학생이 어떻게 통합교육에 적응하고 있는지에 대한 정보를 얻기 위하여 곧바로 교수보조원을 찾아갈지도 모른다.

교사는 점차 고립 상황에 처할 수도 있으며, 자신이 지체장애 학생에 대해 잘 모른다고 느낄 수도 있다.

역설적으로, 교수보조원이 각 지체장애 학생과 많은 활동을 할수록, 교사는 자신이 지체장애 학생의 통합교육에서 더 이상 필요하지 않은 존재로 느끼게 될 것이다. 반대로, 처음 시작하는 교수보조원일 경우 교사가 지체징애 학생의 통합교육에 더 많이 관여해야 할 것이다.

효율적인 협력활동

이러한 문제를 풀기 위한 열쇠는 교수보조원이 책임 있는 확실한 역할을 맡을 수 있도록 보장하는 것이다. 이러한 역할은 한 학생만을 보조하기보다는 오히려 전체 지체장애 학생과 교사의 업무를 지원하는 것이다. 이것은 교수보조원이 지체장애 학생에 대하여 개별적인 책임을 가지고 있지 않다는 것을 의미하는 것은 아니다. 오히려, 반드시 책임감을 가져야 한다. 그렇지 않다면 학급에서 '잡일' 만 하고 있다는 느낌을 받을 수 있다.

이러한 역할관계가 명확해지기 위해서는 교수보조원과 교사 간의 정기적이고 협력적인 만남이 이루어져야 하며, 적어도 매주 만나거나, 매일 만나는 것도 좋다. 교사는 지체장애 학생을 교육시키는 데 있어서 교수보조원이 도와줄 수 있도록 자신의 교육 의도를 교수보조원과 공유할 필요가 있다. 아울러, 교사는 교수보조원이 학급에 어떤 도움을 줄 수 있는지와 어떻게 직접적으로 지체장애 학생에게 관여할 것인지에 대한 계획을 수립해야 한다. 이러한 방법으로 지체장애 학생의 통합교육은 일대일 방식의 교수보조원의 활동보다는 전체 학급활동으로 이끌어 나갈 수 있다.

이를 실현하기 위해서는 다음 세 가지의 선행 지식을 필요로 한다.

- 학생의 신체 능력, 자립 능력 그리고 의사소통 능력을 포함한 학생의 현재 기능적인 능력 파악하기
- 학교생활에 적응하기
- 학생의 수업 자료 다루기

학생에 대한 배경 정보는 학생의 발달기록부제7장 참고, 보조 팀의 회의록과 MAPS 과정3장 참고 등에서 찾을 수 있다. MAPS에서 이러한 과정은 다음 질문과 함께 제기되고 있다. '어떤 모습이 학생의 이상적인 하루 동안의 학교 생활인가?' 〈표 4-1〉 참고

한 연구는 학교와 학급에서 어떤 도움이 필요한지에 대하여 분석하였다. 이것이 핵심 팀에서 협력활동을 할 수 있게 하는 시작점이 되어야 한다. 즉, 이것이 핵심 팀이 함께 일하기 위한 출발점이다. 일

〈표 4-1〉 **이상적인 학교생활의 하루**

제1항: 학교 주변에서의 도움
질문: 교실 밖에서의 일일활동 계획이 수립되었는가?

제2항: 학급 내에서의 도움
질문: 교실 안에서의 일일활동 계획이 수립되었는가?

	도움 요청 없음	도움 요청 사항	누가 지원할 것인가?	훈련이 필요한가?	학급 적응에 필요함	장비 요청
상 태 (앉기/서기 등)						
학급 상태 (조명도 등)						
활동의 전환						
전체 지도						
그룹 지도						
개별 지도						
기 타 (상세하게 기록)						

부 단계에서는 학부모와 다른 전문가가 토의할 수 있는 기회를 만드는 것이 중요할 것이다. 교사와 교수보조원이 이전부터 함께 일하지 않았다면, 학생을 교육하기 전에 먼저 계획 수립을 위한 회의가 필요하다. 또한 처음부터 부모와 물리치료사를 회의에 참석시키는 것이 유익할 수 있다.

학교와 학급에서 지체장애 학생에게 어떤 도움을 주어야 할지에 대한 분석은 간단하지 않을 수 있다. 어떤 도움이 필요한지 아무도 확신을 못하는 부분이 있을 것이다. 하지만 이 과정은 교사와 교수보조원이 지체장애 학생을 위하여 어떤 도움이 필요한지 같이 결정하도록 하고 있다. 이 부분에서 어려움이 생긴다면 보조 팀과 논의해 봐야 할 것이다.

비록 다른 교육과정에서 주어지는 도움 사이에 차이점이 있을지도 모르지만 이것을 이 단계에서 확인하지 않는다. 대신에 본래의 목적대로 학생을 위한 특정 계획표에 따라서 하루 업무에 필요한 지원 계획을 확립시키는 것이다. 이러한 계획표는 보조 팀의 투입에 따라 달라지는데, 특히 신체관리 프로그램이 이떻게 학교생활에 적용되는지에 따라 달라진다.

보조 팀

보조 팀 활동의 주요 특징 중 하나는 다학문 영역을 이용하고 있다는 것이다. 이는 팀 구성원이 각기 전문성을 가지고 있으며, 다른 기관에서 일하고 있는 사람들로 구성되어 있음을 의미한다. 일부는 학교에서 일하지만, 다른 전문가는 지역교육청과 국민건강보험협회 National Health Service나 지역사회복지지원국local authority's Social Service 등에서 일하는 전문가다.

역할과 책임

보조 팀에 관여하는 구성원 중에는 다양한 전문가가 있다. 이들 중 일부는 매일은 아니더라도 정기적으로 아동과 직접 활동을 한다. 또한 다른 구성원은 교외에서 아동과 활동하거나, 그들의 지식을 토대로 지체장애 학생에 대한 상담 서비스를 제공해 주고 있다. 다음에 기술된 일부 전문가는 아동에게 직접적으로 관여하지 않지만, 대부분은 직접적으로 아동과 함께 활동한다.

물리치료사

소아 물리치료사건강는 소아발달센터나 지역봉사센터에서 일하는 물리치료사 팀의 구성원이다. 물리치료사는 소아의 신체 기능 발달과 유지를 목표로 하고 있다. 소아 물리치료사는 보통 어린 지체장애 아동과 관련을 맺고 있다. 그렇기 때문에 그들은 가정, 탁아소, 보육원에서 아동을 살펴보는 것이 일상이다. 물리치료사는 교내에 있는 학생이 학교생활에 통합될 수 있는 신체관리 프로그램을 발전시키기 위하여 교사와 활동할 것이다.

작업치료사

작업치료사건강이나 사회복지는 지체장애 아동을 위해 다양한 역할을 하고 있다. 이들은 아동과 직접적인 활동에 관여하지만, 일반적으로 특정 문제에 대하여 조언하는 상담 단계의 활동에서 팀 활동을 한다. 또한 물리치료사와 함께 아동의 손 기능, 눈-손 협응과 시지각 기능의 발달을 위해 일하며, 언어치료사와는 의사소통에 관한 업무를 함께 맡고 있다. 많은 전문가는 이동 시 필요한 보조도구와 화장실 사용하기 등의 문제에 대한 전문지식을 가지고 있다. 작업치료사는 건강 혹은 사회복지 분야에서 일하며, 사회복지 분야의 작업치료사는 자립 능력 향상을 돕는다. 따라서 그들은 보조 장비 사용과 보조 장비 적용 분야에서 더욱 전문화되어야 할 것이다. 국가적으로 작업치료사가 부족한 상태이며, 현재 실제적으로는 학교를 위한 작업치료사의 지원이 거의 이루어지지 않고 있는 상태다.

언어치료사

언어치료사건강이나 교육는 의사소통 능력 발달 영역을 전문적으로 다루고 있다. 이는 언어 발달뿐만 아니라, 수화 체계와 다른 의사소통 도구의 이용 등에 관한 일이다5장 참고. 이들은 아동에게 컴퓨터 의사소통 시스템에 쉽게 접근할 수 있도록 도와주고 있으며, 복잡한 의사소통 문제의 평가를 위한 전문 센터에서 일하고 있다. 또한 언어치료사는 입과 턱의 움직임에 문제가 있어 먹는 데 어려움을 겪는 아동도 지도하고 있다. 국가적으로 언어치료사는 부족한 상태다. 지역교육청은 그들을 고용하여 건강 지원에 관한 일을 맡기고 있다.

소아과 의사

소아과 의사건강는 학생을 위해 일하는 전문의다. 그들은 학생의 건강관리를 계획하고 아동발달 팀Child Development Team에서 아동의 발달을 이끄는 역할을 하는 핵심 구성원이다. 소아과 의사는 특별한 의학적 어려움이 있을 경우나 정기 검진과 같은 일을 제외하고는 학교에 있지 않다. 소아과 의사를 통해 다른 의학 전문가를 만날 수 있다. 이들은 다음과 같은 전문의를 포함하고 있다.

- 소아 신경학자는 뇌성마비 등 아동의 뇌 상태에 대한 도움을 주는 전문가다.
- 안과의사는 눈 기능과 눈으로 지각한 정보를 뇌에서 해석하는지를 검진한다.
- 시각 교정의는 눈의 움직임을 평가한다.

사회운동가

사회운동가사회 서비스는 지역사회복지지원국에서 일한다. 그렇지만 그들은 지역사회협회 내에서 별도로 분리되어 있다. 그들은 지체장애 아동의 가족에게 조언과 지원을 한다. 장애인생활수당Disabilitiry Living Allowance을 신청하는 방법과 같은 금융 문제에 대해 조언을 할 수 있다. 그들은 또한 유에 보호 서비스를 지원한다. 아이 돌보기baby sitting와 가족중심의 유예 보호 서비스인 가족연계를 구축하는 것을 지원할 수 있다. 「아동보호법」Under the Children Act, 1998에 의하면 사회사업가의 중요한 업무는 아동의 복지다. 장애아동을 위한 사회 서비스에서도 전문가 팀이 존재한다.

상담전문가자원봉사기관

지체장애 아동을 지원하는 많은 봉사단체가 있다. 이 중 몇몇은 '지체장애인협회 혹은 가족단체협회'와 같은 큰 국가조직도 있다. 대부분은 작고 특별한 공동체를 지원하고 있다. 자원봉사기관은 여러 가지 기능이 있다. 대체로 그 분야의 전문적인 정보를 제공한다. 약간의 지원을 제공하거나 가족이나 아동을 옹호하기도 한다. 일부는 자원과 특수 장비를 구입할 수 있도록 돈을 지원한다. 자원봉사 기관에서 일하는 상담전문가는 지방정부의 정책과 규정에 의한 제약을 받지 않는다. 대신에 그들은 가능한 국가적 또는 지역적인 정책을 참고할 것이다. 그들은 보통 근이영양증 혹은 뇌성마비와 같은 한 가지의 전문 분야에서 일한다. 이것은 그들이 이 특별한 분야에 대해 잘 알고 있다는 것을 의미하며, 독자적인 정보와 조언을 잘 제공한다는 것이다.

보조 팀이 가지는 문제

보조 팀에서 일할 때의 주요 문제는 구성원이 각기 다른 전문가 집단에 속해 있다는 것이다. 거기에는 다른 여러 분야에 있는 전문가로서 교사, 물리치료사, 언어치료사 그리고 사회사업가가 있다. 한편으로는 부모이들은 다른 생활에서는 전문가일 수도 있다는 것을 명심하라와 같은 비전문가도 있을 것이다. 전문가는 동일한 직종의 사람과 가장 가깝게 유대감을 형성한다. 교사는 다른 교사와, 물리치료사는 다른 물리치료사와 가장 그럴듯하게 유대감이 생긴다. 정체성의 공유 및 가치관의 공유 그리고 공통언어를 사용하는 같은 직종의 전문가 간의 강한 유대감은 다학문multidisciplinary 팀에서 일할 때 약간의 문제를 일으킬 수 있다. 이것은 다음과 같이 요약할 수 있다.

- 전문가는 특정 분야에서만 전문가다.
- 전문가는 사적 언어를 가지고 있다.

- 전문가는 서로 다른 세계관을 가지고 있다.
- 전문가는 자치권과 독립성을 가치 있게 여긴다.

전문가는 특정 분야에서만 전문가다

다른 전문가 집단은 다른 분야에서 쉽게 확인된다. 교사는 가르치기와 더불어 특별하게 가르치는 독서 및 쓰기를 그들의 전문 분야로 볼 수도 있다. 한편, 물리치료사는 근육 운동과 더불어 바르게 자세 취하기를 그들의 전문 분야로 볼 것이다. 교사와 물리치료사 사이에는 전문적인 분야에서 겹치는 부분이 적어 의견 불일치의 위험이 거의 없다. 한편, 작업치료사는 소근육 운동 기능을 자신의 전문 분야로 여길 것이다. 그들의 전문 영역은 교사와 물리치료사의 영역과 겹친다. 이 영역에서 전문 분야에 대한 불일치가 발생할 수 있다. 전문가는 전문 분야를 확보하고 그들 자신의 분야를 보호하고 지키기 위하여 보수주의자가 될 수 있다. 각각의 전문가 그룹은 유사한 전문 분야, 전문 영역에 대해 소유권을 주장할 것이며, 같은 분야에서 일하는 다른 전문가를 폄하할 수도 있다.

전문가는 사적 언어를 가지고 있다

전문가는 자신의 분야뿐만 아니라 그 분야에서 사용하는 그들만의 사적 언어를 가지고 있다. 교사가 국가수준 교육과정의 수행 단계에서 학생의 쓰기 기술의 발달과 주요 도달 단계에 대해 말할 때, 대다수의 일반인은 실제적으로 교사의 말을 조금밖에 이해하지 못한다. 이와 유사하게, 작업치료사가 아동의 다리가 교차되어 나타나는 외회전 저항에 대해 말할 때, 혹은 중추 골반경사의 중요성을 말할 때, 대부분의 일반인은 그 말을 거의 이해할 수 없다.

이런 언어는 전문가의 다른 이론적인 시각에 의해서 발생하고 다른 전문가와 의사소통하는 것을 어렵게 만든다.

전문가는 서로 다른 세계관을 가지고 있다

이것이 보조 팀이 가지는 문제의 시작이다. 전문가는 학생의 발달에 대해 이야기할 때 각기 다른 언어를 가지고 있을 뿐만 아니라 실제로 그것에 대해 다르게 본다. 전문가들마다 각기 다르게 사용하는 전문 용어는 실제로 그들이 세계를 보는 방법에서 영향을 받아 사용된다. 이것은 설득력이 없게 들릴 수도 있지만, 유명한 하나의 예로 사람들이 '눈snow'을 다르게 지각하는 것을 들 수 있다Whorf, 1956. 에스키모인은 눈에 대한 낱말을 40개 이상 사용하고 있다. 따라서 그들은 40개가 넘는 종류의 눈을 볼 수 있다는 것이다. 이와 반대로, 영어에서는 눈에 대해 'snow'라는 하나의 단어밖에 없기 때문에아마도 진눈깨비(sleet) 같은 단어도 조금 있을 것이다, 영어를 사용하는 사람은 에스키모인이 보는 눈을 볼 수 없다.

물리치료사는 교사와 다른 언어를 사용할 뿐만 아니라, 실제로 사물을 교사와 다르게 본다. 그들은 교사가 볼 수 없는 학생의 신체 곤란에 대한 것들을 볼 수 있다. 이와 유사하게, 교사는 물리치료사가 볼 수 없는 학생의 학습에 대한 것들을 볼 수 있다.

함께 효과적으로 일하기

다학문적 구성원이 있는 보조 팀에서 일하는 데는 어려움이 있지만, 거기에는 대단한 장점도 숨어 있다. 세상을 다르게 볼 수 있는 다른 전문가의 능력은 학생의 어려움을 더 깊고 더 넓게 바라볼 수 있음을 의미한다. 그래서 다양한 문제를 가지고 있는 아동을 위해 협력하여 일하는 팀은 학생을 도울 수 있는 여러 가지 방법을 가지고 있다.

시간이 지나면서 효율적인 보조 팀은 학생을 바라보는 여러 전문가의 새로운 방법을 수용한다. 이 팀이 발전하기 위해서는 언어를 공유할 수 있도록 정기적인 만남이 필요하다. 여기서 어려운 점은 팀의 각 전문가가 다른 방법으로 문제를 볼 수 있도록 하기 위해서 어떻게 그들의 특별한 시각을 공존시킬 것인가의 문제다.

다학문적 연속체의 팀워크

최근에 가장 효율적으로 일하는 것으로 보이는 보조 팀은 한 학문만이 아닌 여러 학문을 아우르며 교육하는 사람들의 모임이다Fox, 1998. 초학문적transdisciplinary 팀은 전문가가 따로따로 일하는 것이 아니라 함께 일하는 것이다. 초학문적인 팀워크는 학생을 위해 직접적으로 일하는 것뿐만 아니라 협력하여 목표를 세우고, 정기적으로 만나며 학생의 발달 정도를 공동으로 기록하고 보유하는 것에도 밀접한 관련이 있다〈표 4-2〉 참고.

〈표 4-2〉 **초학문적인 팀워크**

초학문적 팀워크	
낮은 단계의 학문 간 교차 (low-level, cross-disciplinary)	• 전문가는 학생을 위해 개인적으로 일한다. • 각 전문가에 의해 개인의 목표를 세운다. • 다른 전문가는 만나지 않는다. • 각자 기록하고 보관한다.
학문 간 교차 (cross-disciplinary)	• 전문가는 학생을 위해 개인적으로 일한다. • 각 전문가에 의해 개인의 목표를 세운다. • 정보를 교환하기 위해 만난다. • 각자 기록하고 보관한다.
학문 간 접근 방법 (interdisciplinary)	• 전문가는 학생을 위해 개인적으로 일한다. • 지식을 나누고 협력적인 목표를 정하기 위해 만난다. • 함께 기록하고 보관한다.
초학문적 접근 (transdisciplinary)	• 전문가는 학생과 함께 일한다. • 지식을 공유하고, 협력하여 목표를 세우고 새로운 시각의 발전을 위해 만난다. • 협력하여 기록하고 하나의 기록철을 보관한다.

초학문적인 방법으로 일하는 것은 관심 분야가 다른 학문과 연합되어 있는 큰 영역에서 특정 전문가가 활동하는 것을 말한다. 예를 들어, 물리치료사는 지체장애 학생에게 글씨 쓰는 기술을 가르치려고 교실에서 시간을 보낼 것이다. 교사는 학생의 발달에 직접적으로 영향을 주는 신체관리 프로그램에 관한 일을 할 수 있다. 교수보조원은 학생의 의사소통 능력을 직접적으로 가르치기 위해 교실에서 학생을 지원할 뿐만 아니라 부모와 다른 전문가와 함께 목표를 세운다.

이것은 전문가가 그들 자신의 전문 분야에 다른 사람이 참여하는 것을 관여하지 않는다는 것을 의미하는 것이 아니다. 그들은 전문 분야에 깊이 관여하지만 그들의 전문성과 언어 그리고 특별한 견해를 보조 팀의 다른 팀원과 공유하는 것이다. 또 다른 측면에서의 초학문적인 활동은 전문가는 학생의 특성과 필요에 맞추기 위해 일의 순서를 바꾸기도 한다. 즉, 먼저 교수보조원이 직접적인 교수활동의 역할을 맡을 수도 있고, 교사는 관찰자 역할을 수행하기도 하며, 처음부터 학생과 함께 직접적으로 일할 수도 있다. 또는 학생이 소리에 특별한 곤란함을 가진 경우라면 언어치료사가 직접교수 역할을 수행할 수 있다. 그 역할은 특정하게 정하지 않으며, 그 역할은 주어진 시간을 가장 유용하게 쓸 수 있도록 변경될 수 있다.

신체관리 프로그램

보조 팀의 핵심 분야 중 하나는 학생의 신체관리 프로그램을 함께 수행하는 것이다. 2장에서는 학생의 지체장애 종류에 대해 기술하였다. 통합교육이 성공하기 위해서는 우선적으로 지체장애의 종류와 개념 등과 같은 기본적인 부분이 학교생활의 통합을 위한 전제 요소로서 정리될 필요가 있다.

보조 팀은 아동의 신체적 요구에 따라 회의 계획을 세워야 한다. 이상적이라면 첫 회의는 새 학기가 시작되기 전—학기의 첫 번째 주에 이루어져야 한다. 점검과정에 대한 연속 회의는 학기 동안에 해야 한다. 이 회의의 목적은 신체관리 프로그램을 학교생활에서 어떻게 통합시킬지에 대한 상세한 계획을 수립하기 위한 것이다 다른 영역, 즉 의사소통과 자립생활 등에 관한 계획도 이 회의에서 다루어야 한다. 이 3개의 영역은 핵심팀이 국가수준 교육과정의 이행에 집중할 수 있도록 계획되었다.

어떻게 신체관리를 하는 것이 중요한가

교사에게 중요한 문제 중 하나는 지체장애 학생의 신체관리 프로그램을 교육과정 속에서 어떻게 실행할 것인가다. 지체장애 학생의 신체관리 프로그램을 이행하는 데 하루에 몇 시간이 필요한가? 아동의 신체관리가 정확히 얼마나 중요한가? 불행하게도 정답은 없으며 이는 상황에 따라 달라진다. 학생과 부모의 태도와 요구 그리고 주변의 전문가에게 달려 있다. 비록 지체장애 학생은 어리지만 그들이 신체관리 프로그램에 적극적으로 참여하거나 소극적으로 참여하는 것을 통해서 프로그램에 대한 그들의 태도를 나타낸다. 신체관리 프로그램은 일부 지체장애 학생에게는 지루하고, 좌절감을 일으키고, 문제행동을 유발시킬 수 있다. 이것은 자녀의 신체관리 프로그램의 강도를 수정하려는 학부모에게는 중요한 참고 요인이 된다.

일부 부모는 자녀에게 미치는 영향을 민감하게 받아들이지 않을 것이다. 그들은 자녀가 매우 어리기 때문에 그들의 의지와는 상관없이 참여를 권장하며 강요해야 한다고 생각한다. 결국, 교사나 치료사와 같은 다른 중요한 사람이 학생과 부모 모두에게 영향을 미칠 것이다. 전문가는 학생 및 부모와 강력한 관계형성을 할 수 있고, 지체장애 학생의 삶에서 신체관리 프로그램의 중요성에 대해 강한 영향을 미칠 수 있다.

7장에서는 함께 목표를 세울 때 결정하는 문제를 자세하게 기술하고 있다. 그것은 지체장애 학생을 위하여 학급에서 적절한 신체관리 프로그램을 어떻게 실현시킬지를 협력하여 결정해야 한다. 그러나 이 영역에 관여하는 많은 전문가는 아동이 7세 이후에는 도움을 받든 받지 않든 간에, 이미 보행 형태가 기본적으로 갖추어져 완성된다고 믿는다. 이것은 지체장애 학생이 체계적으로 교육을 받아 왔다면, 일부 학생의 경우 이동 능력이 향상될 것이라는 점을 강조하여 말하는 것이 아니다. 이보다 중요한 것은, 지체장애 학생이 신체관리 프로그램을 받지 못한다면 이 나이 이후로 기술을 잃어버릴 수도 있다는 점이다. 하지만 7세까지가 가장 중요한 시기라는 점에는 대부분 동의한다.

학생의 신체 곤란을 관리하는 근본적인 이유

지체장애 학생의 신체 곤란을 관리하는 근본적인 이유는 다음과 같다.

- 새로운 신체기술의 발달
- 현재의 신체기술의 유지

이것은 세 번째 분야다. 일부 지체장애 학생은 항상 신체 활동 영역에서 도움을 필요로 한다. 따라서 이 프로그램의 핵심은 아동이 이 분야에서 결정을 하도록 도와주는 것이다. 지체장애 학생이 화장실에 가고 싶은 때를 결정하지 못한다면 그들은 독립적으로 화장실에 갈 수 없을 것이다. 따라서 이때의 프로그램 핵심은 그들의 신체적 요구에 대해서 의사소통할 수 있도록 지도하는 것이다.

신체기술의 발달과 유지 사이의 조화는 지체장애 학생이 발달하는 동안에 변할 것이다. 예전에는 새로운 기술의 발달에 더 중점을 두었다. 특히, 보행은 부모와 물리치료사의 마음 한가운데에 가장 중요한 기능으로 자리하고 있다. 그들은 이 목표를 성취시키려고 노력하며, 상당한 시간을 투입하고, 한 단계 더 오르게 하려고 할 것이다. 아동의 나이가 7세 또는 8세가 되면 그들의 신체기술이 더 발달할지 아닐지가 명확해진다. 현재의 신체관리 프로그램의 핵심 관점은 현재의 기술을 유지하는 것에 중점을 두고 있다.

신체기술 유지의 중요성

일반학생은 앉아 있거나 학급 주변을 걷고 있는 동안 자세 유지 및 자세 바꿈과 같은 동작을 위해 끊임없이 움직인다. 그렇지만 신체 곤란이나 이동에 어려움이 있는 지체장애 학생에게는 불가능하다. 즉, 아동이 움직이지 못하는 것이 첫 번째 문제다. 만약 아동이 근육의 유연성과 근력을 잃어버린다면 수동적으로 움직일 것이다.

두 번째 문제는 일부 지체장애 학생에게 해당된다. 예를 들어, 뇌성마비 학생의 경우 그들의 몸은 비정상적인 자세를 보일 것이다. 만약 이들이 한쪽으로 너무 길게 비정상적인 자세를 취한다면 장애는 더욱 고착화된다수술에 의한 것은 별개로 함. 이것은 다음을 포함하고 있다.

- 구축: 근육과 힘줄이 영구적으로 단축되는 것
- 척추측만: 척추가 영구적으로 휘기 시작하며 다시는 곧게 뻗어지지 않는 것수술에 의한 것은 제외한다
- 골반 탈구: 골반 뼈가 빠져나오는 것

세 번째 문제는 염증이다. 이것은 특히 이분척추 학생에게 해당된다. 이들은 몸의 말단 부분에서부터 감각이 없어지고, 염증은 빠르게 진행되며, 대부분 치료하지 못한다.

또한 다른 문제도 함께 나타나고 근육에도 영향을 준다. 그래서 신체관리 프로그램은 단순한 발달 프로그램일 뿐만 아니라 유지와 예방 프로그램이어야 한다.

학생의 신체 곤란을 관리하는 핵심 팀의 역할

신체기술의 발달과 유지를 위한 다른 프로그램들은 2장에서 대략적으로 살펴보았다. 모든 프로그램은 아동과 직접 수행해야 한다. 물리치료사는 신체관리 프로그램과 보조 장비를 안내한다. 또한 교사와 교수보조원은 놀이에 있어 중대한 역할을 담당한다. 여기에는 다음의 것들이 포함된다.

- 학생의 학습을 증진시키기 위한 신체관리 프로그램의 목표 정

하기
- 기본적으로 매일 프로그램의 일정 부분을 성취하기
- 적절한 장비 사용하기
- 교실에서 학생의 자세 관리하기

자세 취하기

바른 자세 취하기는 지체장애 아동에게 신체적 · 교육적으로 필수적인 도움이 될 것이다. 아동은 교육 목적에 따라 각기 다른 자세를 취하기도 한다. 이러한 자세를 취하는 경우는 다음과 같다.

- 고착화된 어려움 예방하기척추측만, 구축 등
- 의사소통하기
- 독립성 기르기예: 점심 먹기
- 교육예: 읽기

지체장애 아동의 자세 취하기는 몸 전체가 해당되거나 한 부분, 예를 들어 팔과 같은 부분만 해당되기도 한다. 바른 자세의 장점은 중력과 반대로 힘을 쓰지 않도록 몸의 자세를 유지하여 움직임을 쉽게 만드는 것이다. 또한 이동을 더 쉽게 하는 이유는 아동이 자세를 유지하는 데 소비하는 에너지를 절약할 수 있기 때문이다.

바른 자세는 좋은 균형과 안정성을 의미한다.

균형은 신체 양쪽을 중심에 맞추어 균형 있게 유지하는 것이다. 많은 지체장애 학생은 신체의 균형을 깨려는 경향이 있다. 이것은 신체가 오른쪽이나 왼쪽으로 뻗쳐 나올 때 볼 수 있다. 이것은 앞에서 기술한 것처럼 장기간에 걸쳐 만들어진 문제로, 학생이 학습활동과 의사소통을 하는 데 있어 좋은 자세가 아니다.

안정성은 신체를 움직이지 않는 것이다. 신체가 안정되면 될수록 아동이 자세를 유지하는 데 드는 힘이 적어진다. 안정성 유지의 핵심은 머리 제어하기다. 학습하기 위하여 학생은 자신의 머리를 제어해야 한다. 머리의 제어 없이는 학습에 집중할 수 없다. 그들은 읽을 수도 없고, 정면에서 활동하는 데 초점을 맞출 수도 없다. 보조 팀은 물리적으로 학생이 앉는 방법과 어떤 지원과 도구가 가장 잘 사용될 것인지를 숙고할 필요가 있다. 머리는 곧게, 가운데로, 앞으로 살짝 숙이는 것이 좋은 자세다. 똑바로 앉도록 하는 것은 학생이 자세를 유지하는 데 도움을 준다. 다시 말해, 이것은 신체의 중심선에 맞추어 골반, 엉덩이, 어깨 주변, 어깨가 바르고 안정적으로 위치하도록 하는 것이다.

특수 보장구는 균형성과 안정성이 있는 좋은 자세를 잘 지지해 준다. 보장구는 물리치료사와 같은 직업적인 치료사의 영역책임이다. 외출용 휠체어와 같은 값비싼 보장구는 집 밖에서 독립적으로 이동하는 것을 지원하고자 하는 것들이지만, 교실에서는 학습하는 데 방해를 할 수 있다. 여러 가지 보장구는 여러 가지 기능을 필요로 한다. 학생은 다음과 같은 것들을 필요로 할 것이다.

- 특수 의자: 보통 의자에 앉을 수 없는 아동을 위해 몸통을 지지해서 여러 각도로 변형시킬 수 있는 앞으로 경사진 의자frontleaning

- 학급이나 학교 주변에서 움직일 수 없는 학생을 위한 휠체어
- 학생이 앉은 자세에 적용시킬 수 있는 경사진 책상tilt table
- 오랜 시간 서 있지 못하는 학생을 위한 전동 스탠더mobile stander

핵심 팀의 문제

교사와 교수보조원은 보조 팀의 여러 가지 약점을 보완해야 한다. 그것은 다음과 같은 문제들이다.

- 학생이 스스로 할 수 없는 경우, 어느 정도의 시간 간격으로 그들의 자세를 바꾸어 줄 것인가?
- 학생의 자세에서 어떻게 안전과 안정성을 느낄 수 있도록 할 수 있는가?
- 어떻게 학생을 균형성 있게 유지시킬 수 있는가?
- 학생이 과제를 수행하는 데 어려움을 발견하게 되면 그의 자세를 바꾸어 줄 수 있는가?
- 학생을 들어 올릴 수 있는가?
- 학생이 도구에 도달할 수 있도록 하기 위해 도구를 어디에 두어야 하는가?
- 학생에게 어떤 훈련을 시켜서 학생을 옮겨 가게 할 수 있는가? 이를 위해 어떻게 해야 하는가?
- 학급에서 보조 팀의 어떤 구성원이 신체관리 프로그램을 운영하기 위해 함께 일할 것인가?

이 질문에 대한 답은 간단하지 않다. 그러나 보조 팀은 반드시 핵심 팀이 학급에서 학생의 신체적인 요구를 관리할 수 있도록 이 문제에 대한 합의점을 찾아야 한다.

효과적인 보조 팀

지체장애 학생의 신체관리 프로그램그리고 학생의 의사소통과 자립생활 프로그램이 학교교육 과정에서 잘 통합되어 운영되도록 효과적인 초학문적 협력이 필요하다. 이것은 전문가가 함께 일하는 것을 의미한다. 한 예로, 물리치료사가 교실에서 일하는 것이 여기에 속한다. 지체장애 학생의 통합교육의 목표는 모든 사람이 가치를 공유할 수 있도록 열린 만남을 통해 협력하여 수립해야 한다. 학생의 발달상황—교육, 건강, 사회적 서비스, 봉사 기관과 가족의 견해—을 협력을 통해 하나로 기록하여 보관할 필요가 있다. 이것은 생각을 합친 것으로 독자적으로 일하는 전문가가 생각하기 어려운 것을 보완하는 방법이 된다. 전문가는 비평에 대해 상처받기 쉽고, 무엇을 해야 할지 모를 수 있다. 효과적인 초학문적 협력이 구축된다면 이러한 어려움을 극복할 수 있는 중요한 방법이 될 수 있다.

요 약

- 지체장애 학생은 효과적인 팀 협력에 의존하다.
- 협력 팀은 어려운 과제의 해결, 사회적 지원과 심리적 지지를 하는 데 도움을 준다.
- 다른 사람과 지체장애 학생을 돕는 일을 할 때는 다른 시각, 방법에 대해 서로 개방적이어야 한다.
- 핵심 팀은 매일 기초선에서 학생의 발달을 관리하고 계획할 필요가 있다.
- 보조 팀은 학교생활에서 신체관리 프로그램을 통합하여 관리하고 계획할 필요가 있다그리고 다른 기능적인 기술 향상 프로그램도.
- 보조 팀은 초학문적일 때 가장 효율적으로 일할 수 있다.

Chapter 05

아동과 함께 활동하기

학습활동과 인간관계

효과적인 교수활동은 학생의 학습활동 및 교사와 학생 간의 인간관계에 초점을 맞추고 있다. 학습활동의 핵심은 학생의 기술과 능력의 발달을 조장하는 것이다. 인간관계의 핵심은 학습활동이 일어나도록 학생의 심리사회적 요구에 적절히 반응하는 것이다.

학습활동과 인간관계의 발달 과정에서 지체장애 아동은 그들의 의사소통 기술에 따라 많은 영향을 받고 있다. 교사와 교수보조원 간의 좋은 관계의 발달도 효율적인 의사소통에 의존하고 있다. 또한 좋은 의사소통 기술의 발달은 어른과 아동의 좋은 관계에서 비롯된다. 교사는 지체장애 학생의 학습활동과 인간관계 영역에서 많은 어려움을 겪는다. 이러한 어려움은 다음의 다섯 가지 영역으로 나눌 수 있다.

- 지체장애 학생과 관계 형성하기
- 중도 지체장애 학생의 상호작용 기술 기르기
- 중도 지체장애 학생의 인지-언어 발달에 대해 이해하기
- 학생이 의사전달을 못하거나 말을 못할 때 대체해야 할 의사소통 기술의 발달
- 학생의 의사소통 신상 수첩Personal Passport[1)]를 사용하여 교실 안팎에서 의사소통과 관계를 발전시키기

이 장의 핵심은 중도 지체장애 학생이면서 심한 의사소통 장애를 수반하고 있는 중복장애 학생에 대해 상세하게 알아보는 것이다.

관계 형성하기

교사는 교실 수업에서 지체장애 학생과 심리사회적으로 우호적인 관계를 만들 필요가 있다. 좋은 관계 형성을 위한 세 가지 중요한 방식이 있다Egan, 1990. 그것은 존중, 진실성 그리고 교감공감이다.

1) 역자 주: 개별 의사소통 관련 기록장.

존 중

교사가 학생을 가치 있는 사람으로 볼 때, 학생에 대한 존중을 나타낸다. 지체장애 학생에 대한 관심은 다음과 같이 나타낼 수 있다.

- 지체장애 학생의 차이에 대해 공표하기와 인정하기
- 지체장애 학생의 복지를 보호하기
- 기다려 주기와 배려하기

교사는 지체장애 학생과의 상호작용을 통해 존중감을 표현할 수 있다. 일반적으로 지체장애 학생은 다른 학생보다 더 많은 시간이 필요하다. 주의 깊게 학생의 말을 들어 주는 것을 통해 교사는 간단하고 숙달된 방법으로 자신이 학생을 존중한다는 것을 쉽게 표현할 수 있다.

진실성

교사 자신이 진실하다는 것을 보여 줄 필요가 있다. 이것은 교사와 학생 간에 불필요한 장벽을 만들지 않는다. 다음과 같을 때 진실성이 있어 보인다.

- 열린 마음: 학생이 대답이 없을 때도 이해하려는 의지
- 평가와 행위의 일치 : 말보다는 행동을 보여 줄 것

- 자발적: 재미있는 상황일 때 웃기

교사가 어려운 상황에 처했을 때, 그것을 일부러 감추려 하지 않는다면 진실하게 보인다. 주류학급에서 지체장애 학생은 어렵게 학교생활을 해야 할지도 모른다. 이러한 어려움을 인정하면서 그들과 함께 일하는 것이 그들이 존재하지 않는 것처럼 가장하는 것보다 훨씬 더 진실하다.

교감

교감공감은 다른 세계의 사람을 이해하는 것에 관한 것이다. 교사는 지체장애 학생이 어떻게 느끼는지 이해한다는 것을 보여 줄 때 교감하게 된다. 때때로 간단한 표현이 교감을 일으킨다. "너는 다른 아이들이 함께 놀아 주지 않을 것 같아서 많이 화가 난 것처럼 보여." "넌 너의 펜을 떨어뜨리는 것에 대해 화를 내도 괜찮아."

'너는 ○○를 느낀다. 왜냐하면……' 이란 말은 교사가 지체장애 학생의 감정을 이해한다는 것을 보여 주는 것이다. 그러나 교감은 사용하기 쉬운 간단한 의사소통 기술은 아니다. 교사가 지체장애를 가지고 있지 않더라도, 학생이 행동하는 것을 이해하는 것이 교감하는 것이다.

교사는 이 세 가지 기술을 교실에서 사용하여 깊은 관심을 보여 주어야 한다. 이 세 가지 기술을 바탕으로 '무조건적 존중' 이 필요하다 Rogers, 1983. 이것은 지체장애 학생을 긍정적으로 받아들이며, 좀 더 확고한 인간관계를 맺는다는 것을 의미한다. 이는 지체장애 아동에게는 특히 중요한 일이다. 아동은 다른 사람과 다르고, 휠체어를 사용하거나, 말을 잘 못하는 것이 자신을 긍정적으로 받아들일지 아닐지에 대한 판단의 기준점이 아니라는 것을 알 필요가 있다.

지체장애 아동을 존중하고 진실성을 가지고 그들의 행동과 감정에 교감공감하면서 그들과 관계를 형성하는 것은 매우 중요한 과제다.

장애아동의 역할

교류분석Transactional Analysis: TA(Champeau, 1992)은 인간관계에서 감정을 좋게 만드는 특별한 방법이다. 상호작용적 분석은 다른 사람과 상호작용할 수 있는 세 가지 역할로 구분할 수 있다. 그것은 부모, 성인, 아동의 역할이다. 그 역할은 나이와 상관없다. 교사는 때때로 학교에 있는 동안 부모와 아동의 역할을 수행한다. 모든 역할의 양상은 어떤 때에는 도움을 줄 수 있고, 어떤 때에는 문제를 일으킬 수도 있다.

부모 역할

대개의 사람들은 아동이 통합되어 있는 동안 부모 역할을 하게 된다. 사람들은 자신이 어렸을 때 그들의 부모가 한 것처럼 느끼고, 생각하거나 행동한 것처럼 역할을 따라 한다. 부모는 보호하거나 잔소리하고 훈육하거나 사랑을 표하는 행동 등을 할 수 있다. 예를 들어, 어린 소년이 운동장에서 울고 있는 친구를 다정하게 위로해 주는 것은 부모의 역할이다.

성인 역할

사람들이 분석적으로 생각하고 정보를 수집하여 사용함에 따라 어떻게 행동할지를 결정하는 것은 성인 역할이다. 성인은 무엇인가를 결정하는 데 사실과 판단력을 사용한다. 예를 들어, 비가 내릴 때 젖지 않기 위해서는 놀이를 멈추어야 한다고 교사에게 제안하는 소녀의 행동은 성인 역할을 하고 있는 것이다.

아동 역할

교사는 아동을 그들 내부로 이끈다. 아동이 하는 것처럼 자발적이고 감정적으로 반응을 나타낸다. 아동은 부모나 성인으로부터 행동하는 방법과 생각하는 방법을 배우고, 한편으론 그들을 의존한다. 예를 들어, 장난치다 혼나서 매점 한구석에서 난감한 표정을 짓고 있는 소년은 아동의 역할을 하고 있는 것이다.

때때로 사람들은 신중하게 역할을 수행한다. 최근에 새로 부임한 신임 교사는 학급에서 학생을 통제하는 방식에서 교사처럼 보이고, 부모의 역할을 수행해야 한다고 느끼며, 또한 그렇게 해야 한다고 말한다. 교사는 역할 수행을 하지 않아도 되는 시간이지만, 생활 속에서도 교사의 역할을 수행하려고 한다. 즉, 친구들과의 크리스마스 파티에서 교사의 역할을 수행하고 있는 자신을 발견할 수 있다.

어떤 사람이 하는 역할은 다른 사람들이 수행하는 역할과 상호의존적이다. 교사는 항상 다른 사람이 같은 방법으로 응답하기 때문에 동료와의 의사소통에 있어서도 특수한 방식에 갇혀 있을 수 있다. 이것은 지체장애 학생과 교사의 관계에서는 특별한 문제가 될 수 있다.

아동이 학교를 다니기 시작할 때 그는 아동 역할을 수행한다. 이때 교사에 대한 기대기 부모의 역할을 수행하는 것으로 바뀔 수 있다. 그러나 신체적으로 의존형인 아동은 도움을 받는 것보다 더 오랫동안 이러한 역할 속에 자신을 묶으려 할 것이다. 둘의 역할이 상호작용하는 사이에 아동의 의존성은 증가한다. 만약 아동의 의존성을 줄이려면 성인–아동관계로부터 분리하여 변화시킬 필요가 있다. 이는 신체적 의존성 때문만 아니라 학교에서 흔하게 이루어지는 관계들의 성질 때문에 상당히 어려울 수 있다.

다음은 교사와 학생 사이를 발달시킬 수 있는 세 가지 상호작용 모형이다.

- **모형 1: 성인 역할을 하는 아동/부모 역할을 하는 교사** 아동은 독립적으로 행동하고 성인 입장에서 행동하려고 노력한다. 그러나 교사는 이에 적합한 활동을 할 수 없고 계속해서 부모 역할로 행동한다. 예를 들어, 학생은 운동장에서 목발을 사용하고자 한다. 그러나 교사는 안전을 위해 목발 대신 휠체어 사용을 권한다. 다른 예로, 학생이 독립적으로 활동하려 하지만 교수보조원은 그

의 곁에 앉아 도와주어야 한다고 생각한다.

- 모형 2: 성인 역할을 하는 교사/아동 역할을 하는 학생 교사는 아동이 성인 입장에서 수행할 수 있도록 하여 아동이 독립하도록 도와주기 위해 노력한다. 그러나 학생은 적합한 활동을 할 수 없고, 아동 입장에서 머물러 있다. 교사는 오직 휴식 시간에만 화장실을 사용하도록 지도한다. 그러나 학생은 수업시간에도 화장실을 사용하고 싶어 한다.
- 모형 3: 아동 역할을 하는 학생/부모 역할을 하는 교사 학생과 교사 모두 원래의 아동과 부모 역할관계에서 벗어나지 못하여 변화에 어려움을 갖는다. 예를 들어, 학생은 체육 활동을 하기를 원하지 않는다. 교사는 학급의 체육 시간 동안 그 학생이 체육관 옆에 앉아 있도록 허락한다. 다른 예로는, 학생이 중등학교에 진학하는 것에 관한 것이다. 학생과 교사 모두 중등학교로 진학하는 변화에 대해 학생이 적응할 수 없을 것이라고 느끼기 때문에 과도하게 두려워하는 경우다.

모형 1과 모형 2는 교사와 학생 사이의 대립의 결과일지 모른다. 모형 3은 만성적인 과잉의존의 결과다. 교사는 자신의 어떤 행동이 학생의 의존성을 증가시키는지를 파악할 필요가 있다. 교사는 지체장애 학생을 인정하고 성인 역할을 취하려는 태도로 바꿀 필요가 있다. 이것은 아동이 가지고 있는 요구와 그의 입장을 공감한다는 것을 명백히 하는 것이다. 그러나 이것이 아동의 기분을 상하게 하고, 슬픔을 감소시키거나 발달을 도와주지 않는 체제에 화를 내는 것을 의미하지는 않는다. 교사가 존중과 진실성 그리고 교감을 보여 주고, 학생이 성인으로 발달하는 것을 도와주는 성인 역할을 하는 것을 말한다.

이 장에서 강조하는 것은 좋은 의사소통 기술을 가졌을 때 지체장애 학생과 긍정적인 관계로 발전한다는 것이다. 기본적으로 다른 모든 학생과 같은 방법으로 존중, 진실성, 교감 등의 행동으로 대우할 필요가 있다. 아동의 신체 곤란 때문에 이런 것들이 무시되고 부적절한 역할이 수행되는 것을 경계해야 한다. 교사는 대부분 좋은 의사소통 기술을 갖고 있는 학생과 함께 일하는 것에 대해 확실한 유대감을 느낀다. 그러나 일부 중도 지체장애 학생은 학교에 다니기 시작할 때 지극히 낮은 의사소통 능력을 가지고 있다. 이러한 학생과의 관계 형성에 대해서는 다음에서 중점적으로 다룬다.

상호작용 기술 형성하기

의사소통의 주요 특징

학생과 교사의 관계는 어떤 형태든지 간에 의사소통 없이는 발달할 수 없다. 의사소통은 여러 가지 중요한 특징이 있다.

- 의사소통은 언어를 통해 말로 발생한다. 그러나 비언어적으로 구성된 것도 있다. 몸짓과 동작 등이 여기에 해당된다.

- 학급에서의 의사소통은 단순히 지식과 사실에 관한 것만은 아니다. 의사소통은 경험의 전체 범위에 관한 것일 수 있다. 이것은 느낌과 개념 혹은 절차적 지식과 같은 행동에 관한 것일 수 있다.
- 의사소통에는 두 가지 방법이 있다. 하나는 교사 혹은 학생이 상호작용을 시작하는 것이고, 다른 하나는 그것에 반응하는 것이다. 학생은 교사의 의사소통을 소극적으로만 받아들이지 않는다. 또한 학생은 상호작용을 시작할 수 있고 연속되는 주고받는 대화 속으로 교사를 끌어들일 수 있다. 이것을 '쌍방향 대체 문답two-way alternativng dialogue'이라 한다Newson, 1979.

이러한 의사소통의 방법을 간단하게 설명하면 다음과 같다. 교사가 질문하면, 학생은 교사를 바라보며 손을 들고, 교사는 고개를 끄덕이고, 학생은 답을 하고 교사는 "잘했어."라고 말하면서 바라본다. 학생은 교사에게 미소 짓기 등과 같은 잘할 수 있는 행동으로 대답한다. 이러한 연속된 상황에서, 말과 비언어적 의사소통은 같은 공간에 함께 나타난다. 교사와 학생은 연속되는 상황에서 함께하고, 이 상황에서의 의사소통은 느낌과 행동 그리고 지식에 관한 것들이다. 이 학급에서의 상호작용은 여러 가지 변인이 작용한다. 학습활동은 역동적인 사회적 환경에서 이루어진다.

지체장애 학생의 의사소통 문제

교사와 지체장애 학생의 상호작용은 앞에서 기술한 보기와는 다를 수 있다Mahoney, 1988. 상호작용이 어려운 이유 중 하나는 학생의 지체장애가 의사소통을 어렵게 만들거나, 몸을 자유롭게 움직일 수 있는 일반학생처럼 행동하고 반응하는 것을 불가능하도록 하기 때문이다. 따라서 지체장애 학생은 손을 들거나 눈을 맞출 수 없을지도 모른다. 비언어적 기술에서 차이가 있을 뿐만 아니라, 말에서도 어려움이 있을 수 있다. 따라서 질문에 대한 아동의 대답은 교사가 이해할 수 없을 정도로 찡그린 얼굴과 불분명한 목소리로 대답하는 것이다.

상호작용이 어려운 또 다른 이유는 교사가 지체장애 학생이 수용하기 어렵게 행동하고, 반응하기 때문일 수 있다. 또한 교사는 지체장애 학생에게 대답의 실마리를 보여 주지 않거나 대답할 시간을 주지 않기 때문일지도 모른다. 이런 이유로 연속되는 의사소통의 상황 전부를 잃을 수도 있다. 게다가 교사가 지체장애 학생의 의사소통판을 볼 수 없거나, 지체장애 학생이 교사를 바라보기 위해 스스로 자세를 교정할 수 없는 상황 등과 같은 유기적인 문제일 수도 있다.

이러한 바람직하지 못한 상호작용에서의 문제점은 의사소통을 어렵게 하고 스트레스를 줄 수도 있다McCollum, 1984. 만약 상호작용이 바람직하지 않다면, 상호작용하는 내내 변화는 일어나지 않을 것이다. 즉, 지체장애 학생은 더욱 상호작용을 하지 않고 비활동적으로 빠져들 수 있다. 또한 교사는 도움을 줄 수 없다고 생각하게 되어, 지체장애 학생과는 의사소통을 할 수 없게 된다. 교사는 위축되어 무력하게 된 느낌에 대해 보상받으려 할지 모른다. 그래서 교사는 점점 더 지체장애 학생과는 상호작용을 하지 않고, 보다 적절하게 상호작용하기 위해서 교수보조원을 신뢰하게 될 수 있다.

교수보조원의 활동에서 잘못된 점 중 하나는 교육활동에 과다하게 참견하고 학생이 해야 할 말을 대신하는 것이다Clark & Seifer, 1983. 학생의 신체 곤란으로 인해 상호작용을 시작하고 응답하거나 유지하는 것이 방해가 된다면, 교사와 학생 간의 의사소통 상황에서 교수보조원은 더욱더 많은 상호작용 과정에 참견하게 된다. 교수보조원은 곧바로 상호작용 과정에 동참할 뿐만 아니라 학생의 응답도 대신할 수 있다. 교실활동에 참여하는 학생을 돕기 위하여 빠르고 쉽게 반응하는 것이 교수보조원의 역할은 아니다. 처음에는 교수보조원이 매끄러운 의사소통 상황을 조성하고, 이로 인해 상호작용을 유지하는 것이 유용할지도 모른다. 그러나 시간이 흐르면서 그 역할은 부작용을 유발할 것이 틀림없다. 의사소통의 주된 역할은 점차적으로 학생이 주도해야 할 필요가 있다. 그렇지 않으면 지체장애 학생은 의사소통에 어려움이 많다고 느껴 아동의 역할로 남게 된다.

의사소통의 기본

중도 지체장애 청소년에게 의사소통의 동기를 주기 위해, 교수보조원혹은 교사은 강력한 상호작용에 바탕을 둔 일련의 공학 기술을 사용할 수 있다Nind & Hewett, 1994. 이것은 엄마가 자녀와 하는 친밀한 상호작용을 기반으로 하고 있다. 교사 혹은 교수보조원은 학생과의 상호작용 발달을 위해 실용적인 기초를 제공한다. 기본적으로 학생에 대한 기대를 보여 주고, 상호작용을 시작하고 유지하기 위하여 많은 격려를 한다.

다음 전략은 의사소통 기술을 발달시키기 위한 전략이다.

- 허용: 지체장애 학생 옆자리에 앉거나 쪼그려 앉아라. 머리를 아동의 눈높이에 맞추거나, 보다 낮추라.
- 상호 간의 즐거움: 눈을 마주치고 미소를 지어라. 상호작용을 즐겁게 진행시키려면 얼굴 표정을 통해서 표현하라.
- 지켜보기와 기다림: 지체장애 학생을 관찰하라. 상호작용이 시작되도록 학생을 기다려라. 학생의 의사소통 기술은 목소리, 의사소통판을 손가락으로 가리키기finger-pointing 혹은 눈으로 주시하기eye-pointing 등에 의존할지 모른다.
- 환언: 의사소통을 이해한다는 뜻을 말로 나타내라. "오……. 맞아요. 밖에 비가 오네요!"
- 지켜보기와 기다림: 지체장애 학생을 관찰하라. 당신의 대꾸에 긍정하거나, 이해했는지 기다린다. 학생의 상호작용이 시작되도록 정성을 들여 기다려라.
- 분명하게 그리고/혹은 정성스럽게: 의사소통의 방식을 분명하게 하거나 그 의사소통 방식 외에도 다른 의사소통 방법에 정성을 다해서 아동의 사고를 발달시켜라. 예를 들면, 다음과 같은 말이다. '운동장이 큰 물웅덩이처럼 될 것이라고 생각한다.'
- 질문하기: 질문은 개방적일 수도 있고 폐쇄적일 수도 있다. 더 많은 정보를 수집하기 위한 방법으로 폐쇄형 질문은 의사소통 장애아동에게는 유용하다. '비가 오면 안에 있기를 원하니?' 아동이 좋은 의사소통 방법을 갖고 있지 않다면, 개방형 질문을 사용

하는 것은 주의해야 한다.

이 전략의 목적은 지체장애 학생이 상호작용에 참여하는 것을 돕는 것이다. 이 전략을 사용하는 목적은 아동이 분별력을 습득하고, 교사와 교수보조원이 귀 기울여 듣는다는 믿음을 형성하여 아동을 상호작용으로 이끄는 것이다. 일부 중도 지체장애 아동과 말을 할 수 없는 아동이 의사소통을 효과적으로 할 수 있도록 간단한 기술을 배울 필요가 있다. 아동은 의사소통의 '핵심point'을 배울 필요가 있다. 이 '핵심'은 손가락, 손 혹은 간단히 바라보기 등으로 구성될 수 있다. 눈으로 주시하기는 아동이 특별히 직접적으로 의사소통하려는 요소항목를 볼 때 사용된다. 예컨대, '예'일 때는 올려다보기 그리고 '아니요'일 때는 내려다보기를 통해 눈으로 주시하기를 사용할 수 있다. 이런 것들은 확대되거나 다음에 상세하게 논의될 보완·대체 의사소통 체계와 결합하여 사용될 때, 더욱 효과적으로 의사소통할 수 있다.

상호작용 기술 형성을 위한 교사의 수행

상호작용은 교실에서 다른 목적으로 사용된다. 즉, 학습활동과 인간관계 형성을 위해 사용한다. 지체장애 학생을 위한 상호작용 과정은 불규칙적이다. 단순한 상호작용 과정일지라도 일부 중도 지체장애 학생에게는 매우 어려울 수 있다. 상호작용 과정은 교사와 교수보조원이 학생을 독려하는 것을 통해 발달되어야 한다. 이 상호작용 유형의 발달에서 중요한 것은 다음과 같이 교사의 하고자 하는 의지다.

- 학생의 관심사에 참여하고자 한다.
- 놀이 중심으로 하고자 한다.
- 여러 가지 의사소통을 형성하고자 한다.
- 상호작용 동안에 배웠어야 했던 것들은 특별한 것이 아니라고 인식하려 한다.

지체장애 학생의 상호작용 능력이 발달하는 것은 두 사람, 즉 아동과 성인 역할을 포함한다. 교사가 지체장애 학생에게 의사소통하도록 동기부여를 하지 않으면 정해진 시간보다 적게 상호작용하거나, 아예 상호교류를 하지 않을 것이다.

인지-언어 발달의 이해

언어는 두 가지 기능이 있다. 외부적으로는 다른 사람과 의사소통하는 것이고, 또한 내부적으로는 생각하는 것이다. 인지사고 능력과 언어 발달은 서로 뒤엉켜 있는데, 흔히 인지-언어 발달로 알려져 있다. 발달심리학에서 특별한 논쟁 중 하나는 아동이 언어가 없어도 생각할 수 있다는 것이다. 언어는 상징의 사용에 관한 것이다. 사람들은 이러한 상징을 말뿐만 아니라 비언어적, 즉 쓰기 혹은 기호를 사용해서도 할 수 있다.

말하기와 언어

지체장애 아동의 어려움 중 하나는 말을 만들어 내는 것과 관련이 있다. 이것은 구음장애dysarthria로 알려진, 조음에 어려움이 있는 뇌성마비 아동에게는 흔한 일이다. 말할 때 사용되는 근육의 경직으로 인해 말을 할 때 사용되는 근육이 느리게 작동하고, 말을 하려고 노력하면 혀가 입 밖으로 밀치고 나와 통제하는 것이 어렵다Hall & Hill, 1996. 아동의 말은 거의 소리가 나오지 않아 제한되거나, 아니면 조금 더 발달하지만 여전히 이해하기는 어렵다. 의사소통은 이러한 말하기의 어려움 때문에 영향을 받는다. 그러나 의사소통의 어려움이 아동의 언어에 영향을 주는 것으로 인식할 필요는 없다. 언어는 말과 연결된 것이 아니라 사고와 연결된 것이기 때문이다. 즉, 아동의 말하기의 어려움은 그의 인지-언어 능력의 영향일 것이다.

지체장애 아동은 말하기의 어려움 때문에 수용언어에도 문제가 있을 수 있다. 이런 아동은 목소리나 몸짓을 통한 반응이 느리고, 교사가 무슨 말을 하는지 이해하지 못할 수도 있다. 또한 교사는 반응을 기다릴 수 있는 충분한 시간을 가져야 한다.

지체장애가 아닌 아동도 수용언어에 문제를 가지고 있을 수 있다. 지체장애가 신경학적예: 뇌성마비 문제에서 기인한 것이라면 수용언어에 문제가 있을 것이다. 아동이 언어를 이해하는 데 중대한 어려움이 있다면 언어 영역에서는 이를 고려한 평가가 있어야 한다.

지체장애 아동과 청각장애 아동은 당연히 수용언어에 문제를 가진 것으로 잘못 평가할 수 있다. 따라서 정확한 청력 검사를 실시해

〈표 5-1〉 **말하기 기술: 교사를 위한 체크리스트**

말하기	선택
나이에 맞는 수준에서 말하기	
언어 이해에 관한 약간의 어려움	
언어 이해에 관한 상당한 어려움	
매우 제한적으로 말하기	
약간의 발성	

야 할 것이다. 교사는 수용언어에 문제를 나타내지 않는 지체장애 학생도 일반적으로 인지-언어에 어려움을 가지고 있다고 착각할 수 있다.

〈표 5-1〉은 말하기 기술에 관한 검사 목록이다.

인지 능력

교사의 일반적인 관심사는 지체장애 학생이 또래와 같은 정도로 학습할 수 있는 능력이 있는지 없는지에 관한 것이다. 다시 말해, 지체장애 학생은 국가수준 교육과정을 학습하는 데 어려움이 있는가? 이렇게 교사가 의문을 제기하는 데는 많은 이유가 있다.

- 의사소통의 어려움: 지체장애 학생은 교사의 질문에 응답하는 데 오랜 시간이 걸릴지 모른다.
- 말하기의 어려움: 교사는 지체장애 학생의 말을 이해하는 데 어려울 수 있다.

- 쓰기의 어려움: 지체장애 학생은 그리거나 쓰는 데 어려움이 발견될 수 있으므로 다른 방법으로 의사소통해야 한다.
- 독립의 어려움: 학기 동안 식사하기와 화장실 가기에서 지체장애 학생의 큰 의존성은 교사로 하여금 자신이 조금만 더 젊었더라면 하고 느끼게 할 수도 있다.
- 신체기술의 어려움: 나이에 맞지 않는 유형의 기술, 예를 들어 침을 흘리는 것은 지체장애 학생이 더 어리게 보일 수 있다.

인지 발달

지체장애 학생의 활동과 놀이의 부족은 인지 발달에 대해 교사의 관심을 증대시킨다. 특히 유아교육에 있어시 조기교육에 대한 기본적인 신념 중의 하나는 아동의 인지-사고 기술은 놀이를 통해서 발달한다는 주장이다. 조기교육자는 인지-사고 기술이 뇌에서 이루어지는 아동의 인지 구조 혹은 인지 발달 과정을 통해 형성된다고 믿는다Piaget, 1966. 사물을 조작하는 것을 포함하는 활동—모양 연결, 색 변별과 사물의 크기 배열—은 이러한 믿음으로부터 나오는 학습 활동의 예다.

그러면 아동이 놀이를 할 수 없는 것은 아동의 어떤 신체적 기술과 밀접한 관련이 있는가? 많은 지체장애 아동은 사물에 도달하지 못하며, 잡지 못하고 놓쳐 버린다. 어떻게 이것이 인지 발달에 영향을 미치는가? 답은 없다. 이처럼 신체 곤란 때문에 사물을 잘 다룰 수 없는 아동에 관한 연구가 있었다Kopp & Shaperman, 1973; Cioni, Paolicelli, Sordi,

& Vinter, 1993. 이러한 연구는 지체장애 아동이 같은 방법으로 놀이를 할 수 없음에도 불구하고, 그들은 일반학생과 같은 인지 발달 단계와 인지 기술의 발달과정으로 발달해 간다는 것을 보여 준다.

이러한 연구결과는 아동의 인지 구조를 발달시키기 위해 아동이 사물을 가지고 놀 수 있도록 해야 한다는 기본적인 가설과는 대립하는 결과다. 따라서 놀이에 대한 욕구가 없거나 놀이에 참여할 수 없는 지체장애 학생에게는 물건을 가지고 혹은 물건을 잘 다루는 아동을 관찰하는 기회를 주어야 한다. 비록 지체장애 아동이 활동적이지 못하더라도 사물을 가지고 노는 놀이에서 제외시켜서는 안 된다는 것이다. 자신이 직접 놀이를 하는 대신에 다른 학생들이 하는 활동을 볼 수 있다면, 관찰을 통해서도 배울 수 있다.

지체장애 아동은 학습하는 데 어려움을 갖는 인지장애를 가지고 있을 수 있다. 그러나 지체장애 아동이 다른 원인 때문에 인지장애를 가진다고 잘못 판단해서는 안 된다.

인지 능력의 평가

표준화 검사

그동안 아동의 인지 능력은 표준화된 심리 검사를 사용하여 평가하여 왔다. 이러한 심리 검사는 다양한 영역에서 아동의 능력을 측정하고 일반적인 IQIntelligence Quotient, 지능지수를 산출하도록 설계되어 있다. 아동의 지능지수는 같은 검사 도구로 동일 연령대의 다른 아동과 비교한다. 표준화 검사는 일반적인 지능지수를 언어성 지능지수와 동작성 지능지수로 나눈다. 심리 검사는 수십 년에 걸쳐 많은 비판을 받아 왔다. 이러한 비판은 여러 영역에 초점을 둔다. 실제로 지능이 무엇인가를 정의하는 관점에서부터 지능 검사의 타당성 등은 의문으로 남아 있다. 지능지수의 신뢰도는 누가, 언제 측정하더라도 같은 점수를 얻는 것을 말한다. 보다 본질적으로, IQ 검사는 아동을 모집단과 특별하게 구별하기 위한 것으로 보아 왔으며, 아동의 타고난 불변의 능력을 측정하는 것으로 혼동하여 왔다. 이러한 비판에도 불구하고 표준화된 IQ 검사는 교육계에서 널리 사용되어 왔으며, 일부 지역교육청은 계속해서 중등학교 배치를 위한 학생의 능력을 파악하는 데 IQ를 사용하고 있다.

표준화 검사의 어려움

지체장애 아동에게 심리 검사를 실시하는 것에는 몇 가지 부가적인 어려움이 있다. 대부분의 검사 항목은 말하기와 운동에 장애가 있는 아동에게는 시간적으로 특별한 어려움이 있을 수 있다. 또한, 일부 검사 항목은 지체장애 아동에게는 어려운 소근육 운동 기술을 많이 필요로 하는 문제다. 이러한 어려움이 있음에도 불구하고 표준화 검사는 교사에게 많은 도움을 줄 수 있다. 모순되지만 심한 신체 곤란과 제한된 의사소통 능력을 가지고 있는 아동에 대한 심리 측정은 교사에게 유용할 수 있다. 중도 지체장애와 언어장애 아동의 언어 이해력을 정확하게 파악하는 것은 학급에서 성공적인 통합교육이 되도록 준비하는 과정에서 필수적인 요소가 될 수 있다.

아동의 이해력

아동의 이해력을 평가하는 하나의 방법으로 영국 그림 어휘력 검사British Picture Vocabulary Test: BPVT와 같은 검사 도구를 사용한다. 이것은 각각 4개의 그림이 그려진 카드로 구성되어 있다. 그림 중 하나를 지명하고 아동에게 지시에 해당하는 그림을 지적하도록 한다. 검사는 수준이 높아질수록 점점 어려워지고, 더 복잡해지며, 익숙하지 않은 단어를 사용한다. 지체장애 학생의 이해력 수준을 같은 연령의 아동과 비교한다.

다른 검사는 아동의 비언어성 능력을 측정한다. 그중 하나는 Raven의 '점진적 컬러 매트릭스Coloured Progressive Matrices'로, 이 검사 도구는 모양과 형태를 인지하는 능력으로 정의된다. 즉, 아동의 시-공간visual-spatial 능력을 측정한다.

평가 도구의 장점은 과제를 완성할 수 있는 아주 간단한 의사소통 기술만 가지고 있어도 된다는 것이다. 아동은 눈짓으로 혹은 가리키는 것만으로 '예' '아니요'를 표현할 수 있다. 이러한 검사는 종이를 확대하여 보여 주거나 그림을 그들 눈 앞에 가져다가 보여 줄 수 있도록 알맞은 크기로 자를 수 있다. 이것은 눈짓으로 가리켜서 정확한 대답을 하기 어려운 아동에게만 허용한다.

표준화 검사는 읽기와 같은 기능적인 기술을 평가하기 위하여 이용할 수 있다. 말을 할 수 없는 아동은 읽기 유창성을 평가할 수 없다. 하지만 독해력은 MacMillanVincent & de la Mare, 1985과 같은 표준화 검사 도구의 독서 구절을 사용하여 평가할 수 있다. 아동의 독해력은 아동이 표현할 수 있는 여러 가지 가능한 응답방법으로 측정한다. 아동은 정확한 답을 가리켜야 한다.

교수 활동을 통한 평가

인지-언어 능력을 평가하는 가장 효과적인 방법 중 하나는 교수 활동을 통한 것이다. 읽기는 교수 활동의 핵심이다. 예를 들어, 아동은 초기의 시각적 어휘를 배울 수 있다. 이것을 쉽게 배우는 것은 아동이 가진 어떤 능력의 징후를 보이는 것이다.

하지만 일부 뇌성마비와 같은 지체장애 아동은 시각 처리 과정에서 어려움이 있을 수 있다제2장 참고. 이것은 지체장애 아동이 읽기를 배우는 것에 특히 어려움을 느낀다는 것을 의미할 수 있다. 이는 일반적인 학습에서도 어려움이 있다는 것을 의미하지는 않는다. 그러나 시각적 표현의 감각을 만들기 위하여 매우 특별한 노력을 해야 한다는 것을 의미한다. 문자 혹은 낱말이 배경backward으로 바뀌어 나타날 수 있기 때문이다. 지체장애 아동에게 문자는 대부분의 아동이 보는 것처럼 보이지 않을 수 있다. 이렇게 경직된 시-지각의 어려움이 있는 아동이 일반 학습장애로 분류되지 않도록 하는 것은 매우 중요하다. 불행하게도 일부 지체장애 아동은 그들의 학습 능력을 보여 줄 기회를 거의 갖지 못하는 것으로 나타났다. 교사는 특별한 교육 과정의 수행 과정에서 학생이 나타내는 하나의 실수가 일반 학습장애로 판명되지 않도록 학생을 주의 깊게 관찰해야 한다.

효과적인 학습 요소

학생의 능력은 학습에 영향을 준다. 그 외에도 많은 요소가 있다. 이런 요인은 지체장애 학생의 학습을 고려하면 중요할 수도 있고 그렇지 않을 수도 있다. 이 요인은 다음의 것을 포함하고 있다.

- 학교생활 중 자립적 요구와 신체관리에 투입하는 시간
- 학교에 결석하는 시간의 총량
- 다른 스트레스로 인한 피곤함
- 이동 시 타인에 대한 의존성
- 다른 사람과 상호작용을 시작하고 유지할 때의 의존성
- 무엇을 성취할 수 있을지에 대한 교사의 기대

일부 지체장애 학생은 학습에 어려움을 갖고 있지만, 대부분은 그렇지 않다. 이것을 의사소통장애 그리고 특별한 시-지각장애의 문제와 혼동하지 않아야 한다. 잘 구조화된 교수활동을 통해서만 학생의 잠재능력을 제대로 이해할 수 있다.

〈표 5-2〉 **인지-언어 어려움의 요약**

학생이 의사소통에 어려움을 가지고 있는가?

하위 영역	예	아니요	모름	비고
상호작용 기술				
말하기				
이해력				

학생이 배우는 데 어려움을 가지고 있는가?

하위 영역	예	아니요	모름	비 고
모든 주제				
상세 영역				
읽 기				
수 학				
쓰 기				

보완 · 대체 의사소통 기술의 발달

중도 지체장애 학생의 의사소통 기술은 학습활동의 기초가 된다. 지체장애 학생이 의사소통을 하기 위해서는 약간의 보조도구가 필요하다. 이것이 보완 · 대체 의시소통 도구다. 지역교육청은 특별 지원단을 꾸려 보완 · 대체 의사소통 체계의 사용을 조언하기 위해 지역의 언어치료사와 교사를 결합시켜 운영한다. 때로는 교사와 교수보조원이 효과적으로 보완 · 대체 의사소통 도구를 잘 사용하도록 조언한다.

일반적으로 보완 · 대체 의사소통 도구는 같다. 하지만 이것은 아동에 따라서 각각 다른 목적을 가지고 있다. 보조도구는 말을 지원하는 데 사용하고, 대체도구는 그것을 재배치하는 데 사용한다.

보완 · 대체 의사소통의 목적은 아동이 의사소통 과정에서 효과적으로 기능하도록 지원하는 것이다. 이것의 사용으로 의사소통을 시작할 수 있고, 선택하고, 교사와 동료에게 대답을 할 수 있다. 즉, 이것은 사회적이며 정서적이고, 교육적이면서 기능적이다. 또한 이것은 교실에서 사용하는 것이 일반적이지만, 종합 의사소통 체계로서 아동이 운동장, 방과 후, 가정에서 그리고 휴일에 사용할 수도 있다.

교사는 다음 두 영역에서 보완 · 대체 의사소통에 대해 생각해 보아야 한다.

- 어떻게 보완 · 대체 의사소통 체계의 사용 능력을 향상시킬 것인가?
- 어떻게 지체장애 학생의 보완 · 대체 의사소통 사용 기술을 교육과정에 접목시킬 것인가?

첫 번째는 지체장애 학생의 보완 · 대체 의사소통 체계 사용을 발달시키는 것에 관한 것이고, 두 번째는 지체장애 학생이 그 체계를 교육과정에 접목시켜 사용하도록 지원하는 것에 관한 것이다.

〈표 5-3〉 **교사를 위한 체크리스트: 의사소통의 유형**

의사소통의 유형	선 택
눈맞춤	
몸짓	
발성무음성	
신호언어	
로우테크low-tech 보조도구	
하이테크high-tech 보조도구	
말	

보완 · 대체 의사소통 체계

청각장애 아동이 사용하는 수화는 가장 일반적인 보완 · 대체 의사소통 체계다. 하지만 수화는 능숙한 손기술을 요하므로 지체장애 아동에게는 적합하지 않다. 지체장애 아동에게 가장 일반적인 보완 · 대체 의사소통 체계의 유형은 의사소통 도구다. 필수적으로, 이 체계의 정보는 아동이 접촉하는 모든 사람, 즉 어른과 동료에게 보여 준다. 보완 · 대체 의사소통 도구는 로우테크 보조도구와 하이테크 보조도구로 나눌 수 있다. 로우테크 도구는 의사소통판, 그림 폴더, 노트와 같은 것들이다. 이것은 만드는 비용이 적고, 학교와 가정에서 만들 수 있다. 하이테크 도구는 보통 상업적으로 만들고, 전기나 컴퓨터를 기반으로 하고, 가격이 비싼 편이다. 예를 들어, 'Alpha Talker'와 'Digivox' 등과 같은 하이테크 도구는 의사소통에만 도움을 준다. 한편, 일부 하이테크 도구는 다목적용이다. 이는 의사소통보다 더 많은 기능을 지원해 준다. 교육용으로 사용하기 위하여 컴퓨터와 연결할 수도 있다. 일부 이런 체계들은 아동이 워드프로세서 기술을 사용하기 위한 컴퓨터로도 사용할 수 있다. 다목적용 체계의 예로는 'Real Voice' 'Touch Talker/Light Talker' 'Liberator' 등이 있다.

보완 · 대체 의사소통 체계에 대해 교사가 알아야 할 기본적인 사항은 다음과 같다.

- 어떻게 정보를 표현할 것인가?

- 어떻게 도움을 주고받을 것인가?
- 출력의 수단은 무엇인가?

어떻게 정보를 표현할 것인가

하이테크나 로우테크 보조기기의 정보는 아동의 인지적 · 시각적 · 신체적 기술과 마찬가지로 나이에 따라서도 달리 표현된다. 그래서 정보를 보여 주는 방법은 사진, 그림, 선그림, 상징 혹은 단어 등의 형식으로 나타날 수 있다〈표 5-4〉 참고. 어린 아동이 장차 상징과 단어를 사용하려는 목적을 가진 경우에는 사진과 그림에서부터 시작한다. 상징이나 단어를 사용하여 의사소통하는 단계로 이동하는 것은 아동이 더 복잡한 정보로 의사소통할 수 있게 한다. 이것은 또한, 그 자체로 아동의 인지-언어 기술의 발달을 점검하는 것이다.

의사소통의 도구가 더욱 복잡하게 만들어지는 것은 많은 정보의 의사소통을 위해 높은 정보 수준으로 접근하려는 것 때문일 수 있다. 그래서 어린 아동을 위해, 의사소통판의 첫 번째 페이지에는 여러 가지 활동, 즉 옷 입는 모습, 그림 그리기와 악기 그림 등을 나타

〈표 5-4〉 **표현 형태**

표현 형태	사용 가능	사용 불가능	모 름	기 타
사진				
그림				
선그림				
상징				
낱말				

낸다. 아동이 악기 그림을 가리키면 여러 가지 악기가 표현되어 있는 페이지로 바뀔 것이다. 바뀐 페이지에는 교실에 있는 다양한 악기 그림이 있다. 다음 단계로, 아동은 연주하고 싶은 악기를 가리킬 수 있다. 이 페이지에서 아동이 악기를 선택하고, 선택한 악기를 연주할 수 있다. 이것은 로우테크 의사소통 도구의 예로서, 실제적으로 분리된 각 페이지를 교사나 교수보조원이 한 권으로 묶어주고 내용을 수정하거나 교체해 주어야 한다.

또한 이것은 복잡한 교육과정 영역을 수행하는 과정에서는 쓸 수 없는 의사소통 체계로 보인다. 이런 영역에서는 하이테크 의사소통 도구가 유용하다. 자신이 의사소통하고 싶은 것을 가리키면 이 정보는 전자 신호로 변환되고, 자동으로 이 페이지에서 다른 페이지로 이동할 수 있다. 컴퓨터의 발전과 더불어 새롭고 흥미 있는 기회가 계속 제공된다. 예를 들어, 단어 예측하기는 읽을 수 있는 아동을 위해 사용될 수 있다. 도구는 아동이 단어의 철자를 익히기 시작하고, 다양하게 추측할 수 있는 단서가 화면에 떠오르게 되어 있다. 이러한 발달은 지체장애 아동이 보다 빠르게 의사소통하도록 만들어 준다.

어떻게 도움을 주고받을 것인가

아동들이 의사소통 도구에 접근할 수 있는 두 가지 방법이 있다.

- 직접 선택: 아동이 의사소통하기를 원하는 것으로, 그림이나 단어에 직접적으로 접근하는 것이다. 이 직접 접근은 보통 만지거

나 눈으로 주시하기를 통하여 이루어진다. 또한 헤드 포인터 head-pointer 등의 보조도구로 수행되기도 한다. 직접 선택하기는 가장 빠른 방법임에도 불구하고 가장 힘들다. 직접 선택은 언제든지 가능한 접근 방법이다. 정보에 대해 효과적으로 접근하도록 구조화되어 있다. 예를 들어, 오로지 눈으로만 주시할 수 있는 아동을 위해서 4개의 항목을 한 페이지에 배열한다. 이때 아동이 눈으로 주시하는 것을 교사가 쉽게 알아볼 수 있도록 각 항목을 페이지 구석에 배치할 필요가 있다.

- 훑기scanning: 간접적인 접근 방법이다. 이것은 로우테크 또는 하이테크 의사소통 체계 중 하나를 사용할 수 있다. 로우테크 의사소통 체계에서 훑기 기능은 어른이 손가락을 페이지의 항목을 따라 움직일 때 수행하는 것이다. 손가락을 다양한 조건으로 움직일 때 어느 것 중의 하나를 분명히 지적한다. 아동은 자신이 필요로 하는 항목에 지적하는 사람의 손가락이 접근했을 때 고개의 끄덕임으로 해당 항목을 지적한다. 원칙적으로 하이테크 의사소통 도구로 훑기를 하는 과정도 이와 유사하다. 비록 이번에는 훑기의 과정이 자동으로 이루어지고 자동적으로 해당 항목을 훑는 것이 다를 뿐이다. 아동은 바라는 항목에 다다랐을 때 보통 스위치를 눌러 지적해야 한다. 훑기 기능은 시간이 필요하고 아동과 청자듣는 사람 둘 다에게 어렵다. 새로운 의사소통 보조도구는 시간을 절약하는 기능이 도입되었다. 예측 훑기 기능을 수행하는 중에는 빈 공간에서는 훑기 보조도구가 활동을 멈춘다.

훑기 기능은 자신의 몸 어떤 부분도 잘 조절하지 못하여 직접 선택 기능을 사용하지 못할 때에만 사용되어야 한다. 이것은 아동과 상대방 두 사람에게 많은 노력과 시간이 필요한 방법이다.

스위치

많은 하이테크 의사소통 도구에서는 스위치를 통해 의사소통을 돕는 접근 방법이 있다. 스위치는 두 접촉물 사이에 전기적인 연결을 가능하게 한다. 스위치는 거의 모든 전기적인 장치에 연결될 수 있다. 스위치는 보완 · 대체 의사소통 도구에 사용될 수 있지만 장난감, TV와 같은 평범한 전기장비와 환경 제어 장치에도 사용될 수 있다.

아동은 확실하게 움직일 수 있는 머리, 손, 몸의 어떤 부분으로도 스위치를 조작할 수 있다. 스위치는 심지어 불기에 의해서도 조작할 수 있다. 어떤 스위치는 단지 만지는 것만으로도 신호를 보낼 수 있지만, 다른 것은 조작을 필요로 한다. 많은 스위치는 움직임의 양을 조절할 수 있거나, 그것을 작동시키기 위해 요구되는 압력을 조절할 수 있다.

〈표 5-5〉는 보조도구에 분석적 접근을 하기 위한 검사 항목이다.

〈표 5-5〉 **보조도구에의 접근**

	예	아니요	모름	기타
직접 선택이 사용되었는가?				
간접 선택이 사용되었는가?				
스위치가 사용되었는가?				

출력 수단은 무엇인가

출력에는 기본적으로 두 가지 수단이 있는데, 이는 시각과 청각이다. 시각적인 산출은 하이테크나 로우테크 보조도구일 수 있다. 시각적인 산출에서 교사는 지체장애 학생의 의사소통판을 볼 수 있어야 한다. 지적하여 표현하는 것—그림이나 글자에 손가락을 가리키는 것—은 임의적인 것이 될 것이다.

하이테크 보조도구에서 시각적인 산출은 영구적인 것이 될 수 있다. 컴퓨터의 모니터상에 쓰여진 메시지를 보여 줄 수도 있으며, 인쇄할 수도 있다.

청각적인 산출은 하이테크 보조도구와 함께 사용된다. 그것은 두 가지 양식—합성 언어와 디지털 언어—을 취한다.

합성 언어는 컴퓨터 생성 언어다. 이것은 씌어진 글자를 컴퓨터 생성 언어 소리로 바꾸기 위해 언어의 음성 규칙을 사용한다. 그것은 가끔 'Dalek'[2]과 같은 소리라고 비판받는다. 계속해서 개선되고 있음에도 불구하고, 가끔 합성 언어는 감정을 전달할 수 없을 것처럼 단조로운 소리를 낸다.

디지털 언어는 디지털 방식으로 녹음된 사람의 말이다. 디지털 언어의 질은 녹음의 질과 의사소통 보조도구의 기능에 따라 크게 좌우된다. 디지털 언어는 음의 강도를 혼합할 수 있고 합성 언어보다 훨씬 더 감정표현을 잘한다. 디지털 언어의 문제점은 많은 저장 공간을

2) 역자 주 : 귀에 거슬리는 단조로운 소리로 말하는 로봇.

차지한다는 것이다. 의사소통 보조도구는 단지 몇 분 동안의 디지털 언어밖에 저장할 수 없으며, 컴퓨터는 디지털 언어를 사용하기 위해서 상당한 메모리를 필요로 한다. 〈표 5-6〉은 산출의 수단에 접근하는 데 도움을 준다.

〈표 5-6〉 **표현 수단**

	예	아니요	모름	기타
시각적 산출이 사용되었는가?				
합성 언어가 사용되었는가?				
디지털 언어가 사용되었는가?				

문자를 이용한 의사소통 지원

보완 · 대체 의사소통 도구는 의사소통의 가능성을 키워 주거나 지원하는 기술의 본보기다. 지체장애 학생을 위한 다양한 가능성이 있는 기술은 보다 많은 중도 지체장애 학생이 교육과정에 접근할 수 있도록 점점 더 정교화된 전략을 제공하고 있다.

경도 지체장애 학생임에도 불구하고 많은 지체장애 학생은 손으로 글쓰기를 하는 데 어려움이 있다. 이렇게 기록하는 일의 어려움은 실제 그들의 능력보다 더 그들을 무능하게 보이게 할 수도 있다. 이러한 문제를 해결하는 한 가지 방법은 워드프로세서를 제공하는 것이다. 워드프로세서는 가장 간단한 방법으로 쓰기의 대안으로 사용된다.

지체장애 학생이 컴퓨터에 접근할 수 있는 적합한 방법이 많이 있

〈표 5-7〉 **컴퓨터 접근을 위한 적합화**

문제	예	아니요	해결	기타
너무 작은 키보드			확장된 키보드 사용 덮개의 사용	
너무 큰 키보드			휴대용 컴퓨터 사용	
오른쪽 키를 누르는 데 어려움			키가드keyguard, 키 보조장치/키 안전장치의 사용	
키보드를 사용할 수 없음			마우스나 스크린 키보드로 대체	
마우스를 컨트롤하는 데 어려움			포인트 스피드를 천천히 하기 위해 조절판을 적합하게 하는 것	
마우스를 더블클릭, 클릭, 드래그하는 데 어려움			프로그램할 수 있는 트랙볼programmable trackerball을 가진 마우스로 대체	
마우스를 전혀 사용할 수 없음			간단한 프로그램을 수행하기 위해 오버레이 키보드overlay keyboard를 사용하는 것	
다섯 손가락의 움직임을 지속적으로 사용하는 데 어려움			음성 활성화 소프트웨어를 사용하는 것	

출처: Rahamin, 1999.

다〈표 5-7〉 참고.

음성 활성화 장치

음성 활성화 장치는 소근육 운동에 어려움을 가진 아동뿐만 아니라 말을 잘 하고자 할 때에도 유용하게 사용할 수 있다. 음성 활성화 장치에는 두 가지 유형이 있다. 화자 독립 시스템과 화자 의존 시스템이다.

화자 독립 시스템은 시스템에 대해 '훈련된' 아동이 아닐 경우에 사용하는 것이다. 그들은 소리 조절 스위치 혹은 전등, 라디오 그리고 TV를 켜고 끄는 것과 같은 환경을 제어하기 위해 사용된다.

두 번째 형태인 화자 의존 시스템은 아동의 목소리를 인식하는 것이 훈련되어야 한다. 이러한 것의 예는 기록영화를 상영하는 것처럼 컴퓨터를 조작하기 위해 사용되는 목소리 인식 시스템voice navigation system이다. 다시 말해서, 이러한 시스템은 아동이 목소리로 컴퓨터를 조작한다. 더 정교한 소프트웨어의 형태는 소리 구술 시스템speech dictation systems이다. 한 번 훈련받으면, 아동은 간결하게 말하고 컴퓨터는 소리들을 단어로 번역하는 것이다. 아동은 소리 구술 시스템을 훈련하기 위해서 컴퓨터가 아동의 특별한 목소리 패턴을 인지할 때까지 구절을 반복해서 읽어야 한다. 음성 활성화 소프트웨어는 지체장애 학생이 반복해서 명료한 소리로 표현할 수 있도록 돕는다. 그러나 많은 지체장애 학생이 말하기에 어려움을 가지고 있다는 것은 소리 구술 시스템을 훈련할 수 없다는 것을 의미한다. 그들은 말하는 것보다 더 쉬운 형태를 찾는다.

교실에서의 보완 · 대체 의사소통 기술

앞에서 보완 · 대체 의사소통의 기본에 대해 알아보았다. 이것은 교사에게 무엇을 의미하는가?

- 지체장애 학생은 하이테크 그리고 로우테크 보조도구를 쉽게

접할 수 있다.

- 지체장애 학생은 보조도구를 사용하는 방법을 배울 필요가 있다.
- 지체장애 학생은 국가수준 교육과정을 이수하기 위해 보조도구를 사용할 수 있다.
- 교사는 지체장애 학생의 보완 · 대체 의사소통 도구의 사용을 발달시키기 위해 다른 전문가로부터의 지원을 받는다.
- 지체장애 학생의 보완 · 대체 의사소통 도구의 요구는 고정적이지 않아서 규칙적으로 재검토할 필요가 있다. 이러한 재검도 과정에서 교사의 참여는 필수적이다.

보완 · 대체 의사소통은 특수화된 작업 분야이고, 교사는 그 분야에서 전문가와 함께 일할 필요가 있다. 보완 · 대체 의사소통 공학은 의사소통의 방식 안에서 발달될 것이다. 정밀화된 보완 · 대체 의사소통 공학은 사용자 중심의, 즉 사용자 친화적인 수단으로 아동의 의사소통을 강화하기 위해서 필요하다. 의사소통을 강화하기 위한 유용한 방법 중의 하나는 신상 수첩을 사용하는 것이다.

신상 수첩의 사용

신상 수첩은 아동에 관한 중요한 실용적 정보를 제공하는 기록이다CALL, 1997. 본질적으로, 그것은 의사소통하기 위해 필요한 도움이 무엇인지에 관한 정보를 제공한다. 신상 수첩은 교직원이 아동을 잘 알지 못하는 상황에 처했을 때 특히 도움이 된다. 예를 들어, 학년 초나 유치원에서 초등학교로 입학한 때 등이다. 아동에게 도움이 될 중요한 기본 정보가 서류로는 전달되지 않을 때가 있다. 발달기록부와 연간계획7장 참고과 같은 공식 서류는 이러한 형태의 개인적인 정보를 담고 있지 않다.

신상 수첩은 다음과 같이 주요한 특징을 가진다.

- 정보는 사람에 관한 표현이 우선시된다.
- 정보는 권한을 부여하는 방식, 아동의 특성과 개성을 나타낸다.
- 정보는 선택적이다. 다른 사람들이 알아 주기를 원하는 것이지만 그렇다고 모든 것을 나타내지는 않는다.

[그림 5-1]의 예에서, 아동은 의사소통을 하는 데 그의 필수요건에 대해 의사소통하려 하고 있다. 또한 그는 의사소통하기를 원하는 사람이라는 것을 표현하고 있다. 자신의 개성과 유머감각을 보여 주고 있는데, 이러한 모든 것은 중요하다. 이 의사소통의 유형은 교직원, 협의회나 부모에게서 온 편지 등에 따라 특수교육요구협회가 언급한 것과는 매우 다르다. 이것은 아동이 의사소통하기 위해 필요한 실제적인 몇 가지 세부 항목을 제공한다.

신상 수첩은 단어뿐만 아니라 그림이나 사진으로도 나타낼 수 있다. 그래서 신상 수첩은 아동의 가족사진이나, 책상에 앉는 가장 좋은 자세를 보여 주는 그림 등으로 나타낼 수 있다.

신상 수첩은 의사소통에 관한 것보다 더 많은 정보를 줄 수 있다.

내가 당신에게 말하기 전에, 나에게는 몇 가지 도움이 필요합니다.
도와주세요!

- 저는 저의 휠체어에 고정시킬 수 있는 책상tray이 필요합니다.
- 저는 책상 위에 놓을 의사소통판이 필요합니다.
- 당신이 몇 분 동안 말하는 것과 걷는 것혹은 다른 것들을 멈추고 주의를 기울여 주는 것이 필요합니다.

저는 마지막 요구가 어려울 것으로 압니다.
그렇다면, 어느 누구도
당신에게 주의를 기울여 주지 않으면
어떨지를 상상해 보십시오.

[그림 5-1] 신상 수첩-의사소통

출처: CALL, 1997.

두 번째 예로 [그림 5-2]는 아동은 그의 지체장애와 신체 곤란을 가장 효과적으로 관리하는 것에 대해 의사소통하고 있다. 이것은 그가 접촉하고 있는 어른뿐만 아니라 친구들에게도 그의 신체적 요구를 어떻게 관리하고 있는지를 이해하도록 돕는다.

두 가지의사소통하는 것과 신체를 관리하는 것는 신상 수첩을 만드는 것에 의해서 이루어진다. 첫 번째 예에서 그것은 아동을 관리하는 가장 중요한 양상, 즉 의사소통, 신체적 요구 및 자립 등에 관해서 그들의 부모와 논의할 수 있도록 교사와 교수보조원에게 핵심을 제공한다. 그렇게 하는 것은 정보를 공유하는 것뿐만 아니라 아동에 대한 태도를 변화시키고, 또한 그들이 아동을 더 잘 안다고 느끼게 하여 자신감제가 어디가 불편해서 그것을 당신에게 계속해서 말하려 한다면 저에게 스트레칭을 위해 의자에서 내려오고 싶은지 물어봐 주세요. 저는 바닥에 누우면 빠르게 편안해질 수 있습니다.

저의 팔이 흔들리기 시작해도 걱정하지 마세요. 그것은 단지 이완되고 있는 것이고, 전혀 나를 불편하게 하지 않습니다. 실수로 당신을 때리거나 당신의 안경을 치는 것에 주의하세요.

그것이 당신을 못 견디게 하거나 수업을 방해하면, 당신이 내 팔을 잠시 붙들어도 되는지 나에게 물어봐 주세요.

[그림 5-2] **신상 수첩-신체적 요구**

출처: CALL, 1997.

이 증대된다.

일단 신상 수첩이 완벽하다면 교사와 교수보조원은 다른 상황에서 요구되는 것에 관해 더 분명한 생각을 가질 것이다. 이 정보가 기록됨으로써 다른 사람이 더 적절하게 역할을 하도록 돕는다. 즉, 학급에서 동료는 지체장애 학생의 손을 잡는 것이 좋을 것인지, 그에게 말할 시간을 더 주어야 할 것인지를 이해할 수 있다. 또한 다른 직원과 부모는 아동의 교육에서 더 적극적인 역할을 취하고 의사소통하기 시작하는 것이 더 쉽다는 것을 알게 된다.

신상 수첩은 다음과 같은 것을 확실하게 하는 데 도움을 준다.

- 어떻게 다른 사람이 아동을 이해하고 접근하느냐에 대한 일관된 정보를 제공한다.

- 새로운 교직원 및 학생과 의사소통하기 위한 출발점이다.
- 부모의 관점이 가치 있게 된다.
- 교사는 아동과 의사소통하는 최선의 방법을 부모나 다른 사람

안녕, 내 이름은 로버트야.
나는 네가 말하는 모든 것을 이해할 수 있지만,
나는 뇌성마비 학생이기 때문에 말을 할 수는 없어.
나는 나의 감정과 원하는 것을 나의 눈을 사용해서 결정한다는 점을 네가 알았으면 해 '나에게 말해.'.
나의 가방에 책이 있어. 그것을 보면 네가 나를 이해하는 데 도움이 될 거야.

나에게 말해.
네가 나에게 질문한다면, 나는 나의 눈을 사용해서 대답할 수 있어. '눈으로 가리키기'
내가 너에게 말하는 것에 동의한다면 "로버트, 네가 앤더스를 본 적 있다면 나를 봐라."라고 하는 거야.
이런 방식으로 더 자세하게 의사소통하기 위해서는 나의 책 3페이지를 넘겨 봐.

태도
내가 좋은 태도를 가진 것을 알 수 있어. 나의 손을 만지거나, 나를 움직이거나, 내 물건을 보려면 나에게 물어봐. 만약 네가 내 책을 보기를 원하면 먼저 나에게 물어봐 줘.

또한 나를 너의 집단에 끼워 주기 바라. 나는 친근하고 유머감각을 가지고 있기 때문에 네가 하고 있는 모든 활동에 참여하고 싶단다. 나는 많은 친구가 있고, 나는 그들과 정말 친해.

잊지 마!
내가 말할 수 없음에도 불구하고, 나는 어리석지 않아. 나는 꽤 멋있어.
네가 그것을 알았으면 해.

[그림 5-3] 신상 수첩

출처: CALL, 1997.

들과 의논한다.

- 아동의 의사소통 능력은 극대화된다.
- 지체장애 학생에 대한 정보는 접근하기 쉽고 효과적으로 만들어진다.

신상 수첩의 세 번째 예는 다양한 분야에서의 정보가 어떻게 연결되는지를 보여 준다[그림 5-3] 참고.

신상 수첩의 예는 모두 하나의 페이지로 되어 있다. 대부분의 신상 수첩은 작은 책자로 제공되며, 많은 페이지로 구성되어 있다. 신상 수첩이 더 가치 있게 되려면 주의를 기울여 책자에 담아야 한다.—그것은 교사가 서둘러서 갈겨쓴 기록이 아니다.—그것은 일상의 토대 위에서 다루어야 한다. 또한 각각의 페이지에 제한된 정보를 포함해야 하고 매력적인 것이어야 한다. 일부 다른 사람이 정보를 더 기록할 수 있도록 빈 페이지도 포함한다면 더욱 유용할 것이다.

각각의 신상 수첩은 개별화되어야 한다.

- 의사소통 : 나는 다른 사람과 어떻게 의사소통할 수 있는가?
- 이동 : 내가 학교 주변을 이동할 수 있도록 누가 어떻게 도울 수 있는가?
- 자립 : 내가 자립하도록 도울 수 있는가?
- 휴식시간 : 나의 휴식시간이 학급의 나머지 친구들과 어떻게 다른가?
- 좋아하는 것과 싫어하는 것 : 내가 좋아하는 것이 무엇인지를 어

떻게 알릴 것인가?

- 특별한 정보: 약물의 복용 절차, 또는 내가 경련을 하고 있다면?
- 교우관계: 내가 누구 옆에 앉기를 좋아하는가?

신상 수첩은 매우 중요한 것을 보여 준다—예를 들어, 아동의 책상 위에서—고 할 수 있다. 이것은 책상 서랍 속이나 책가방, 또는 교사가 가지고 다니는 소책자나 수첩의 나머지에 대해서도 안내할 수 있다. 신상 수첩의 목적은 전시하기 위한 것이 아니라, 다른 사람들이 지체장애 아동과 상호작용하도록 해 주는 의사소통 방법의 하나다.

요 약

유능한 교사가 되기 위해서는 지체장애 학생과 좋은 관계를 맺는 것이 필요하다. 이 관계는 존중, 진실성, 교감에 달려 있다. 교사에게는 다음과 같은 것이 필요하다.

- 지체장애 학생의 의존성을 심화시킬지도 모르는 교사 역할과 지체장애 학생이 취할 수 있는 다른 역할을 파악하라.
- 다른 상호작용 기술을 발달시키고 사용하라.
- 지체장애 학생의 인지-언어 발달의 특성을 이해하라.
- 보완 · 대체 의사소통 기술을 발달시켜라.

- 교실에 다양한 공학 기술을 사용하라.
- 친구나 다른 어른들을 의사소통에 참여시키기 위해서 지체장애 학생과 함께 신상 수첩을 개발하라.

Chapter 06

친구 만들기

친구의 중요성

학생을 위한 교육은 국가수준 교육과정의 이행도 중요하지만 친구 사귀기와 같은 사회정서적 발달도 중요하다. 이 장에서는 지체장애 아동의 관점에서 친구 사귀기에 대해 설명한다. 친구는 모든 아동에게 중요하다. 지체장애 아동에게는 특히 더 중요한데, 이는 몸을 잘 움직일 수 있는 아동에 비해 또래와 상호작용할 수 있는 기회가 적기 때문이다. 학령기 전 지체장애 아동은 가족과 그를 관리하는 전문가와 상호작용하는 생활로 이루어져 있다. 지체장애 아동의 관심 대상이 맨체스터 유나이티드영국 프로축구팀 뿐이라고 할지라도 자신의 관심을 공유하고 발달시키며, 자신의 생각과 감정을 들어 줄 수 있고 열정을 공유할 수 있는 친구가 필요할 것이다.

3장에서 통합에 대한 부모의 가장 큰 관심은 어떻게 지체장애 아동이 또래와 관계를 형성할 것인지에 관한 것이라고 설명했다. 부모는 성공적인 통합을 위해서는 친구 사귀기가 중요한 요소임을 알고 있다. 친구 사귀기에 대한 걱정은 다음과 같다. 바람직한 친구관계는 지체장애 자녀가 친구들 사이에서 인기가 있고, 친구들과 잘 지내며, 특별한 친구를 만나는 것이다. 부정적인 친구관계는 친구들로부터 괴롭힘을 당하거나 왕따를 당하는 것이다. 지체장애 아동의 부모뿐만 아니라 다른 부모도 왕따에 대해 걱정한다. 부모는 자녀가 지체장애 때문에 놀림당하거나 괴롭힘당할 것이라고 생각한다. 불행하게도 이러한 일은 종종 발생한다. 왕따와 친구 사귀기는 서로 밀접한 관계가 있다. 왕따는 소외되거나 친구가 거의 없는 아동이다. 이 장에서는 지체장애 아동의 친구 사귀기에 초점을 맞추고 있다.

학급 준비하기

지체장애 아동이 학교를 다니기 전에 학교장 또는 특수교육요구협회가 직원들을 준비시키는 것처럼, 교사는 학급에서 지체장애 아동을 받아들일 준비를 해야 한다. 학급의 준비는 개별 아동이 대상이 되고 그들의 차이에 주의를 기울여야 한다. 그러나 지체장애 아동은 다르다. 지체장애 아동을 발달시키기 위한 방법으로 학급에서 준비해야 할 것에 대해 알고, 대비하는 것은 바람직한 일이다. 실제로 지체장애 아동이 학교에 요구하려는 것은 어떤 것일까? 몇몇 학급은 휠체어를 이용하는 학생을 위해 미리 대비해야 할 것이다. 이 경우 휠체어는 준비물 중 차별되는 것이 아니며, 의사소통판의 사용도 마찬가지다. 이런 보조도구를 학급에서 준비하는 이유는 추가적인 문제를 만들지 않도록 하여 학교에 쉽게 적응시키기 위해서다. 학생의 연령 또한 어떻게 학급을 준비해야 하는지에 영향을 미칠 것이다. 이외에도 학급의 준비는 ① 지체장애에 대한 정보 제공, ② 지체장애 학생의 행동 이해, ③ 지체장에 학생을 이해하기 위한 논의 등으로 구성될 수 있다. 학급의 준비는 아동의 부모와 교사가 학급에 대해 협력한다면 더욱 도움이 될 것이다.

정보 제공

2장에서 언급한 지체장애 학생에 대한 일부 정보는 공유할 수 있다. 뇌성마비 아동의 경우, 공유할 수 있는 정보의 종류는 다음과 같다.

- 뇌성마비는 중병이나 질병이 아니다. 그것은 감염되지 않는다.
- 뇌성마비는 선천적이다.
- 뇌성마비는 뇌가 몸의 부분을 통제하는 데 어려움을 가지는 것을 의미한다.
- 뇌성마비는 더 나빠지지 않는다.
- 뇌성마비로 인해 아프거나 죽지 않는다.

- 뇌성마비 아동은 어떤 가족에게서도 태어날 수 있다.
- 뇌성마비 아동은 말하기에 어려움을 가지기도 하지만, 그들이 바보는 아니다.

*출처: Scope(연대미상)

뇌성마비 상태의 아동에 대해 모든 것을 알 필요는 없지만, 종종 두세 가지 정보는 유용하다.

행동 이해

지체장애가 무엇인지 이해하는 데 도움이 되는 다양한 활동을 학급에서 할 수 있다. 활동은 지체장애 학생의 연령에 맞게 수정하여 사용할 수 있다. 여기에는 다음과 같은 활동이 포함된다.

- 두꺼운 장갑 두 쪽을 끼고
  - 원을 그려라.
  - 이름을 써라.
  - 연필이나 동전을 집어 올려라.
- 한 손을 주머니에 넣고
  - 신발을 신어라.
  - 구두끈을 매어 보라.
  - 일직선을 그어라.
  - 잡기 놀이를 해 보라.

- 두 손을 주머니에 넣고
  - 붓을 입으로 물고 그림을 그려 보라.
  - 문을 열어 보라.
  - 물을 마셔 보라.
- 입 속의 혀를 밑바닥까지 누르고
  - 너의 이름을 말해 보라.
  - 어젯 밤에 무엇을 했는지 말해 보라.

＊출처: Scope(현내비상)

이러한 활동은 흥미로울 것이다. 지체장애 학생을 제외한 학급의 나머지 학생들이 이 활동으로 좌절감을 느낄 수 있지만, 이러한 어려움을 매일 겪는 지체장애 학생이 있음을 보여 주어야 한다.

논 의

이 토의의 한 가지 초점은 감정일 수 있다. 이 활동에 따르면 지체장애 학생이 활동을 쉽게 하지 못하는 것에 대해 일반학생이 어떻게 느끼는지 물을 수 있다. 그들이 좌절하고 괴롭힘당하는 감정을 느낄까? 포기하는 감정을 느낄까? 이 토의의 두 번째 초점은 다른 사람들이 어떻게 도울 수 있을지에 대한 것이다. 지체장애 학생을 도울 수 있는지 누구에게 물으면 좋을까? 어떻게 지체장애 학생을 도울 수 있을까?— 연필을 줍거나 문을 열어 주는 것? 만약 어떤 사람이 무엇을 말하는지를 이해하지 못한다면 무엇을 도울 수 있을까?

고학년 학생은 '일반'인'normal' person이란 무엇인가에 대한 토의를 할 수 있을 것이다. 이 논의는 시각장애 아동처럼 다른 유형의 특수교육요구 아동도 함께 토론할 수 있고, 성과 인종 같은 차이에 대해서도 논의할 수 있다. 학급은 만약 어떤 소년 혹은 소녀, 또는 백인 혹은 흑인 또는 아시아계 아동이 학교에 다니는 경우에 대해 토의할 수 있다. 이러한 것에 대한 예로 크기—네가 학급에서 가장 크거나 또는 작거나—에 대해 가르칠 수 있다. 교사는 차이가 존재하는 것이 정상이고, 세상이 모두 똑같다면 얼마나 지루할지에 대한 것으로 토의의 초점을 맞출 필요가 있다. 다시 말해, 토의는 그들이 서로 얼마나 다른지를 느끼게 하는 데 유용하다.

학급활동

토의의 마지막 부분은 학급에서 새로운 아동을 적응시키기 위해 어떻게 도울 수 있을지에 초점을 맞춘다. 학생들에게 지체장애 학생이 학교생활을 시작하는 것에 대해 어떻게 생각하는지를 물을 수 있다. 또한 각각의 학생에게는 지체장애 학생을 도울 수 있는 방법에 대해 물을 수 있다. 이러한 토의는 지체장애 학생의 실제적인 요구뿐만 아니라 이 학생에 대한 사회정서적인 인식을 향상시킬 수 있다. 이를 통해 일반학생은 지체장애 학생이 다른 학생들과 차이가 있지만, 그들도 다른 사람과 마찬가지로 같은 감정과 사회적 요구예: 우정를 가지고 있음을 알 수 있을 것이다.

이 학급 토의는 역할극을 통해 확장될 수 있다. 연극은 다른 사람의 역할에 대해 흉내를 내고, 충분히 연습할 수 있도록 허용한다. 학생들은 다른 학생의 세계에 들어갈 수 있고, 차이나 불가능에 대해 느껴 볼 수 있다. 장애학생의 통합이 용이하도록 설계된 여러 가지 프로그램이 있다Marks. 1997.

편견 파악하기

지체장애 학생의 입급에 대한 학급 준비의 중요성은 지체장애 학생에 대한 편견에 대비하는 것이다. 편견은 개인이나 집단에 대한 근거 없는 부정적인 믿음이고, 감정이다. 편견은 지체장애 아동을 알기도 전에 부정적인 견해를 갖는 것이다. 편견은 인간사회에서 만성화된 현상이고, 소수집단이 지체장애를 포함한 전체 장애집단에 대하여 일반적으로 행하는 것이다. 몇 년 동안 왜 편견이 발생하는지에 대한 많은 연구가 있었다Lynch, 1987. 현재의 주장은 각 개인이 자아존재감을 방어하려고 할 때 발생하는 심리 기능이라고 받아들이고 있다. 아동그리고 어른이 가지고 있는 편견은 그들이 속한 집단 속에서 만들어지는 것으로 추정된다. 그래서 남자 아동의 분명한 특색은 소년집단에서, 여자 아동의 분명한 특색은 소녀집단에서, 흑인의 분명한 특색은 흑인집단에서, 백인의 분명한 특색은 백인집단에서 형성된다. 편견은 아동이 자신의 특색예: 소년이고 흑인이면서 신체를 움직일 수 있는 사람과 다른 아동의 특색예: 소년이고 흑인이면서 신체를 움직일 수 없는 사람 사이에서 분명한 차이를 비교하면서 나타난다. 편견은 아동이 자신의 자존감을 발달시키거나 유지시키기 위한 하나의 합리화 방법이 된다. 이것에 따르면 동료의 낮은 자존감이 다른 동료로 하여금 편견을 갖게 한다.

미취학 아동일지라도 지체장애 아동에 대해서는 다른 시각으로 본다. 이 차이는 종종 휠체어나 서기 보조기구 등의 특별한 장비의 사용에 의해 더 강화된다Diamond, 1993. 그러나 차이가 편견을 만들지는 않는다. 이 차이는 어떻게 해서든지 아동을 평가절하하는 것으로 보일 것이다. 따라서 편견을 가지는 것은 학급에서 차이가 있는 아동이 그가 출생한 나라가 어디인지에 의존하여 반응한다. 국가의 지위경제적이나 문화적로 아동의 차별이 결정된다—브라질 출신의 소년을 벨리즈Belize 소년과 다르게 대한다.

우리 사회에서는 지체장애 아동의 가치를 절하시키곤 한다. 미취학 지체장애 아동은 놀이친구로서 선택받지 못할지도 모른다. 아동은 지체장애 아동이 놀이에 흥미가 없거나 참여할 수 없다고 생각할지도 모른다. 더욱 걱정스럽게도, 아동의 신체 곤란이 어떻게 해서든지 지체장애 학생의 가치를 절하하는 미묘한 메시지를 줄지도 모른다. 이 밖에도 지체장애 아동의 가치를 절하시키는 여러 가지 요소가 있을 수 있다.

역할 모델의 부족

지체장애를 가진 교사는 거의 없고, 음악가나 영화배우 스타들도 지체장애를 갖고 있는 경우가 거의 없다. 많은 직업이 지체장애인에게 열려 있지 않다. 이것은 그들이 일이나 노래 그리고 연기 또는 가르치는 데 있어 역할을 수행할 수 없기 때문이 아니라, 지체장애인이 이러한 것을 할 수 있도록 허용하지 않았기 때문이다. 지체장애인은 사회의 편견을 극복하기가 매우 어렵다는 것을 안다. 정치인 David Blunkett와 배우 Nabil Shaban과 같은 예외도 있다. 그러나 대우받는 이력을 가진 장애인은 거의 없거나 극히 드물다. 역할 모델의 결핍은 오히려 어떤 영역에서는 성공적으로 도전할 수 있게 한다. 특히 스포츠 분야, 장애인 올림픽의 인기 상승은 중요한 메시지를 담고 있다.

교사는 무기력하게 고정관념에 빠진 학교에서 여러 가지 자료도구를 활용하여 역할 부족 현상에 대비할 수 있다. 잘 알려진 실버Long John Silver[1)]의 예에서처럼 지체장애인은 나쁘거나 사악하다는 것이다. 대다수의 사람이 지체장애인의 특성을 '좋거나 나쁘거나, 강하거나 약하거나' 처럼 묘사하는 것은 학급에 중요한 영향을 미친다.

표찰하기

아동에게 표찰labelling하자마자, 지체장애라는 말은 부작용을 일으킨다. 분명한 것은 아동이 스스로 표찰하는 것보다 주위 사람들이 '지체장애' 라고 표찰하는 것을 볼 수 있다는 것이다. '지체장애를 가지고 있다.' 고 표찰하는 것은 아동의 특성을 정의하는 것처럼 보

1) 역자 주: Robert Louis Stevenson의 소설 『보물섬(Treasure Island)』에 등장하는 가상 인물

일 수 있다. '지체장애'를 가지고 있는 아동에 관해 호칭을 부여함으로써 깊은 함정에 빠진다. 그것은 지체장애 학생의 효과적인 통합이 교사, 교수보조원, 부모, 다른 전문가와 동료의 손에 맡겨져 있다는 것을 보여 줌으로써 어떤 균형을 유지하려고 노력해 왔다. 다른 문제점은 표찰에 의해서 만들어지고 그것이 보편화되는 것이다. 그래서 모든 지체장애 아동은 의사소통이나 몸단장에 어려움이 있는 것으로 가정해 버리는 것이다. 만약 이것이, 즉 제한된 지식이나 경험을 가진 것으로 지체장애 아동을 일반화시켜 버리는 것이 지체장애 아동의 통합에 어려움을 주는 제한점이 된다면 특히 문제가 된다.

성인의 영향

아동, 특히 어린 아동은 새로운 상황에서 어떻게 반응하는지에 대해 어른이 알아주기를 기대한다. 교사는 특히 학생의 삶에서 중요한 기준점이고, 지체장애 학생에 대한 교사의 반응은 특히 중요하다 Marks, 1997. 지체장애 학생에 대해 부정적인 교사를 학급의 학생이 본받는다고 알려져 있다Parish, Maker, Arheart, & Adamchak, 1980. 교사는 학급의 모든 학생을 포함하여 가르쳐야 한다. 지체장애 학생을 교수보조원이 책임지는 것으로 보이게 되면, 교사는 이러한 학생을 가르치지 않아도 된다는 고정관념이 생길 수 있다. 이 책은 팀 접근에 대해 강조하고 있고, 이것은 교사가 반드시 지체장애 학생을 가르쳐야 한다는 것을 의미한다. 일반학생은 교사가 어떻게 지체장애 학생과 관계를 맺는지 지켜볼 것이고, 그것은 학생들이 어떻게 우정을 발전시켜야 하는지에 대한 본보기 자료로도 사용될 수 있다.

심리적 안정

많은 교사는 일반인의 편견이 지체장애 학생의 외형으로부터 생긴다는 것을 알고 있다. 궁금한 점은 편견이 학생의 심리에 영향을 미칠 수 있는지 아닌지에 있다. 일반인은 감정적인 어려움과 심리적인 어려움은 관계가 있다고 믿는다. '하루 종일 휠체어에서 곤경에 빠져 어려움을 겪어야 한다.' 또는 '말하는 것을 상상할 수 없다.' 때때로 이것은 사회적 관계나 친구 만들기와 관련이 있다. '오, 그래 너는 정상적인 관계를 가질 수 없구나!' 이러한 견해는 대다수의 지체장애 학생이 심리적 · 감정적인 문제를 갖는다고 믿는 많은 전문가에 의해 점점 고착화되어 왔다Molnar, 1992.

일반인의 지각

논쟁 중의 한 가지는 일반인은 지체장애인의 경험을 이해하는 데 있어 특별한 어려움을 가진다는 것이다. 일반인은 몸을 자연스럽게 그리고 부드럽게 움직인다. 실제적으로, 몸의 이상 징후, 즉 통증이나 아픔은 뭔가 잘못되었음을 의미한다. 이상 징후를 느끼게 되면 우리는 몸에 대한 걱정을 하게 된다. 몸에 어떤 이상 징후를 가지고 있다는 것은 죽음으로 이끌 수 있다. 그래서 일반인은 지체장애인을 볼 때 매일 생명의 위험을 느끼는 사람으로 생각할지도 모른다. 같은 맥락에서 많은 사람은 나이가 많은 사람에게 둘러싸이는 것에 대해 불편함을 느낀다. 이것은 우리가 모두 죽을 것이라는 생각을 갖게 할 수 있기 때문이다.

기억해야 할 점은 일반인은 이러한 어려움을 가질지도 모르지만, 지체장애 아동은 그렇지 않을 수도 있다. 지체장애 아동이 일반인에게 받는 부정적인 피드백은 잘 알려진 현상이다. 이것은 마치 지체장애 아동에게 무언가 잘못이 있는 것처럼, 그에 관하여 말하는 사람들에게 둘러싸인 경우에는 더욱 그렇다. 아동에게 있어서 이러한 부정적인 피드백은 그가 태어날 때부터 시작될 수 있다Scope, 1994. 이 부정적인 피드백은 계획적이거나 무계획적으로 지체장애 아동에게 전해지고, 장애를 개선 혹은 극복하라는 압박이 되고 있다. 그러한 부정적 인식은 결국 아동에게 상처를 주고, 그의 자존감을 깎아내리게 될 것이다.

자존감

자존감은 아동이 자기 자신을 얼마나 가치 있게 생각하느냐 하는 것이다. Harter1988는 자존감은 많은 분리된 특질이나 영역으로 구성되었다고 주장하였다. 모든 아동에게 가장 중요한 두 가지는 육체적 외관과 사회적 용인받아들임이다. 그래서 지체장애 아동의 자존감을 둘러싸고 특히 논쟁이 되는 것 같다. 즉, 자존감에 영향을 미치는 것은 두 가지 요소다. 아동은 다음의 특별한 영역에서 수행능력을 가지고 있다고 생각한다.— '지각 능력perceived competence' 그리고 아동에게 중요한 '야망야심' pretension 영역이다. 이러한 지각 능력과 야망 사이의 불일치는 아동의 높거나 낮은 자존감을 유발시킨다. 따라서 아동이 진심으로 축구선수가 되기를 희망하는 경우, 그가 학교 축구팀에서 주장이 아니라면 그 영역에서는 낮은 자존감을 보일 것이다. 반대로, 중요하지 않은 축구부에 소속되어 운동장에서 공을 차서 점수를 획득하였다면 매우 높은 자존감을 가질 수도 있다.

아동의 자존감은 다른 사람들에게 어떻게 취급당하는지에 따라 발달된다.— '투명 유리' 효과다. 친구들이 아동에 대해 긍정적이면 아동의 자존감은 높아질 것이다.—아동은 친구들의 긍정적인 평을 자기 자신에게 반영한다. 이것은 친구가 있다는 것이 얼마나 중요한가를 보여 주는 이유가 된다. 그러나 자존감은 친구의 충고를 정확히 피드백하여 반영하는 것이 아니다. 즉, 아동은 사람들이 아동에게 주는 정보에 대한 믿음을 통하여 '투명 유리'를 왜곡할 수 있다. 사람들의 메시지가 정당성을 줄 수 있으려면 아동이 진실성을 느껴야 한다.

지체장애 아동의 자존감

지체장애 아동은 또래의 일반아동보다 낮은 자존감을 가지고 있을까? 선행 연구에 의하면 지체장애 아동은 또래 일반아동보다 자기 자신을 부정적으로 보는 견해를 가지고 있다고 한다Richardson, Hastorf, & Dornbusch, 1964. 그러나 최근 10년 동안의 연구는 이러한 견해를 변화시켰다. 현재는 지체장애의 어려움은 자존감에 영향을 주지 않는다고 보고되고 있다Varni, Rubenfeld, & Talbot, 1989; Resnick & Hutton, 1987. 다시 말해, 중도 지체장애 아동은 경도 지체장애 아동보다 더 낮은 자존감을 가지고 있지 않다는 것이다. 지체장애 아동이 연구에서는 이분척추은 그들이 운동선수처럼 유능하지 않다는 것을 인식하면서도, 그들의 겉모습이 또래의 일반아동보다 더 못하다고 생각하지는 않는다Appleton, Minchen, Ellis et al., 1994.

아동이 나이가 들었을 때, 성별은 자존감에 영향을 미칠지도 모른다. 청소년기의 뇌성마비 소녀는 뇌성마비 소년보다 사회적 · 신체적인 자존감이 뚜렷이 낮다. 이러한 성별에 따른 차이는 지체장애 아동은 자존감이 낮다는 여러 가지 견해로부터 보호하지는 못하지만, 일반적으로 지체장애 아동은 또래의 일반아동보다 낮은 자존감을 가지고 있지는 않다.

경도 지체장애 아동에 대한 특별한 문제

지체장애 아동에 대한 한 가지 흥미로운 연구결과는 지체장애의 어려움은 자존감과는 상관관계가 없다는 것이다. 사실, 반대의 의견이 참일지도 모르지만, 지체장애가 경도인 아동일수록 심리와 감정에 어려움이 있을 수 있다. 한 가지 요인만으로 이 어려움을 설명하기 어렵다는 것이다. 분명한 점은 일반적으로 아동은 분명히 신체 문제, 즉 이동이나 의사소통에서 어려움이 있다. 또한 지체장애 아동은 대부분의 영역에서 좀 더 민감한 요구를 가질지도 모른다. 편마비 아동은 눈에 잘 보이지 않는 감정적인 요구를 가진 집단 중 하나다. 그들의 신체적 어려움은 보통 걷기와 신체 조절하기의 어려움과 함께 또 다른 어려움을 겪을지 모른다. 대다수의 아동은 감정이나 행동에서 어려움을 가지고 있으며, 관계를 형성하는 데 어려움이 있다Goodman, 1997. 편마비 아동은 종종 불안해하거나 조급해하며, 주의집중에 어려움을 가지고 있다. 이러한 어려움은 학급에서 또래학생에게 상당한 걱정거리를 만들고, 교사에게도 어려움을 준다.

편마비를 가진 몇몇 아동의 불순종적인 태도는 어른의 요청을 거부하는 것처럼 보일 수 있다. 이것은 5세 유아의 30개 반에서 관찰된 '곤란한 두 가지 행동' 중의 하나로서 보통 사람들이 기대하는 행동 중의 하나다. 이러한 과민성과 호전성은 싸움을 일으키고, 아동이 쉽게 그들의 기분을 상하게 할 수 있다. Goodman1997은 편마비 아동은 '쉽게 흥분하는 특성'이 있다고 하였다. 이는 다른 사람을 화나게 하거나 걱정하게 하는 상황에서 과민 반응을 일으키고, 감정적으로는 민감하다. 또한 편마비 아동은 반사회적인 방법으로 공격하지는 않는다. 대신에 민감하고, 과민하게 반응한다. 또한 관계를 형성하기가 어렵다.

대부분의 편마비 아동은 친구가 있다. 그러나 그들은 호혜적인 친구를 만드는 것이 어렵다. 이유인즉, 괴롭힘을 당하거나 놀림을 받기 쉽기 때문이다. 이 어려움은 이성적인 판단을 넘어서는 것일 수도 있다. 그들의 과민성과 호전성은 부작용으로 나타나기 쉽다. 또한 그것은 편마비 아동이 다른 사람의 생각을 이해하는 데 어렵게 만들고, 사회정서적으로 미성숙 상태에 머물게 할 수도 있다.

편마비 아동은 이러한 문제에 대해 도움을 받을 수 있다. 영국에는 특히 유용한 정보 및 지원을 해 주는 도움 단체 및 부모 조직이 있다. 도움 단체는 교육은 물론 모든 영역에서 화제가 되는 정보를 유인물로 만들어 배부한다. 일반적으로 편마비와 관련된 어려움을 이해하기 위한 것으로는—과민성, 호전성, 짧은 주의집중 시간이 있다. 이것은 가족이나 학급 구성원의 요인 때문만은 아니다. 그러나 이러한 아동의 좀 더 나은 삶을 위해 가족과 학급의 환경을 교사와 학부모가 함께 협력하여 조정하는 것이 중요하다.

쾌활성

지체장애 아동에 대한 일반적인 평가는 지체장애 아동이 또래의 일반아동보다 많은 심리적인 문제와 낮은 자존감을 가지고 있을 것이라는 부정적인 견해에서 출발한다. 하지만 지체장애 아동은 심리적으로 잘 통제하고 높은 자존감을 갖고자 한다. 3장의 개인적 · 사회적 모델의 유형 간의 구별이 이것을 설명하기 위한 한 가지 방법이다. 개인적 모델의 한 가지 특성은 지체장애 아동의 어려움을 개인적인 슬픔으로 보는 것이다Swain, Finkelstein, French. & Oliver, 1993. 그러나 사회적 모델에서는 장애에 대한 중요한 문제가 다른 사람들의 태도와 자원의 고갈 때문이라는 견해를 갖는다. 이러한 장애에 대한 사회적 모델의 관점은 지체장애 아동의 외형이 동료와 교사 그리고 사회인들에게 어떠한 문제를 일으키게 한다고 주장한다. 사실, 지체장애 아동이 그들의 특이성을 인식하면서부터 아동이 심리적으로 손상을 받기보다는 심리적으로 강해지고 정체성을 가질 수도 있다 Crocker & Major , 1989.

일부 지체장애 아동이 심리적인 어려움을 겪는다는 것을 부정하지는 않는다. 경도 지체장애 아동 중 소녀는 더 상처받기 쉬운 집단이다. 학급에서 교사와 교수보조원은 사회적 지원에 가장 큰 영향을 미칠 수 있다. 특히, 그들은 지체장애 아동이 또래와 관계를 발달시키도록 하는 중요한 열쇠를 가지고 있다.

우정의 틀

지체장애 학생의 우정 형태에 대해서 고민할 때는 여섯 가지 우정의 틀구조을 사용할 수 있다Meyer, 2001. 이것은 장애가 있거나 없거나에 국한되지 않는 모든 학생의 자연적인 우정의 형태다. 모든 우정의 형태는 어떠한 상황에서도 사용할 수 있고, 그 형태 간에는 균형을 이루어야 한다.

유령 또는 손님

학생이 손님처럼 보인다면 그는 처음에 많은 관심을 받게 될지도 모른다. 그러나 무시유령처럼되거나 떠나기를 요청받으면 관심받는 것이 어렵게 된다. 손님이 되는 것은 그가 진정으로 집단에 소속되지 않았음을 암시한다. 그러나 가능한 한 오랫동안 거기에 머물면 그는 잘 대접받게 될 것이다. 반면, 지체장애 학생은 학급의 뒤편에서 보이지 않는 유령처럼 앉아 있을 수 있다. 동료들은 지체장애 학생과 상호작용하지 않거나, 활동에 포함시키지 않는다. 때로는 유령이나 손님이 좋을 수도 있다. 지체장애 학생이 무시될 수 있는 것은 좋은 일일 수 있다—이것은 모든 학생에게도 해당될 수 있다. 하지만 이것이 학생이 학교에 다니는 동안 계속적으로 나타나는 현상이라면 문제가 될 수 있다.

아동 통합

이 틀은 긍정적이면서도 부정적인 특징을 가진다. 일반적으로 부모나 교사는 지체장애 학생이 다르게 대우받고, 그의 특별한 요구를 받아들이기를 원한다. 이것은 교실 밖에서의 지원을 필요로 함으로써 강화될 수 있다. 그리하여 지체장애 학생이 다르게 보일 수 있고, 다르게 대우받을 수 있다. 어떻게 프로그램이 운영되는가에 따라 지체장애 학생이 친구들에게 다르게 보일 수 있으며, 다른 종류의 우정이 형성될 수도 있다. 지체장애 학생은 어린 아이처럼 연약한 사람으로 보일 수도 있다.

나는 도울 것이다

이 틀은 지체장애 학생이 친구들에게 도움이 필요한 사람으로 보이는 것이다. 대부분의 부모는 친한 친구라고 알고 있는 도움을 주는 친구가 통합의 진정한 이득 중 하나라고 한다. 우정은 기대를 가지고 상호 간에 도움을 주려는 것이다. 일부 지체장애 학생이 도움을 받는 것으로 모든 어려움이 해결되는 것은 아니다. 그러나 돕는 것에 대한 논점의 중심은 친구들의 태도가 아니라 지체장애 학생이 가진 실제적인 어려움에 대한 것이어야 한다.

단시 다른 아이

이 틀에서 지체장애 학생은 다른 친구들과 똑같은 대우를 받는 보통의 학생일 뿐이다. 이 틀이 가장 일반적인 하나의 구조다.

좋은 친구

이는 다른 학생과 행복하게 놀 수 있고, 점심시간에 옆에 앉고, 교실에서 함께 활동하는 사람이다. 좋은 친구들은 서로 한 팀이 되기를 선택하거나, 파티에 서로 초대한다.

절친한 친구

이는 일반적으로 일생 동안의 친구다. 절친한 친구는 지체장애 학생이 문제나 흥미로운 과제를 가졌을 때 함께 고민해 주는 친구다. 절친한 친구들은 학교에서나 서로의 집에서 같이 놀면서 시간을 보내기를 원한다.

지금까지 설명한 우정의 여섯 가지 틀은 모두 균형 있는 관계가 형성되는 데 기여한다. 절친한 친구나 좋은 친구들을 사귀는 것은 학생이 사회적 만족감을 느끼기 위한 기본 조건이다. 어떤 상황에서는 지체장애 학생이 손님이 될 수 있다. 다른 사람과 도움을 주고받는 것은 좋은 관계다. 지체장애 학생은 일반학생과는 다르며, 이것은 인정되어야 한다. 이러한 인정으로부터 특별한 친구—단짝 친구—를 사귀는 것이 유용한지 아닌지에 대해서 생각할 필요가 있다.

특별 친구의 활용

지체장애 학생은 자발적으로 친구들과 우정을 형성하지 못할 수 있다Strully & Strully, 1989. 특별 친구 또는 친한 친구들로 발전하는 것은 종종 그런 우정을 촉진하기 위한 시발점이 있다. 친한 친구들은 지체장애 학생을 돕는 것을 인정한다. 그들은 국가 차원에서 학생의 통합교육을 돕는 데 광범위하게 활용된다. 초기에 친한 친구관계는, 예를 들어 점심시간에 식당에서 학생을 돕는 것과 같이 학생이 특별한 과업을 해야 하는 장소에서 공식적으로 이루어질 수 있다. 하지만 가장 중요한 것은 비공식적인 친구 역할이다. 친한 친구는 아동의 사회적, 감정적인 요구들에 반응해야 한다. 친한 친구는 교실뿐만 아니라 놀이 시간에도 해야 할 역할이 있다.

의사소통에 어려움이 있는 아동에게는 그런 아동을 이해하는 데 흥미가 있고, 앉아서 의사소통할 시간을 가진 친구를 만드는 것이 매우 도움이 될 것이다. 이것이 성공하기 위해서는 그 친구를 어떻게 의사소통 체계에서 활용하여 활동하게 할지, 또한 아동과 함께 몇몇이 짝을 이루어 활동하는 것이 바람직한지를 상세하게 생각할 필요가 있다.

친구는 사회적 통합과정에서 중요한 매개체이지만 이런 관계를 형성하고 유지하는 데는 많은 어려움이 있다. 아동을 단순히 도울 대상으로 여기지 않도록 하는 것이 중요하다.— '나는 도울 것이다.' 관계. 이것은 특히 바람직하지 않은 관계, 즉 의존관계를 만들어 낸다. 우정은 관심을 공유하는 것에 달려 있기 때문에 친구는 지체장애 학생과 비슷한 경험과 흥미를 가져야 한다. 친구는 지체장애 학생의 흥미가 무엇인지 아는 것이 필요하다. 친구의 활동은 단순히 도움을 줄 사람으로 보는 것보다는 자발적으로 서로의 흥미에 관심을 가지는 것이 필요하다. 그렇게 되면 친구의 역할이 단순히 지체장애 학생을 돕는 것에서 친한 친구관계, 즉 우정의 역할로 바뀐다. 학생은 교실에서 이루어지는 우정의 발전을 기초로 하여 다른 사람들과의 관계에서 위엄, 관심과 같은 우정의 가치를 배울 수도 있다.

우정의 형태

공식적인 학급활동에서 친구들을 인정하도록 가르칠 수 있다. 예를 들어, 관찰을 통하여 우정관계를 발전시키고 변하게 할 수 있다. 이것은 사회측정학sociometry이라고 불리는 분석의 한 형태이고, 사람들이 서로 어떻게 관계하는가를 이해하려는 데서 발전하였다.

교 육

학급활동으로 큰 그림을 그리는 계획이 있음을 학급 학생에게 공지한다. 이 학급활동에서 먼저 학생들에게 종이에 함께 활동하기를 원하는 친구 세 명을 선택하고, 그들의 이름을 적도록 한다. 만약 학생들이 너무 어려서 친구의 이름을 적기 어렵다면 친구의 이름을 말하도록 한다. 다음에는 자신과 함께 활동하고 싶은 가장 좋아하는 친구의 이름에 밑줄을 긋도록 한다. 이때 학생들은 서로 의논하지 않고 활동해야 한다.

사회관계도 그리기

사회관계도sociogram는 학생의 가장 절친한 친구밑줄 그어진 이름를 확인할 뿐만 아니라, 친한 친구도 확인할 수 있다. 그림은 우정관계를 나타내는 것을 그리게 된다[그림 6-1] 참고. 원 안에는 각 아동의 이름을 적는다. 서로를 선택한 학생들은 선택한 학생을 가리키는 화살표의 방향과 함께 가깝게 그리게 된다. 실선 화살표는 절친한 친구를 가리킨다.

분 석

[그림 6-1]의 정보는 캐럴이 친구들에게 매우 인기가 있음을 보여주고 있다. 캐럴은 4명의 친구에게 절친한 친구로 선택되었고, 샘 또한 캐럴을 선택했다. 존과 제임스는 캐롤과 작은 파벌을 형성하지만, 캐럴은 두 사람에게 무시당하고 있는 앤과도 우정을 나누고 있다. 특히, 샘과 마크는 아주 소외당하고 있는 것처럼 보인다. 마크는 전혀 상호적인 관계가 없고, 샘도 오직 앤과만 상호적인 관계를 가

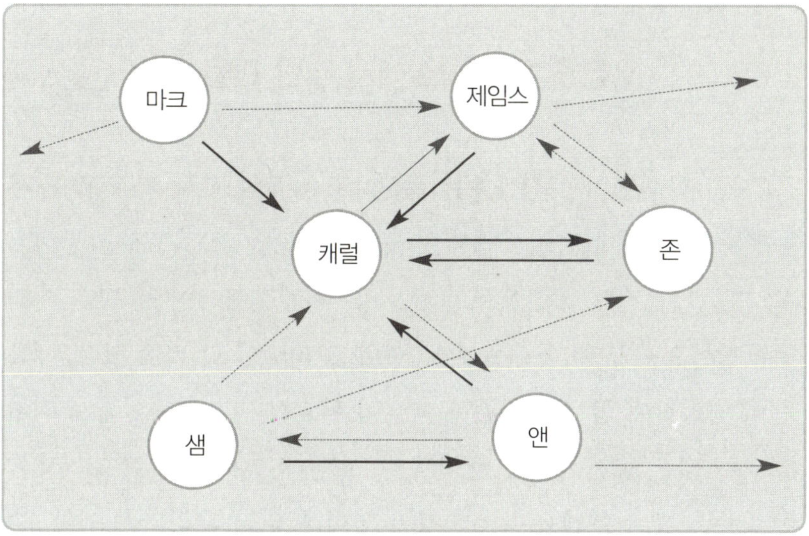

[그림 6-1] 우정의 사회관계도

진다.

이 단순한 분석은 교실에서 우정의 형태를 보여 줄 수 있다. 누가 지체장애 학생일까? 만약 캐럴이라면, 이미 친구들과의 관계망이 형성되어 걱정할 필요가 없다. 하지만 만약 마크라면, 이미 교실에서 소외된 것으로 볼 수 있다. 마크를 위한 친한 친구에 대해 생각할 때, 그가 선택한 캐럴이나 제임스가 될 수 있을 것이다. 하지만 집단에서 샘이나 앤과 같은 아동 중 한 명과 공통적인 흥미를 공유할 수 있는 친한 친구가 될 수 있을지에 대해서도 고려해 볼 만한 가치가 있다.

교사는 다양한 방법으로 우정을 조장할 수 있다. 가장 효과적인 방법 중 하나는 학급에서 집단 만들기를 통해 신체적으로 가깝도록 하고 상호작용을 독려하는 것이다.

우정을 위한 교실에서 집단 만들기

교사가 학생들이 우정관계를 형성하도록 돕기 위해 가장 많이 사용할 수 있는 방법은 교실에서 친구들과 집단을 만드는 것을 통해서다. 가장 기본적인 수준에서의 질문이 '지체장애 친구를 교실 어디에 앉힐까요?'다. 여기에는 실제적으로 고려해야 할 것이 있다. 예를 들어, 지체장애 학생이 특수한 책상이 필요하거나 휠체어를 움직이기 위한 넓은 공간이 필요할 경우다. 또한 심리적인 면도 고려해야 한다. 지체장애 학생을 동료학생의 옆이나 뒤에 앉히기는 쉽다. 그러나 그와 친구가 되기 위해 도울 수 있고, 관계를 진척시킬 수 있을까? 기본적인 전략으로 교실에서 휴식은 어떻게 취하는지를 파악하는 것이다. 쉬는 시간마다 책상을 움직여야 하는가? 그렇다면 지체장애 학생도 그렇게 해야 한다. 학생들은 지체장애 학생의 옆에 앉기를 원할까? 그들이 어려운 활동을 위해 다르게 집단을 이룬다면 지체장애 학생도 그렇게 해야 한다. 아주 확실한 방법으로 교실에서 지체장애 학생의 좌석배치는 통합교육을 할 수 있도록 배치하는 것이다. 다른 한편으로는 지체장애 학생이 또 다른 학생과 특별히 가까운 위치에 앉기를 희망할 수도 있기 때문에, 친한 친구나 잠재적인 친구와 같이 앉히기 위해 지체장애 학생을 이동시킬 수도 있다. 사회측정학적 분석은 아동이 함께 집단화되는 방법에 대한 정보를 제공한다. 교사가 활동적으로 우정관계를 형성하도록 활용할 수 있는 정보다. 간단하게 선입견을 줄이고, 우정을 향상시키는 중요한 전략을 찾을 수 있다Stainback & Stainback, 1990.

우정을 증진시키는 것을 학습하기

이상적인 형태는 지체장애 학생은 원하는 친구 옆에 배치되는 것이다. 지체장애 학생을 어디에 어떻게 배치할 것인가는 참여하는 학습의 형태에 따라 달라질 수 있다. 이는 다음과 같이 세 가지 학습 형태가 있다.

- 경쟁 학습: 그들의 친구들보다 더 잘할 수 있는 위치
- 개별 학습: 그들 스스로 활동할 수 있는 위치
- 협력 학습: 학생들 사이에 긍정적으로 상호의존하는 위치

지체장애 학생에게 특별히 중요한 학습 형태는 개별 학습과 협력 학습이다. 아동을 위한 학습은 대부분 개별 학습이 될 수 있다. 이것은 그들이 신체관리와 의사소통 프로그램을 개별적으로 수행해야 하는 특징 때문이다. 또한 아동과 개별적으로 작업하는 교수보조원 때문일 수 있다. 아동은 때때로 개별화 교육과정에 의해 혼자 활동하면서 대부분의 시간을 보낼지도 모른다. 개별 학습은 아동에게 중요하다. 하지만 이것이 그를 위한 오직 한 가지 학습 형태가 되어 버린다면 그는 학습 기회를 심각하게 제한받게 될 것이다.

협력 학습 전략

개별 학습과 대조적으로, 협력 학습은 학생들이 과업이나 활동을 책임지기 위해 함께 작업하는 것을 가정한다Johnson & Johnson, 1987. 협력 학습은 모든 학생이 참여하여 함께 벽에 그림을 그리는 것이라 할 수 있다. 또 다른 예는 학생이 바다와 관련되는 단어들을 찾아 함께 기록하는 것이다. 협력 학습은 학생이 학습하기 위해 서로 협조하고 돕는 것을 의미한다.

기본적인 협력 학습 전략은 다음과 같이 네 가지로 활용될 수 있다. 학생팀 학습students team learning, Jigsaw 학습법[2], 함께 학습하기learning together, 집단 조사group investigation.

- 학생팀 학습: 이 전략은 학생 집단이 새로운 제재를 함께 학습할 때다. 이를테면, 학생 집단이지체장애 학생을 포함하여 새로운 책에서 처음 보는 단어를 학습하기 위해 함께 공부하는 것이다. 집단의 구성원은 학습하기 위해 서로 돕고 서로의 실수를 고쳐 준다. 각각의 학생은 단어를 알고 있는지 알아보기 위해 시험을 볼 수 있다.
- Jigsaw 학습법: 이 전략은 매우 인기 있는 협력 학습 전략이다. 학급은 집단으로 나뉘고, 각 집단 구성원에게는 과제를 이해하기 위해 각기 다른 정보들이 주어진다. 같은 정보로 공부하게 되

2) 역자 주: Jigsaw 학습법은 협력학습의 대표적인 모형이다. 'Jigsaw' 라는 이름은 모집단이 소집단의 전문집단으로 나누어졌다가 다시 모집단으로 모이는 모습이 '조각그림 맞추기' 와 비슷하여 붙여진 명칭이다[이지연(2008). 교육방법 및 교육공학. 서울: 서현사, p. 221.].

는 학생은 소수의 전문집단으로 만난다. 학생들은 정보를 확실히 이해하고, 전문집단에서 공부하여 알게 된 지식을 집단의 나머지 구성원에게 설명해 주기 위해 자신이 원래 소속되어 있는 집단으로 돌아간다. 이런 방법으로 학급 구성원은 로마인에 대해서 학습하게 될 수 있다. 제재는 다섯 개의 영역으로 나뉜다. 가정생활, 군대, 정부조직, 정복, 연예검투사들. 학급은 다섯 개의 학습 영역 집단으로 나뉜다. 학급 구성원은 다섯 개의 영역 중 하나의 집단, 예를 들어 '군대'라는 학습 영역 집단에 참여한다. 학습집단은 군대에 대해서 할 수 있는 만큼 학습한다. 각 구성원은 원래의 집단으로 되돌아가고, 다른 구성원과 함께 공부한 것에 대해 공유한다. 각 집단은 로마시대에 삶이 무엇인지를 벽화로 만들 수 있다.

- 함께 학습하기: 이 전략은 한 가지 학습 제재를 가지고 한 가지 과제를 완성하기 위해 집단을 순회하는 것이다. 이것은 하나의 과제를 완성하기 위해 학생들이 함께 공부해야 하는 것을 의미한다. 집단의 다른 구성원들은 과제의 각기 다른 부분을 수행할 수 있다. 지체장애 학생은 능력에 맞는 특별한 과제를 받을 것이다.
- 집단 조사: 이 전략은 문제해결 전략의 형태가 매우 개방적이며 제한적이다. 집단의 학생들에게 무엇을 어떻게 공부할 것인지, 배운 것을 교실에서 어떻게 상호작용할 것인지를 결정하게 한다. 그래서 학년 말에 각 집단은 역사 시간에 공부했던 집단 조사가 무엇인지 발표한다. 한 집단은 로마 군대에 관한 폴더를 쓸

수 있는데, 하나는 군대가 행진하거나 대오를 정렬하는 것을 할 수 있고, 또 하나는 검투사의 투기장을 세울 수도 있다.

협력 학습의 이러한 형태가 지체장애 학생을 특별하게 발전시키는 것은 아니다. 하지만 이러한 협력 학습은 학생이 학급집단 안에서 어떻게 통합될 수 있을까에 대한 좋은 예다. 이러한 모든 방법의 강조점은 소그룹 안에서 교사가 학생들이 기본적으로 가지고 있는 역량을 발휘하게 하여 학습뿐만 아니라 우정까지 기를 수 있도록 조장하는 것이다. 학생이 함께 과제를 수행한다는 것을 느낄 수 있도록 과제를 구성한다. 과제를 성공적으로 완성하기 위해서는 서로의 도움이 필요하다. 학급 학습활동의 이득은 두 배다. 교사가 학생에게 특별한 영역을 잘 이해하도록 격려하는 방법은 매우 좋은 방법이다. Jigsaw 학습법에서는 학생이 다른 친구들에게 정보 혹은 지식을 알려 주기 위해 자신의 자료를 잘 이해해야 한다. 게다가 학생은 함께 활동하는 것을 배워야 한다. 학생은 효과적인 의사소통, 그들 사이의 우정과 신뢰로 이끄는 존중과 진실성과 같은 기본적인 개인 간의 기술을 발달시켜야 한다. 마지막으로, 협력 학습의 이러한 형태는 지체장애 학생과 동료가 함께 활동하도록 조장한다. 이런 학습은 아동에게는 통합을 위하여 크게 심리적으로 이득이 될 뿐만 아니라, 자신이 학습활동 과정에 기여할 수 있다는 것도 인식하게 된다.

우정을 위한 놀이집단 만들기

우정의 발전은 교실에서 이루어질 수 있다. 놀이 시간과 점심 시간은 우정이 발전할 수 있는 또 다른 확실한 시간이다. 그러나 지체장애 학생이 놀이 시간에 우정을 발전시키지 못하는 몇 가지 이유가 있다.

- 교사나 교수보조원에 의한 활동 중재에는 한계가 있을 수 있다. 예를 들어, 자유놀이 시간그리고 또한 교수보조원이 휴식이 필요할 때.
- 지체장애 학생은 잘 정비되지 않고 빠르게 움직이는 운동장에서는 상호작용하기 어렵다.
- 지체장애 학생은 운동장에 접근이 불가능할 수 있다어떤 지역에 접근하기.
- '외부 경기'를 하는 경험이 제한될 수도 있다.

*출처: Nabors, Willoughby, Leff, & Mcmenamin, 2001.

아동의 통합교육을 위한 방법으로 놀이 시간을 보다 더 확고하게 자리매김하기 위해서 이러한 장애물을 극복하는 것이 중요하다. 이렇게 할 수 있는 몇 가지 방법이 있다. 운동장은 접근하기 쉽도록 안전하게 또한 구조적으로 설계할 필요가 있다. 환경에 적응하도록 하는 것은 지체장애 학생이 운동장을 이용하는 데 불편함이 없도록 안전하게 만드는 것이 하나의 방법이다. 이런 변화는 「특수교육요구 및 장애법」DfES, 2001b의 서문에 강제조항으로 규정되어 있고, 학교접근계획Accessibility Plan, 제8장 참고에 포함되어 있다. 하지만 또 다른 문제는 이동을 위해 휠체어를 이용하는 지체장애 학생의 문제가 있다. 그들이 운동장에 접근하기 위해서는 외부용 휠체어가 필요할 것이다. 국가건강보험협회가 자발적으로 외부용 휠체어를 제공하는 것은 아니다. 학교는 학생의 기본적인 학습요소로서 놀이 시간을 즐기기 위한 국가건강보험협회의 책무성을 강력하게 요구해야 한다. 이러한 방법으로 지체장애 학생의 요구를 해결하고 대비하기 위하여 논의하고 외부용 휠체어가 필요하다는 서류를 준비해야 한다7장 참고.

그리고 접근성 문제는 구조적인 변화가 보장되어야 한다. 특히, 놀이센터를 재구조화하는 것은 사회적인 상호작용이 많이 발생하도록 놀이 활동을 구조화하는 하나의 방법이다Nabors et al., 2001. 놀이센터는 대부분의 유아교실과 보육실에 만들어진 형태를 벤치마킹할 수 있다. '상점'에는 입기 위한 옷, 팔기 위한 상품, 소비할 돈이 있다. '상점' 놀이를 아동과 함께 즐긴다면 재미있을 것이다. 갈퀴와 양동이, 삽이 있는 모래장은 친구들 곁에서 놀 수 있도록 휠체어를 탄 아동을 수용할 수 있다. 또한 그런 센터는 지체장애 학생과 함께 활동할 수 있도록 교사에게 자연스러운 기회를 제공한다. 이것은 활동을 확장하고 발달시키기 위해 언어적인 격려를 하거나, 역할놀이에서 같이 활동하는 수준에서 이루어질 수 있다.

개별놀이보다 협력놀이를 하도록 조장하는 놀이센터를 설계하는 것이 중요하다. 개별놀이를 조장하려면 책과 미술 재료 그리고 퍼즐 등을 활용한다. 반면에, 협력놀이를 장려하려면 옷 입기, 꼭두각시

인형놀이, 장난감 자동차와 트럭 그리고 공을 활용한다Martin, Brady, & Williams, 1991. 이러한 놀이센터가 만들어진다면 아동에게 많은 도움이 될 것이다. 이것은 놀이 시간의 양을 조절하고, 운동장에서 부산스러운 놀이에서 벗어나 센터에서 놀기를 원하는 아동을 수용할 수 있다. 이런 활동은 아동의 놀이 시간을 제한하기 위해 시도하는 것이 아니라, 아동을 위한 재미있는 대안적 구조를 제공하기 위해 시도하는 것이다.

운동장에서의 협력놀이

교사는 협력놀이의 발달을 촉진하는 활동을 하기 위해 구조적인 변화를 계획할 수 있다. 놀이센터는 아동의 놀이 발달을 촉진할 수 있는 활동이 일어나기 위해 매개물을 제공한다. 교사가 교실에서 협력 학습을 격려할 수 있는 방법과 마찬가지로, 놀이 시간에도 협력놀이를 조장할 수 있다. 이것은 아동에게 협력하는 방법을 가르치는 것뿐만 아니라, 관계를 형성하게 하는 방법이기도 하다. 운동장에서의 협력은 다음과 같은 기술로 촉진할 수 있다.

- 집단 감정 활동: 감정을 보여 주기 위한 노래와 게임을 하라. 만약 행복하다면 친구를 가볍게 포옹할 수도 있을 것이다.
- 협력활동: 아동이 함께 해결해야 할 일을 해야 한다. 예를 들어, 점점 더 작은 섬을 만드는 동안 상상의 섬에 머무르게 하라. 아동은 서로 의지하는 것을 배워야 한다.

- 이야기: 교사는 쇼핑하기나 해적선 타기와 같은 이야기를 진행한다. 아동은 다양한 부분에 참여하고, 그것을 행동으로 표현할 것이다. 교사는 관람객이 될 수도 있다.
- 팀 활동: 팀은 모래성을 만들거나, 나뭇잎을 수집하거나, 정원을 꾸밀 수 있다.
- 격려: 교사는 아동이 서로 상호작용할 수 있도록 격려한다.

앞에 기술한 것들은 교사에 의한 직접적인 중재가 요구된다. 게다가 놀이 시간을 통해 우연학습이라고 불리는 여러 가지를 가르칠 수 있는 많은 기회가 있다. 이런 것들이 일어났을 때 교사가 자연스럽게 그것들을 강조할 수 있다. 교사는 두 학생이 지체장애 학생을 도와 모래장에서 이동하려는 것을 볼 수 있다. 이때 교사는 팀과 협력해서 함께하도록 중재할 수 있다. 이렇게 해서 교사는 학생이 이미 하는 것을 보다 더 확장하고 강조할 수 있다.

지체장애 학생을 위한 보다 성공적인 놀이 시간을 만드는 데 있어서 가장 큰 장애물은 자유놀이 시간이 그들을 위한 활동이 아닐 것이라고 우려하는 것이다. 아동이 스스로 놀 수 있도록 한다면 협력적인 상호작용은 자연스럽게 발생할 것이다. 이것이 지체장애 학생에게 처음부터 실행 가능한 것은 아니다. 지체장애 아동이 친구들과 상호작용을 시작하거나 유지하기는 어려울 것이다. 또한 지체장애 학생이 사실상 빠르게 움직이는 환경에서 움직임을 유지하며 함께 활동하는 것은 어렵다. 이러한 이유 때문에 놀이에서 아동의 우정관계의 형성을 조장하려면 교사의 직접적인 개입이 요청된다.

요 약

이 장에서는 우정을 발달시키는 데 있어서 중요한 요소를 탐색하였다. 다음은 교사가 특별히 할 수 있는 것이다.

- 학급을 위한 소개 프로그램을 개발하라.
- 지체장애 학생에 대한 선입견이 일어날 수 있는 근원을 파악하라.
- 지체장애 학생의 심리적 · 감정적 특성에 대해 이해하라.
- 학급에서 나타나는 여러 가지 우정의 형태를 인정하라.
- 학급에서 협력 학습을 장려하라.
- 운동장에서 협력 학습을 장려하라.

Chapter 07

요구와 지원

관련 법규

「특수교육법 시행령」The Special Educational Needs Code of Practice, DfES, 2001a은 아동의 특수교육요구와 정부의 이에 대한 지원 등을 규정하고 있다. 경도 지체장애 학생은 발달기록부를 가지고 있지 않지만, 대부분의 중도 장애학생은 발달기록부를 가지고 있다. 그들의 권리를 확실하게 보호하기 위해서는 그들의 요구를 정확하게 파악하고, 그들의 요구에 부합하는 지원이 되어야 한다. 발달기록부의 작성과정은 학생의 초기 평가에 관한 것뿐만 아니라 교육활동 과정이 검토되고, 다음 해의 목표 수립을 위해 1년간의 발달기록을 평가하는 것이기도 하다. 이 장에서는 지체장애 학생의 발달기록부를 작성하고 관리하는 것에 관한 내용을 다룬다.

발달기록부의 중요성

현재는 발달기록부의 중요성을 인식하고 이에 관해 진지하게 논의하고 있다. 법적 평가와 특수교육요구 발달기록부Statutory Assessments and Statements of Special Educational Needs에 대한 위원회의 감사보고서2002는 다음과 같은 사항을 강조하고 있다.

- 발달기록부를 작성하기 위한 시간과 비용
- 발달기록부가 담고 있는 정보의 유용성
- 발달기록부 안에서의 상세한 자원의 할당
- 발달기록부에서 규정하고 있는 상세한 요구 확인

이것은 단순히 지체장애 학생에게만 해당되는 것이 아닌, 모든 특수교육요구 학생에 대한 문제다. 발달기록부는 너무나 쉽게 혹은 흔하게, 학교 교무실에서 그다지 중요하지 않은 서류로 남아 있다. 대다수의 교사는 발달기록부를 교실에서 실제적으로 일어나는 일과는 거의 관련성이 없는 것들을 기록하는 서류로 생각하고 있다. 그러나 발달기록부는 매우 가치 있는 서류다. 발달기록부는 학생의 권리와 전문가의 의무를 기록하고 있다.

발달기록부의 최고 규정은 학생의 요구를 파악하고, 그 요구에 부합한 지원을 통해 학생의 권리를 지키는 것이다. 이 발달기록부는 학생이 배치되고 나서 여러 규정 사항이 학생에게 잘 이행되고 있는

지를 파악하는 가이드라인으로 사용할 수 있다. 이 장에서는 통합교육 대상 학생의 권리를 지원하기 위한 확실한 규정에 대해 중점적으로 살펴보고자 한다.

교사는 이러한 규정을 옹호함으로써 통합교육의 옹호자처럼 보일 수 있다.

옹호의 중요성

지체장애 학생의 권리를 옹호하는 것은 통합교육의 중요한 부분이다. 옹호는 문제해결 방법의 하나로 협상과는 대조적이다. 협상은 교사가 전문가, 부모 그리고 다른 교사와 함께 일할 때 문제를 해결하기 위한 방법이다. 협상은 사람들이 약간의 유동성이 있는 서로 다른 견해를 가지고 있을 때 유용하다. 한편, 옹호는 개개인의 독특한 권리를 잘 밝히고, 제도를 정비하는 데 유용하다. 가게에서 부정한 거래를 할 때, 또는 불완전한 물건을 팔 때와 같은 상황에서는 협상이 이루어지지 않는다. 누군가 소비자의 권리를 가지고 있다면 그것은 보호되어야 한다. 비슷한 방법으로 옹호는 발달기록부에 의해서 문제를 해결할 때 유용하다. 발달기록부의 작성 절차는 학생의 특수교육요구를 상세하게 작성하도록 구성되어 있으며, 학교는 이러한 요구를 충족시키기 위한 자료를 가지고 있다. 「특수교육법 시행령」에는 어떻게 옹호가 실현되어야 하는지를 상세하게 안내하고 있다. 「특수교육법 시행령」에 규정된 아동의 모든 권리를 협상한다는 것은 바람직하지 않다. 협상이 아닌 아동의 권리를 먼저 옹호해야 한다.

대체적으로 교사는 항상 학생의 권리를 옹호한다. 교사는 형식적인 옹호자가 아니다. 그러나 '옹호가 기본적으로 권리를 확보하고자 할 때, 필요를 충족시켜 주고자 할 때, 지원을 선택하고 돕기 위해 자신 또는 다른 사람을 위해 옹호하는 것에 관한 것' 일 경우에는 그들은 비공식적인 옹호자다Lovell, 2001.

교사는 누구를 위해 옹호하는가

지체장애 학생을 옹호하는 것은 그들을 대변하는 의미뿐만 아니라 그 자신을 대변하도록 힘을 주는 것이다. 이것은 아동이 의견을 내고, 그 의견을 들어 주어 아동의 관점이 중심임을 강조한 「개정 특수교육법 시행령」의 중요한 변화 중 하나다.

교사는 종종 부모를 대신하여 대변할 수도 있다. 또 다른 중요한 「개정 특수교육법 시행령」의 한 부분은 부모와 함께 동지의식을 가지고 일해야 한다는 것이다. 그러나 가끔 지체장애 학생에 대한 관점에서 부모와 교사 사이에 차이가 있을 수 있다는 점을 인식해야 한다.

교사는 독립적인 옹호자는 아니다. 그들은 학교에 소속되어 있으며, 학교에 대한 책임을 지고 있다. 교사가 지체장애 학생에 대한 지지를 나타낼 때는 학급의 다른 학생들에 대한 지지도 함께해야 한다. 부모와 학교도 조직으로서 아동에 대한 옹호를 해야 한다. 이때 지체장애 학생의 요구를 확인하고, 이 요구에 대한 책임을 지도록 옹호해야 한다. 발달기록부에 규정된 안전장치에 의해 교사로서 존중될 수 있도록 옹호해야 한다.

연간보고서 혹은 발달기록부는 교육활동 과정을 다룰 때 교사나 교수보조원이 학생을 옹호하기 위한 역할을 누가 맡을지를 결정하는 데도 유용하게 쓰인다. 예를 들어, 교사가 어떤 문제에 대해 더 넓은 관점을 반영하는 반면, 교수보조원은 그의 관점을 제한하면서 학생의 대변자가 될 수 있다. 실제로, 교육활동이 이루어지는 시간 내내 이 두 사람의 역할은 겹친다. 그러나 교사와 교수보조원은 이러한 장치는 그들이 지체장애 학생을 위해 말하는 것이지, 그들 자신을 위해 말하지는 않아야 한다는 것을 알아야 한다.

이러한 역할관계를 고려하면서, 아동의 권리를 옹호하는 과정에서는 많은 원리가 적용된다.

- 자립: 옹호자의 첫 번째 역할은 학교나 지역교육청을 옹호하는 것이 아니라 아동을 옹호해야 한다는 점을 알아야 한다.
- 공평공명정대: 옹호자의 역할은 자신의 관점을 주장하는 것이 아니라 아동의 이익을 대변하는 것이다.
- 비심판: 옹호자의 역할은 아동의 말이 옳은지 그른지에 대해 심판하려는 것이 아니다.
- 권능 부여: 옹호자의 역할은 무슨 일이 일어날 것인지에 대하여 아동의 정보를 제공하는 것이다.
- 선택: 아동은 교수보조원, 교사, 특수교육요구협회 혹은 학교 밖의 누군가를 옹호자로 선택할 수 있다.
- 비밀 유지: 아동이 말하는 것이 모든 사람에게 공유되어도 무방

하다면 아동은 질문에 응할 것이다.

- 공정한 기회: 옹호자는 자신과 아동 사이의 문화적 · 인종적 차이도 배제해야 한다.
- 투명성: 옹호자의 역할은 아동에 대해서 매우 명료해야 한다.

*출처: Lovell, 2001.

발달기록부는 작성되어야 하는가

감사위원회2002는 학생의 발달기록부가 작성되었는지 아닌지에 대한 논의를 강조하였다. 어떤 지역교육청은 이 질문에 대해 다른 견해를 가지고 있으나, 발달기록부가 작성되어 있는 학생의 수는 많이 감소하고 있는 것으로 보인다. 발달기록부를 작성하는 일은 시간과 비용이 많이 드는 과정이다. 따라서 지역교육청의 지원이 보다 손쉽도록 학교에 예산을 위임하는 것이 바람직하다고 보인다. 이는 발달기록부 작성에 대한 부담을 덜어 준다.

그러나 부모는 발달기록부를 학교에서 자녀의 요구를 지원하는 안전망처럼 본다. 교사는 발달기록부와 학부모의 중간에 위치해 있다. 교사는 학생에 대한 지원을 확보하는 유일한 방법으로 지원 내용을 발달기록부에 기록하는 것이라고 생각할 수 있다. 다른 한편으로 발달기록부의 유용성을 찾지 않고, 예산으로 책정된 돈을 더 좋아하기도 한다.

이 책은 발달기록부의 작성과 검토가 학생의 권리를 보호하는 과정이라는 관점을 취한다. 학교나 다른 기관이 발달기록부 작성에 대한 요구가 없어도 학부모가 만족스러워하도록 일이 진행된다면 발달기록부는 덜 중요시될 것이다. 중요한 것은 학생이 규정된 지원에 의해 어떻게 도움을 받을지에 대한 것으로서, 지원과정이 투명한 절차에 의해 진행되어야 한다는 점이다. 이 장은 특수교육요구에 따라 무엇이 지원되는지에 대하여 명확하게 이해할 수 있도록 학생과 학부모 그리고 전문가를 위한 전략을 제공한다.

아동은 특수교육요구를 가지고 있는가

법령에는 아동이 특별한 도움—특수교육 지원—이 필요한 학습장애가 있다면, 아동이 특수교육요구를 가지고 있다고 규정하고 있다.

아동이 다음과 같다면 학습장애라고 볼 수 있다.

- 일반교육 영역에서 일반교육 기술을 사용하는 데 어려운 장애를 가지고 있다.
- 또래 아동에 비해 학습 속도가 더디다.

아동이 학습할 때 느끼는 단순한 곤란이 아니라 같은 또래 아동보다 학습 속도가 느린 학습자라고 인식하는 것이 중요하다. 아동이 감각기관, 혹은 지체장애 그리고 학교에서 일반교육 기술의 사용이 곤란하다는 것을 발견하고 나면 그때는 학습장애로 분류될 수 있다. 만약 아동이 특수교육 지원이 요구되는 학습장애라면, 아동은 특수교육요구를 가지고 있으며, 그를 위한 발달기록부를 작성해야 한다.

이외에도 아동의 신체 곤란 정도를 정의하는 것은 간단하지 않지만, 이 부분을 명확히 해야 하며, 아동의 발달기록부를 작성해야 할지 아닐지를 결정해야 한다. 이에 따라서 일반적으로 사용할 수 있는 교육 자료를 결정할 수 있다. 교수보조원과 물리치료사의 지원이 없는 학교의 학생은 발달기록부를 통해 그들의 지원을 요구할 것이다. 그러나 같은 수준의 지체장애를 가지고 있는 학생이라도 이미 그러한 지원이 준비되어 있는 학교라면 발달기록부에서 그들의 지원을 요구하지 않는다.

교사는 어떻게 아동의 의견을 제시하게 할 것인가

발달기록부를 작성할 때는 많은 사람의 조언advice을 취합하여 기록한다. 이 과정에서의 핵심은 아동의 의견이다. 「특수교육법 시행령」의 기본 구성 원리 중 하나는 아동의 의견이 표현되고 그것을 반영하는 것이다. 이 요구는 많은 영역에서 나타난다. 첫 번째는 5장에서 지적한 바와 같이, 아동의 관계 형성과 의사소통 기술의 발달에 관한 것이다. 이것은 아주 어린 아동에게는 어려울 것이다. 두 번째는 이 장의 앞부분에서 기술한 것처럼, 옹호자의 역할을 규정하는 것이다. 다시 말해, 교사와 교수보조원의 역할 중 하나는 진단평가 과정에서 학생의 의견이 표현되도록 아동을 격려하는 것이다.

또한, 아동혹은 부모의 모국어가 영어가 아니라면, 지역교육청은 아동혹은 부모의 의견이 바르게 표현될 수 있도록 두 개의 언어를 사용할 수 있는 직원의 도움을 받을 수 있도록 학교를 지원한다. 아동의 의견은 다양한 영역에서 표현되어야 한다. 질문 방법은 아동의 연령에 맞게 이루어져야 한다.

교육과정

- 학교에서 가장 좋아하는 활동은 무엇인가?
- 학교에서 가장 싫어하는 활동은 무엇인가?
- 어떤 것이 가장 도움이 될까?
- 학교에서 배우기 위하여 가장 중요한 것은 무엇일까?

교수활동

- 어떤 교사교직원가 너와 공부했으면 좋겠는가?
- 그들이 너를 어떻게 도와줄 수 있을까?
- 함께 공부하기 싫은 교사교직원는 누구인가?
- 교사가 어떻게 해야 즐겁게 배울 수 있는가?

동료

- 누가 제일 친한 친구인가?
- 어떤 친구가 옆자리에 앉았으면 좋겠는가?
- 어떤 친구가 옆에 앉지 않았으면 하는가?
- 놀이 시간/휴식 시간에 무엇을 하는가? 누구랑 같이 놀이를 하는가?
- 놀이 시간/휴식 시간에 무엇을 하길 원하는가?

학교

- 학교를 좋아하는가?
- 학교에서 또 다른 어떤 것을 얻을 수 있는가?
- 학교 시설에서화장실 포함 또 다른 어떤 것을 얻을 수 있는가?
- 학교에서 걱정이 되거나 두려운 것은 없는가?

권 한

교사가 학생에 대해 이해하기 위해서는 학생의 의견을 확보하는 것이 중요하다. 이것은 또한 학생의 의견이 표현되고 반영되도록 함으로써 교육활동을 하는 교사에게 힘을 실어 주는 것이다. 아동의 권리에 대한 국가대표자회의The United Nations Convention on the Rights of the Child는 아동이 정보를 획득하고 알 권리가 있으며, 또한 아동이 의견을 표현하고, 그 의견이 당면한 문제에 반영되거나 절차에 영향을 주어야 한다는 것을 명시하였다. 아동에게 의견을 제시할 수 있는 권리를 가지고 있다는 것을 어릴 때부터 분명하게 가르쳐 줌으로써 자신의 의견을 보다 쉽게 제시할 수 있도록 한다. 아동이 나이가 들어 가면서 그의 삶에서 주인의식을 갖도록 격려한다. 처음 몇 년 동안은 아동이 자신의 의견을 내는 것이 불분명하지만, 차츰 자신의 관점에서 더 활동적인 역할을 하게 되면서 스스로를 옹호할 수 있게 된다. 권리를 옹호하는 것은 부정적인 과정이 아니다. 그들이 지속적으로 동료의식을 키우는 데 있어서 아동이 교육활동에서 보다 적극적인 역할을 수행할 수 있도록 한다.

교사는 격려를 통해 지체장애 학생이 능력 있는 성인이 되도록 도울 수 있다.

- 조절과 선택
- 정체성의 발달
- 상담을 통한 참여
- 공학으로의 접근
- 정보로의 접근
- 자원으로의 접근

지체장애 아동의 자립심은 권리로부터 나온 중요한 산출물이다. 일부 지체장애 아동은 신체적으로 자립을 할 수 없다. 그러나 그들에게 힘을 실어 준다면 그들은 자립할 수 있다. 지체장애인은 신체는 부자유스럽지만 자립할 수 있다. 모든 사람은 자신의 '자립' 생활을 위하여 다른 사람에게 의존한다. 권리를 통하여, 목표를 결정할 수 있으며, 학교생활에서는 온전히 교육활동에 참여하여 교육적으로 자립한다. 따라서 아동의 의견을 듣는 것이 첫째다. 이것이 진단 · 평가 과정에서 가장 중요한 영역이다.

협력적인 조언

발달기록부에는 학생의 의견과 더불어 다음 내용을 기본으로 작성한다.

- 부모의 조언
- 교육적 조언
- 의학적 조언
- 심리학적 조언
- 사회 서비스 조언

또한 지역교육청은 이 밖에도 부모가 요청한 사람들로부터 조언을 구한다. 선정된 조언은 아동을 정확하고 포괄적으로 진단할 수 있는 양식이어야 한다.

4장에서는 지체장애 아동에 대한 효과적인 교육은 초학문적인 팀 협력에 의존한다는 것을 설명하였다. 초학문적 팀 협력의 세 가지 형태는 다음을 강조하고 있다.

- 전문가는 아동과 함께 활동한다.
- 협의과정에서는 지식을 공유하고, 협력하여 목표를 수립하며, 새로운 목표를 발전시킨다.
- 하나로 통합한 기록은 상호협력하여 작성하고 보관한다.

발달기록부 작성을 위해 조언을 구하는 것은 아동이 보육원이나 학교에 다니기 전에 먼저 요구한다. 그것은 초학문적 협력으로 완성될 수 있다. 다시 말해, 보조 팀의 구성원이 아동과 함께 일함으로써 정확한 조언장자료을 만드는 것이다. 이렇게 하기 위해서는 보조 팀원이 아동의 특수교육요구에 함께 접근하여 활동해야 한다. 그들은 협력적인 목표를 세우고, 요청되는 지원이 무엇인지에 대해 합의해야 한다.

합의된 보고서를 작성하지 못할 수도 있다. 그러나 다른 전문가, 예를 들어 교사, 심리학자와 물리치료사의 조언을 함께 조율할 수 있다. 어떤 영역에 대해서는 전문가가 작성한 것에 대한 동의가 필요하다. 이것은 한 사람이 아동의 신체 곤란에 대해 쓴다는 것을 의미한다. 물리치료사는 다른 전문가의 의견을 자신의 보고서에 포함시킬 수 있다. 교사는 물리치료사의 보고서를 바탕으로 교육과정을 적용할 것이다. 또한 이것은 보완 · 대체 의사소통 체계를 통한 아동의 언어 발달에 대해서 언어치료사가 분석한 내용도 포함시킬 수 있다.

발달기록부는 정해진 양식에 따른다. 교사는 똑같은 형식에 의해 조언을 제공할 것이다. 이런 조언이 최종적으로 발달기록부와의 관계를 명확히 할 수 있도록 보장해 준다.

발달기록부 양식은 다음과 같은 사항을 포함하고 있다.

- 배경 정보
- 특수교육요구
- 요구에 부합한 지원
  - 목표
  - 요구와 목표에 맞는 교육적 지원
  - 관찰
- 배치

특수교육요구

첫 번째 단계는 모든 아동의 특수교육요구를 보장하기 위한 것이다. 이것은 발달기록부의 제2항: 특수교육요구 항목에 명확하게 규정되어 있다. 제2항에서는 장애의 다양한 원인에 대해 설명하고 있다. 여기서 명심해야 할 주요 사항은 모든 아동의 특수교육요구에 대해 설명하고 있다는 것이다. 예를 들어, 학습장애아동이라면, 즉 다른 아동에 비해 학습에서 현저하게 어려움이 있거나, 학교에서 일반교육 학습 기술을 사용하는 데 방해되는 것이 무엇인지에 대해 설명하고 있다.

즉, 이것은 아동의 발달에 요구되는 자원보조도구 혹은 장비에 관한 것뿐만 아니라 아동의 요구에 관한 설명이다.

이 발달기록부는 교사가 판단해야 할 많은 주제가 포함되어 있다. 그것은 여덟 개의 영역으로서, 아동의 요구가 있는지 아닌지를 세밀하게 점검해야 한다〈표 7-1〉 참고.

이 점검표의 목적은 이 영역이 가지고 있는 항목에 대한 아동의 상태를 알아보기 위해 초기 점검사항을 제공하는 것이다. 명확한 특수교육요구는 발달기록부의 제2항에 더욱 상세하게 규정되어 있다. 이 발달기록부는 아동이 할 수 있는 현재의 기능에 대한 설명도 포함하고 있다. 현재 아동의 기능에 관한 것은 또 다른 체크리스트를 통해서 점검할 수 있다. 이것은 〈표 7-1〉의 목록으로부터 취할 수 있다. 그것은 조언장에 포함되어 있어야 하는 모든 배경과 발달상의 세부

〈표 7-1〉 **교사를 위한 체크리스트: 특수교육요구**

1. 신체 곤란이 있는가?

하위 영역	예	아니요	모름	비 고
이동성				
머리 조절				
앉기				
손 사용				

2. 시각적 어려움이 있는가?

하위 영역	예	아니요	모름	비 고
시각정보 입력				
시각처리 과정				

3. 청각적 어려움이 있는가?

하위 영역	예	아니요	모름	비 고
전도성				
감음성				

4. 의학적 어려움이 있는가?

하위 영역	예	아니요	모름	비 고
간질				
기타경직형				

5. 자립생활 기술에 어려움이 있는가?

하위 영역	예	아니요	모름	비 고
옷 입기				
옷 벗기				
식사하기				
화장실 사용하기				

6. 의사소통에 어려움이 있는가?

하위 영역	예	아니요	모름	비고
상호작용 기술				
말하기				
이해하기				

7. 학습에 어려움이 있는가?

하위 영역	예	아니요	모름	비고
모든 교과				
읽기				
수 학				
쓰 기				

8. 사회정서적 혹은 행동적으로 어려움이 있는가?

하위 영역	예	아니요	모름	비고
어른과 관계 형성하기				
동료와 관계 형성하기				
자존감				

사항을 포함해야 한다. 아동이 여덟 개 영역에서 현저한 어려움을 가지고 있다면, 그것은 조언장 속에 그리고 발달기록부에 상세하게 기록해야 한다. 발달기록부가 학교에 도움이 되려면, 하위 영역을 상세히 기술해야 한다. 또한 어떤 어려운 영역이 발달기록부에는 생략되어 있다 하더라도 그 영역이 무시되어서는 안 된다. 발달기록부는 그 영역이 확실하게 포함되도록 다시 쓸 필요가 있을지도 모른다.

특수교육요구는 다양한 방법 속에서 규정될 수 있다. [그림 7-1]이 그 예에 속한다.

짐은 6세의 어린 아동이다. 그는 현재 행복해 보이며, 또래와의 만남을 특히 좋아한다. 그는 간단한 사물의 이름을 사용할 수 있으나, 구를 만들기 위하여 두 단어를 함께 조합하는 것에는 어려움이 있다. 짐은 의사소통판을 사용하고, 나이에 적합한 수준으로 이해하는 것으로 보인다. 그는 대부분의 국가수준 교육과정을 이수한다. 그러나 읽는 것을 학습하는 데 특별한 어려움을 가지고 있다. 짐은 좋은 손 조절 기능을 가지고 있으며, 글자를 옮겨 적는 것을 잘 학습한다. 그는 자세를 바꿀 수 있으며, 책상과 같은 가구를 이용하여 스스로 바르게 설 수 있다. 또한 스스로 화장실에 갈 수 있으며, 필요한 양만큼의 음식을 먹을 수 있고, 가고 싶은 장소로 갈 수 있다.

물리치료사의 의견은 짐은 학급과 학교에서 이동하는 데 어려움이 있다고 하였다.

교사의 의견은 짐은 시지각에 어려움이 있어 읽기 발달이 더디고, 다른 교육과정 영역에 접근하는 것이 어렵다고 하였다.

언어치료사의 의견은 짐은 표현언어에 어려움이 있다고 하였다. 이들의 각 의견은 조언장에 상세하게 기록되어 있다.

또한 부모의 의견은 특수교육요구를 지원한다고 조언장에 기록되어 있다.

짐의 요구를 상세화하는 조언 회의에서는 특별한 이견이나 반대가 없다.

[그림 7-1] 특수교육요구

특수교육 지원

발달기록부에는 특수교육요구를 확인하는 것뿐만 아니라 이러한 요구에 대응하는 지원은 무엇인지를 확인해서 기록해야 한다. 이것은 제3항: 발달기록부에 의한 특수교육 지원에 관한 것이다. 지역교육청은 발달기록부를 다른 방식으로 기록하고 있다. 그러나 「개정 특수교육법 시행령」은 이것을 제3항에서 분명하게 포함하도록 하였다. 즉, 지원 내역을 상세하게 작성하도록 하였다. 지원은 자원 및 제

2항에 규정된 특수교육요구에 대한 대응에 관한 것이다. 제2항에 상세하게 규정된 모든 요구를 보장하는 것은 매우 중요하다. 만약 어려움이 있는 영역이 정확하게 분류되어 있지 않다면 지원도 정확하지 않을 것이다.

제3항은 세 개의 세부항목으로 나뉜다.

- 목표
- 대상의 요구에 맞는 교육적 지원
- 관찰

목 표

세부항목 1은 특수교육 지원에 의해서 성취되어야 할 주류교육과 발달상의 목표를 상세하게 할 것이다. 이것은 아동의 발달 영역에서 발달기록부의 기한을 넘겨서까지 획득하어야 할 것으로 판단되는 장기 목표를 의미한다[그림 7-2] 참고.

아동이 3, 4세부터 미리 발달기록부를 준비해야 한다면, 어려울 수 있다. 이유인즉, 앞날을 내다보는 것이 어렵고, 아동이 다가올 10년 동안 어떻게 발달할지 예측하기 어렵기 때문이다. 그러나 발달기록부에 목표를 설정하는 목적은 바로 이것이다. 전문가는 성취하려는 목표가 무엇인지를 분명하게 알고 있는 아동과 함께 활동하기를 원하기 때문이다. 이 목표는 MAPS 과정의 영역인 비전 혹은 희망에 의해서 설정할 수 있다3장 참고. 명확한 관점을 가짐으로써 아동은 목표

이동성
1. 학급에서 독립적으로 이동하기
2. 지역사회에서 전동 휠체어를 이용하여 독립적으로 이동하기

대근육 운동
1. 스스로 독립적으로 자세를 취하는 능력
2. 확장된 몸통 유지 및 머리 조절 능력

인지
1. 영어, 수학 그리고 과학을 2단계에서 공부하기

언어
1. 교사 그리고 친구들과 효과적으로 의사소통하기 위하여 대체 의사소통을 사용하기

[그림 7-2] 「개정 특수교육법 시행령」 제3항 세부항목 1: 목표

를 달성할 수 있게 된다.

학생이 목표를 성취하거나 다른 목표가 더 중요하다고 결정되면, 그 목표들은 법령의 규정Statutory Review에 의해 바뀔 수 있다.

협력하여 목표 수립

목표가 설정되면, 이 목표를 작은 하위 목표로 나눈다. 그리고 이 목표를 연간보고서에 기록한다. 목표를 발달기록부에 명확하게 기록할 필요는 없으나, 각 목표를 성취하기 위한 단계를 나타내야 한다.

물론, 무엇이 아동을 위한 최상의 목표인가에 대하여 전문가 간에

그리고 부모와 전문가 사이에서도 이견이 있을 수 있다Bailey, 1987. 사람들은 목표에 동의하지 않거나 목표를 성취하는 데 사용되는 전략에 동의하지 않을 수 있다. 이런 이견은 그 자체로 가치가 있다. 일부 부모는 사회적 모델을 택할 수 있다3장 참고. 그리고 부모는 자녀가 국가수준 교육과정을 이수하는 데 있어 통합교육의 문제점에 대해 걱정할 수도 있다. 부모는 자녀가 소속 학급에서 스스로 자세 취하기에 대한 중요성을 깨닫지 못할 것이라고 생각한다. 하지만 교사는 지체장애 아동의 최우선 목표가 똑바로 앉는 능력이라고 생각한다. 그리고 이것이 달성되었을 경우에만 다음 교육과정으로 진행할 수 있다. 물론 이 관점에도 반대 의견이 있을 수 있다.

목표와 목적을 협력하여 수립하면 사람들의 여러 가지 기대도 명확하게 알 수 있다. 이렇게 할 경우 모든 사람이 최종 목표에 집중하게 되고 책임감을 가지게 된다.

명목집단 기법

다양한 방법으로 협력적 목표를 수립할 수 있다. 그 한 가지 방법은 명목집단Nominal Group[1)] 기법이다. 이 방법은 사람들에게 안전하게 격려하는 방법의 하나로, 아동에게는 자신이 원하는 우선순위에 대해 진술할 수 있는 기회가 주어진다.

이 방법의 단계는 다음과 같다.

- 발달기록부에 나온 목표를 큰 칠판이나 종이에 기록한다.
- 보조 팀의 구성원은 쪽지post-its에 아동이 다음 해에 성취했으면

하는 중요한 세 가지 하위 목표를 적는다.

- 기록한 것을 적절한 목표 아래에 붙인다.
- 모든 사람이 쪽지에 기록한 세 가지 하위 목표에 대하여 이야기 한다.
- 사람들은 다른 사람의 말을 듣고 쪽지에 있는 내용을 수정하거나 다시 쓴다.
- 유사한 하위 목표를 그룹으로 묶을 수도 있다.
- 하위 목표를 그룹으로 묶고 나서 가장 적절한 하위 목표를 결정 한다.

문제는 많은 목록의 하위 목표가 있다는 것이고, 또 우선순위의 목표가 무엇인지도 명확하지 않다는 것이다. 시간에는 제한이 있다는 것을 아는 것이 중요하다. 이것은 학교에 대한 자원이나 지원의 문제가 아니다. 1년 동안 하루하루의 시간은 극히 한정되어 있다. 하나의 하위 목표에 투입되는 시간은 다른 하위 목표 때문에 제한된다.

이와 같은 문제를 해결하기 위한 유용한 연습으로 '아동이 하나의 목표를 달성하려면 100시간이 필요하다.'고 가정해 보자. 100시간 중에 60시간은 가장 중요한 하위 목표, 30시간은 두 번째 하위 목표, 10시간은 마지막 하위 목표에 배분하여 사용한다. 어떻게 시간을 사용하는 것이 최상인가? 어떤 하위 목표가 가장 중요한가? 하위 목표

---

1) 역자 주: 1968년 A. Delbecq와 Q. Van de Ven이 처음으로 개발한 기법으로, 참가자가 항목이나 문제 선택, 그리고 의사결정 과정에서 동등한 목소리를 내도록 하기 위한 수단으로 활용되고 있다.

들에 따라 시간을 어떻게 배분할까? 이 활동의 중점은 아동의 교육 과정 혹은 시간표를 작성하는 것이 아니라, 어떻게 하면 목표를 성취할 것인가에 중점을 둔다는 것이다. 한정된 100시간의 배분에서, 각각의 사람은 다른 목표에 대해 어떤 중요성을 부여할 것인가?

이러한 연습은 좌절감을 느끼게 할 수 있으나 이 좌절감을 이겨 내려는 팀에게는 도움이 된다. 하위 목표를 선택할 때는 모든 하위 목표가 중요하게 느껴질 것이다. 그러나 어떤 아동에게는 우선시되는 하위 목표가 다른 아동에게는 그렇지 않을 수도 있다는 것을 알 수 있다.

많은 주요한 문제에 대한 방법에서 협력적으로 목표를 설정하려는 것은 다음과 같은 이유 때문이다.

- '아동에게 중요한 것은 무엇인가?'에 대해 사람들마다 다른 가치를 가지고 있다는 것을 인식하는 것
- 모든 사람의 견해는 기대에 따라 말하게 되고 기대와 함께 다루어진다는 것을 인식하는 것
- 아동은 장기적으로 자신의 요구를 책임질 사람은 가족이라는 것을 인식하는 것
- 전문가는 훈련과 경험을 통한 전문지식을 가지고 있으며, 각 아동의 이면까지도 볼 수 있음을 깨닫는 것
- 관점을 조절하고 종합하여 정리하는 것은 모든 사람의 가장 중요한 목표가 협력에 의해 수립되었다는 성취감을 갖는 것

요구와 목표에 상응한 지원

발달기록부의 제3장 제2조에는 모든 요구에 따른 모든 교육적 지원제2조과 이러한 요구로부터 파생된 모든 목표에 관하여 상세하게 기술하고 있다. 이것은 아동이 얻을 수 있는 모든 특수교육적 도움을 의미한다. 학교에 대한 지원은 자금과 지역교육청 혹은 건강위원회의 지원 여부에 상관없이 모두 자세히 설명되어 있어야 한다.

모든 지원은 명백하고, 상세해야 하며, 시간을 정하고, 교사의 지원 정도 또는 치료에 필요한 장비의 양을 정해야 한다. 뿐만 아니라 발달기록부의 하위 조항은 목표, 연구 프로그램과 평가 범위 등에 있어서 국가수준 교육과정의 수행에서 빠지는 부분에 대해서도 명시해야 한다.

교육적 요구 및 비교육적 요구와 지원의 구분

「특수교육법 시행령」에서는 교육적 요구와 비교육적 요구를 구분하고 있다. 비교육적 요구와 지원은 발달기록부 제5장과 제6장에 상세하게 규정되어 있다. 지체장애 아동의 비교육적 요구가 정의되어 있지 않을 때, 또한 비교육적 지원의 내역이 명확하지 않을 때는 혼란스럽다.

「특수교육법 시행령」은 제3장의 교육적 지원 혹은 제6장의 비교육적 지원에 대한 상세한 규정 여부에 따라 국가건강보험협회가 치료 서비스를 전달하는 것에 대한 책임을 명확하게 규정하고 있다.

또한 지원과 배분에 대한 목표가 규정되어 있고, 목표에 따라 지원해야 할 것이 상세하게 정리되어 있다. 다시 말해, '어린이는 적절한 물리치료를 받아야 한다.'는 구호는 적당하지 않다.

전체적이고 협력적인 접근은 아동의 요구에 대한 확인과 지원을 실현해 왔다. 그리고 이것은 발달기록부의 제3항의 모든 지원을 적절하게 통합하였다. 아동의 신체적 요구 및 의사소통 요구 그리고 자립생활 요구는 제2항에 상세하게 규정되어 있고, 교육적 요구에 대한 지원인지 비교육적 요구에 의한 지원인지에 대해서는 제3항에 규정되어 있다.

그 논리는 다음과 같다.

- 이러한 요구를 충족시키는 지원은 보통 학교생활을 하는 동안 제공된다.
- 요구에 대한 지원은 교육관계자예: 교수보조원에 의해 지원된다.
- 지원은 국가수준 교육과정으로 통합된다. 체육과 영어를 위한 교육과정을 예로 들 수 있다.

그러나 제3항에 상세하게 규정되어 있음에도 불구하고, 물리치료 혹은 다른 건강 서비스를 지원해야 하는 책임은 국가건강보험협회에 있다. 「특수교육법 시행령」은 학교를 관리하고 지역교육청과 지역건강보험협회는 밀접하게 협력한다. 지역교육청에 대한 문제점은 아동의 조언장에 상세하게 진술하고 있는 건강관리를 하지만 그들의 치료 서비스 전달에 대한 책임은 지지 않는다.

지원을 명확하게 하기

특별한 지원은 편의상 두 개의 영역으로 나눌 수 있다. 첫 번째 영역은 물적 지원이다.

- 학교 정비
- 학급 정비
- 장비
- 교육과정 수정

두 번째 영역은 인적 지원이다. 이는 다음과 같은 것을 포함한다.

- 학습 지원
- 학교에서의 특수한 지원예: 물리치료
- 교수 수정

지원을 명확하게 한다는 의미는 어떻게 대상과 목표를 가장 적합하게 결합시킬 것인가의 문제다. 어떻게 각 목표에 맞는 지원을 결합시킬 것인가에 대해서 사람마다 다른 관점을 가지고 있다는 것을 아는 것이 중요하다. 이것은 초학문적 팀에서 일하면 쉽게 해결할 수 있다. 만약 보조 팀이 함께 협력적으로 일한다면, 아동의 목표를 달성하기 위한 여러 가지 전략과 프로그램을 준비할 수 있다.

이것을 성취하기 위한 유용한 전략이 있는데, 이는 'How/How' 다이어그램으로 불린다[그림 7-3] 참고. 성취한 목표는 그 페이지의 왼쪽 칸 안에 쓴다. 그러면 질문 'How'로 '어떻게…… 해야 이것을 성취할 수 있는가?' 라는 것으로 질문할 수 있다. 이 기술적 방법으로 많은 양의 해결책을 만들어 낼 수 있으며, 팀은 그들이 사용할 전략과 프로그램을 결정할 수 있다.

'How/How' 가 완성되면, 물적 지원과 인적 지원의 범위 내에서 목표에 따른 적절한 지원 등의 관계를 요약표에 짝지을 수 있다〈표 7-1〉과 〈표 7-2〉.

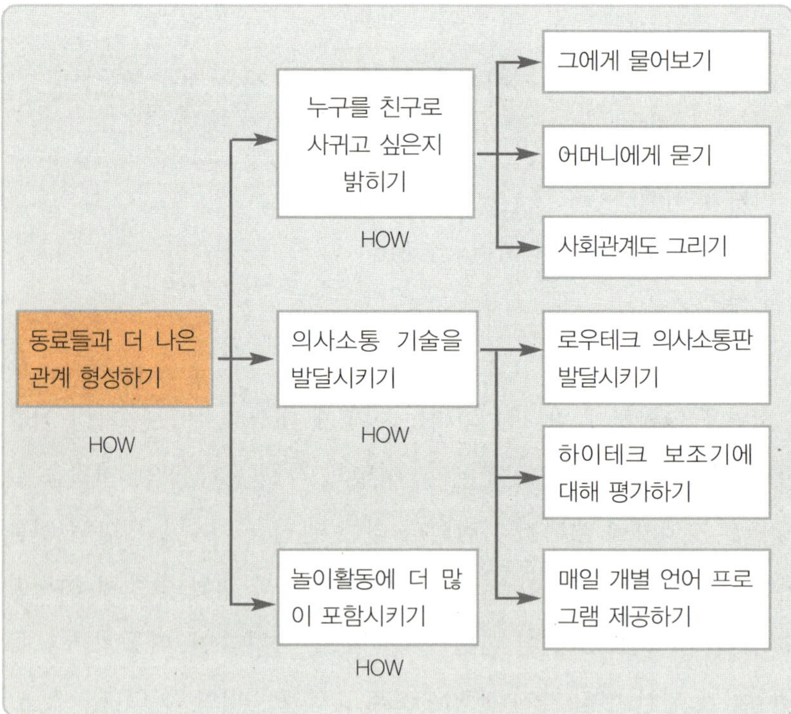

[그림 7-3] 'How/How' 다이어그램

〈표 7-2〉 **물적 자원 – 요약표**

지체장애	대 상	목 표	학교 적용	학급 적용	장 비	교육과정 수정
이동성						
머리 조절						
앉기						
손 사용						

시각장애	대 상	목 표	학교 적용	학급 적용	장 비	교육과정 수정
시각정보 입력						
시각처리 과정						

청각장애	대 상	목 표	학교 적용	학급 적용	장 비	교육과정 수정
전도성						
감음성						

의학장애	대 상	목 표	학교 적용	학급 적용	장 비	교육과정 수정
간질						
기타경직형						

자립생활	대 상	목 표	학교 적용	학급 적용	장 비	교육과정 수정
옷 입기						
옷 벗기						
식사하기						
화장실 사용하기						

의사소통 기술	대 상	목 표	학교 적용	학급 적용	장 비	교육과정 수정
상호작용 기술						
말하기						
이해하기						

학습장애	대 상	목 표	학교 적용	학급 적용	장 비	교육과정 수정
모든 교과						
읽기						
수학						
쓰기						

사회정서적 혹은 행동장애	대 상	목 표	학교 적용	학급 적용	장 비	교육과정 수정
어른과 관계 형성하기						
또래와 관계 형성하기						
자존감						

장 비

장비의 지원은 내부 기관의 문제다. 영국에서 지체장애 학생이 학교에서 사용하기 위한 장비는 세 개의 자금 조달 회사 중 하나의 회사에서 구매할 수 있다. 예를 들어, 건강 서비스를 제공하는 기관은 휠체어와 의사소통 도구의 구매 책임을 져야 한다. 그들의 사회적 서비스와 겹치는 휠체어에 대한 책임을 져야 하고, 앉기 지도에 대한 책임이 있어야 한다. 확실하지는 않지만, 실내에서만 휠체어를 사용하는 학생도 실외에서 사용하는 휠체어를 구매해야 할 것으로 예상된다운동장으로 이동하기. 의사소통 보조도구의 구매는 또 다른 공동의 책임을 요하는 영역이다. 이 경우에는 지역교육청 및 건강위원회와 업무가 겹친다. 과거에는 학생이 사용하는 의사소통 보조도구를 지역교육청에서 제공하였다면 학교를 졸업하면서 반납해야 했다. 그러나 현재는 교육과학부에 의해 2001년부터 약 178억 원이 교육정보화 및 의사소통 기술을 보급하기 위해 학교에 투입된 것에 따라 바뀌어야 할 것이다. 돈은 교육과정을 운영하면서 의사소통장애 아동을 위한 장비를 구입하는 데 사용된다.

영국 교육위원회와 공학위원회British Educational Communications and Technology Agency: BECTa는 이 프로젝트를 관리하고, 올덤Oldham과 옥스퍼드Oxford에 있는 보조공학지원 센터와 밀접하게 협력하고 있다. 이러한 지원은 장비가 의사소통을 돕고, 읽기 가능하도록 도움을 주기 위한 것이다.

어떤 장비는 발달기록부에 상세하게 규정된 요구에 상응하는 것이어야 할 것이다. 또한 장비의 구매과정은 투명해야 한다. 공동자금은 미리 상세하게 규정되어 있어서 적절하게 제공될 수 있다.

인적 자원

물적 자원과 더불어, 또 다른 자원의 주된 양상 중 하나는 인적 자원이나 교수 자료다. 여기에서 가르치는 것teaching은 아동의 기술을 발달시키거나 유지하는 데 도움을 주는 모든 사람을 포함하는 넓은 의미로 사용되었다. 가르치는 것의 자원으로는 교수보조원, 물리치료사, 언어치료사 그리고 아동의 요구에 응하는 모든 사람이 포함된다. 4장에서 협력 팀의 세 가지 활동 단계를 설명하였다. 그것은 직접 활동, 관찰, 상담 등이다. 장애의 정도에 따라 아동은 모든 수준에서 도움이 필요하다.

각 인적 자원은 목적을 달성할 수 있도록 그 과정을 점검하기 위하여 지원받는 것을 포함하여 검사받을 필요가 있다. 인적 자원은 아동을 위해서 그 스스로 독립적인 활동을 할 수 있으며, 여기에는 많은 전문가가 포함될 것이다〈표 7-3〉 참고.

〈표 7-3〉 **대상의 예: 각자 독립적으로 임무 수행**

전문가	직접적인 활동	관 찰	상 담
교수보조원	짐에게는 30분마다 위치를 바꾸기 위한 신체적 지원이 필요하다. 짐과 일하는 사람은 신체관리 프로그램에 의해 매일 아침 20분간 개인 활동을 한다.	아동이 매주 물리치료를 받을 수 있도록 학기마다 보조 팀과 만나기	교사에게 조언을 한다.
물리치료사	매주 신체관리 프로그램에 따라 자세 교정을 위한 근력을 기르고 유지하기 위해 연습한다.	학기마다 보조 팀과 만나 진전이 있는지를 체크한다.	
직업치료사			학기마다 보조 팀과 만나 진전이 있는지를 체크한다.

인적 자원은 정보가 요약표〈표 7-4〉 참고로 변환되었을 때 각 자원을 완성시키기 위해 지원을 요청한다. 그러면 인적 자원의 요구가 겹쳐진 그림으로 요약표가 완성된다.

〈표 7-4〉 **인적 자원 – 요약표**

전문가	대 상	직접적인 활동	관 찰	상 담
교사				
교수보조원				
물리치료사				
식업치료사				
언어치료사				
심리학자				
기타				

아동의 발달과정 관찰

지원의 세 번째 형태는 단기 목표 설정과 이를 어떻게 관찰할지에 대한 절차를 상세화한 것이다. 이것은 학교에서 계획한 연간보고서에 의해 실시되어야 한다. 5세 미만 아동은 「개정 특수교육법 시행령」에 의해 비공식적인 요청에 의해 발달기록부가 6개월마다 관찰될 수 있다. 연간보고서의 관찰을 통해 얻은 아동의 발달기록은 바로 다음 학기에 적용되고, 바로 개별화교육계획에 반영될 수 있다.

학교 배치

발달기록부의 제4조에는 아동이 다닐 학교나 보육원은 아동과 함께 결정해야 한다고 규정하고 있다. 학교는 발달기록부의 제3항에 의해서 특별한 도움을 제공해야 할 사항을 명시해 두어야 한다. 발달기록부가 완성되기 전에 발달기록부를 제4조의 양식대로 학부모에게 보내야 한다. 부모는 자녀가 다니길 원하는 학교에 대해 그들의 의견을 진술할 수 있다. 지역교육청은 다음과 같은 경우 부모의 학교 선택 결정에 동의해야 한다.

- 부모가 선택한 학교가 아동의 나이, 능력, 특수교육요구에 적합해야 한다.
- 학교에 있는 기존의 다른 아동의 효율적인 교육활동에 영향을 미치지 않는다.
- 학교에 아동을 배치하는 것은 지역교육청의 자원을 효과적으로 사용할 것이다.

아동이 발달기록부에 작성된 목표를 달성하지 못한다면 교사는 부모가 아동이 계속해서 학교에 배치되는 것을 원하는지 아닌지를 파악해야 한다. 교직원은 평가기간 도중 부모의 정서가 어떤지 그리고 관심사가 무엇인지를 확인해야 한다. 이것은 발달기록부가 제출되어 문제가 발생하기 전에 파악되어야 한다. 그러면 부모는 배치 결정에 대해 만족스러워할 것이다.

또한 학교도 마찬가지로 제출된 발달기록부에 대해 만족스러워할 것이다. 모든 요구가 확인되고, 이러한 요구에 상응하는 지원이 이루어지는가? 그렇지 않다면, 지역교육청과 이에 대해 바로 논의해야 한다.

만약 학교나 부모가 아동의 배치에 대해 만족스러워하지 않는다면, 그 이유가 무엇인지를 파악해야 한다. 이러한 요구는 학교가 아동의 요구를 충족시키지 못하거나, 어떤 영역의 요구는 상응하는 지원을 받을 수 없는, 즉 학교의 지원 범위를 벗어난 것일 수 있다.

요 약

발달기록부가 부적절할 경우, 교사는 이를 수정해서 사용할 필요가 있다. 이것은 아동을 보호하기 위함이고, 아동의 권리를 인정하는 것이다. 이 장은 교사가 아동의 권리를 옹호하기 위한 자세를 갖도록 하기 위해 발달기록부를 이해할 수 있는 기초를 제공하고 있다. 이것을 보다 효과적으로 하기 위해서 교사는 다음의 요점을 항상 머릿속에 간직해야 한다.

- 기초지식
  - 사실을 알아라: 지체장애 학생이 요구하는 것에 대해 바르게 이해하라아동의 관점을 포함하기.
  - 절차를 알아라: 「특수교육법 시행령」에 대해 바르게 이해하라.

- 바른 기록
  - 기록된 것에서 얻어라: 발달기록부가 정확하게 기록되어 있는지 확인하라.
  - 불일치에 주목하라: 발달기록부에 기록된 내용과 실제로 일어나는 일들을 비교하라.
  - 기록들을 보관하라: 방문, 직접적인 활동, 관찰, 상담이 빠졌던 것도 일지에 기록하고 보관하라.
  - 요청된 내용물을 기록하라: 작성된 요청서를 보내라조언, 장비 등. 요청 날짜를 기록하고 신청서를 보관하라.
- 재검사
  - 진전이 있는지 관찰하라: 지체장애 학생의 목표와 개별화교육계획을 정확하게 기록하라. 그리고 성취되었는지 검사하라.
  - 긍정적인 방법으로 기회를 사용하라: 지체장애 학생을 개선하기 위한 기회로 검사를 사용한다.
  - 개인이 아니라 조직이다: 문제가 단순히 개별 지체장애 학생에 대한 것이 아니라 조직에 관한 것임을 인식하라.
- 개인
  - 함께 일하라: 소외당하지 말고 부모를 포함한 팀의 구성원과 함께 일하라.
  - 문제로부터 사람들을 분리시켜라: 다른 사람들을 문제로 보지 말라. 문제가 어려운 것이지, 사람이 어려운 것은 아니다.
  - 개인적으로 일하지 말라: 당신은 지체장애 학생을 지원하기 위해 혹시 개인교사처럼 활동하고 있지는 않은지 생각해 보아

야 한다다른 교사도 당신과 같은 방법으로 활동할 것이다.

–감정에 휩쓸리지 말라: 침착성을 유지하지만 정서적인 양상을 인식하라– '이것은 꽤 힘든 검토다.'

통합은 궁극적으로, 개별 아동과 그의 발달기록부에 관한 것이 아니다. 그것은 가치, 협력 그리고 자원에 관한 것이다. 그러므로 학교 구조 속에서 그리고 보다 넓은 범위에서 아동의 문제를 찾으려고 하는 것이 중요하다. 8장에서는 이것이 무엇인지에 대해 다루고 있다.

Chapter 08

집단 속의 변화

아동의 통합은 역동적인 과정이다. 많은 학교는 이러한 학생의 통합을 위한 여행에 참여할 수 있을 것으로 보인다Salisbury, Palombaro, & Hollowood, 1993. 지체장애 아동은 성장하고 변화할 뿐만 아니라, 그들을 둘러싼 사람도—교사, 학부모 그리고 학교도 하나의 조직으로서—성장하고 변화한다. 전환점은 특히 더 중요해진다. 이러한 전환점은 단순히 교사의 변화뿐만 아니라, 탁아소에서 유치원으로의 진학, 혹은 초등학교에서 중학교로의 진학과 같은 더 중요한 변화가 포함된다. 이러한 전환점은 사람들에게 새로운 역할을 수행할 기회를 만들어 준다. 그래서 교사는 혼자가 아닌 학생도 함께 승자로 이끌 수 있도록 변할 수 있다. 또는 체념의 상태에서 정상화를 위해 노력하는 상태로 변할 수 있다. 동시에, 제도적인 변화도 더욱 통합적인 학교를 만들 수 있는 기회를 마련해 줄 수 있다.

특수교육요구와 장애법

2002년 9월부터 「특수교육요구 및 장애법SENDA」이 실시되었다. 이 법은 1995년에 「장애인차별법Disability Discrimination Act」을 개정한 것이다. 2002년 9월부터는 장애아동—지체장애 학생을 포함하여—에 대한 어떠한 차별대우도 위법이다.

일반사회에서 장애인에 대한 차별이 없도록 방지하는 일은 교사의 책임이 아니다. 대신에 교사는 주류학교 내에서 장애학생이 차별받지 않도록 확실하게 해야 할 책임이 있다. 탁아소에서는 이러한 책임을 지역교육청이 담당한다.

차별의 의미는 '덜 호의적인 대우'를 말한다. 즉, 지체장애 학생을 그의 동료들보다 '덜 호의적으로 대우'하면 안 된다는 의미다. 따라서 학교에서는 장애학생이 기본적인 손해를 보지 않도록 합리적인 조정이 마련되어야 한다.

이 법은 세 가지의 영역을 다루고 있다.

- 입학
- 배제
- 교육 및 관련 서비스

입 학

학교는 지체장애 아동의 입학 지원을 거부할 수 없다. 입학을 거부하는 것은 위법행위다. 7장에서 자세히 다루었지만, 학교는 발달기록부에 규정되어 있는 법조항에 따라 당연히 아동의 특수교육요구를 충족시켜야 한다. 특수교육요구를 충족시키지 못한다면, 장애아동의 학교 수용은 비윤리적인 것으로 비판받을 것이다. 이러한 장애아동의 특수교육요구는 학부모에 의해 체계적으로 충분히 설명되고, 협의된다. 따라서 교장이나 학교운영위원회가 "휠체어를 탄 학생을 입학시킬 수 없습니다."라고 말하는 것은 시대착오적인 생각이다.

배 제

앞의 입학에서와 같은 방식으로, 학교는 장애아동을 장애를 이유로 배제시키는 차별을 할 수 없다. 이것은 입학이 거부되는 것보다 발생할 가능성이 적다. 휠체어를 사용하는 장애아동이나, 간질을 하는 아동은 매우 위험하게 보일 수 있다. 아동이 휠체어를 이용하거나 간질을 앓고 있다고 해서 배제시켜야 한다고 규정되어 있지 않다. 현재 이러한 배제는 위법이다.

교육 및 관련 서비스

이 용어는 학교생활의 여러 면을 설명하는 광범위한 용어다. 예를 들어, 교육 및 관련 서비스의 영역은 다음을 포함한다.

- 교육과정
- 교수 · 학습
- 학급 편성
- 시간표
- 학생의 집단 조직
- 휴식 시간과 점심 시간
- 학교 급식
- 또래와의 상호작용
- 소풍
- 학교 시설의 접근성

지체장애 아동을 특정 지역예를 들어, 도서관이나 특별실으로부터 배제시키는 것은 위법 행위다. 따라서 학교는 시설에 대한 접근성을 확보해야 한다. 이러한 것을 이 책에서 자세하게 다루고 있다. 영국의 학교는 2005년 9월까지 시설의 개선, 혹은 보수를 통해 이러한 접근성을 확보하도록 했다.

새로운 「특수교육요구 및 장애법」 적용으로 이 법과 학교 규정 사이에 예상되는 결과를 고려해야 한다. 이러한 쟁점에 대해서 「특수교육요구 및 장애법 시행령」에서는 몇몇 사례를 설명하고 있다.

사례 1. 입학

대소변을 가리지 못하는 5세 장애아동이 있다.

반응 1: 지역 학교는 아동이 학교생활을 시작하기 전에 대소변을 가릴 수 있도록 훈련되어 있어야 한다는 학교 규정을 이유로 이 아동의 입학을 승인할 수 없다고 하였다.
논평: 위의 학교의 반응은 지체장애 아동이거나 대소변을 가리지 못하면 입학할 수 없다는 것을 의미하기 때문에 차별적인 규정이다. 따라서 학교 규정을 바꾸어야 한다.

반응 2: 학교가 적절한 화장실을 갖추고 있지 않다는 이유로 장애아동의 입학을 승인할 수 없다고 하였다.
논평: 이것은 차별이다. 왜냐하면 학교가 대소변을 가리는 데 어려움을 지닌 아동을 수용하지 않았다는 의미이기 때문이다. 지역교육청에 의하면 학교는 이러한 장애아동을 위한 장애인용 화장실과 같은 편의시설을 즉시 만들어야 한다.

반응 3: 학교가 장애아동에게 화장실에서 대소변 가리는 기능을 학습시킬 전문적인 기능 교육 체제가 없다는 이유로 이 아동을 수용할 수 없다고 말했다.
논평: 특수교육요구 중의 일부로 용변처리하기가 발달기록부에 자세히 규정되어 있다. 지역교육청은 장애아동이 용변처리 기능을 학습할 수 있도록 전문적인 기능 교육을 포함한 교육과정을 만들어야 한다. 그러나 용변처리 기능에 대한 학습은 이 아동의 특수교육요구 영역이 아닐 수도 있을 것이다. 이 사례는 아동의 기능 발달에 목적을 둔 것이라기보다는 학교에 대한 접근성, 즉 학교 관리에 대한 문제다.

사례 2. 배제

7세의 경도 편마비 장애아동은 자주 짜증을 부린다.

반응 1: 학교는 이 학생이 감정을 통제하지 못한다는 이유로 배제(퇴학)시켰다.
논평: 이러한 처분은 학생에 대한 차별적인 처우다. 잘 알려진 바와 같이, 많은 편마비 장애아동은 감정을 통제하는 데 어려움이 있다.

반응 2: 이 학생의 학교는 장애아동이 다른 학생을 위협한다는 이유로 장애아동을 배제(퇴학)시켰다.
논평: 이것이 차별인지 아닌지는 그 학교가 장애아동의 교육을 합리적으로 조정할 수 있는지 없는지에 따라 달라진다. 만약 학교가 지역교육청과 협력하여 장애아동을 위한 직간접적인 지원을 한다면 그것은 차별이 아니다. 배제에 대한 보다 적절한 방침을 수집하기 위해 아동의 요구정서적 및 행동적가 현재 배치된 곳에서 반영되고 있는지의 여부를 파악하기 위해 발달기록부가 재검토될 것이다.

사례 3. 교육 및 관련 서비스

중도의 간질을 앓고 있고, 사지마비 그리고 언어장애를 가진 8세 학생이 지역의 주류학교에 다닌다.

반응 1: 주류학교는 학생이 분리된 교실에서 교수보조원과 함께 아침시간을 보내기를 원한다. 그의 언어장애가 다른 학생들을 방해하기 때문이다.
논평: 아동은 차별을 받고 있다. 아동이 격리된 이유는 장애 때문이다. 따라서 이러한 학교의 처분은 위법이고 차별이다.

반응 2: 주류학교는 장애학생을 특별한 보완 · 대체 의사소통 전략으로 지도하기 위해 교수보조원과 함께 격리된 교실에 보내려고 한다.

논평: 아동은 또래와는 다르지만 조금은 우호적인 대우를 받는다. 이 주류학교는 그들의 특별한 지원과 수업 그리고 언어치료를 통해 이러한 변

화가 장애학생의 요구와 흥미를 이끌어 낼 수 있다는 주장을 확신시켜야 한다.

반응 3: 학교는 장애학생을 소풍에 데려가지 않으려 한다. 왜냐하면 소풍으로 장애학생이 얻게 될 효과보다 그들을 소풍에 데려가기 위한 노력이 더 클 것이기 때문이다.

논평: 주류학교는 학생이 어떠한 소풍에도 가지 못하도록 함으로써 차별을 하는 것이다. 이것은 위법이다. 그러나 예외적인 특별한 소풍이 존재한다. 바로 장애학생의 신변에 위험이 되는 장소로 가는 소풍이다. 만약 주류학교가 위험에 대한 판단에 따라, 장애학생에게 합리적인 이유를 들어 소풍가는 것을 허락하지 않는다면 이것은 합법적이다.

몇 년에 걸쳐 「특수교육요구 및 장애법」은 학교의 장애학생에 대한 처우 방식을 고쳐 놓을 것이다. 위의 예는 장애학생을 동료학생보다 덜 우호적으로 대우하여 차별하지 않는 것이 얼마나 중요한지를 설명하고 있다. 학교의 의무는 지체장애 학생이 불이익 당하지 않도록 입학과 배제 그리고 교육적 서비스 및 관련 서비스를 합리적으로 조정하는 것이다. 개별 학생에 관한 여러 가지 규정은 「특수교육법 시행령」에 자세하게 나타나 있다. 또한 「특수교육요구 및 장애법」은 효과적인 통합교육장애아동을 학교에 통합을 하고, 현재의 관습과 정책을 개발하기 위해 학교 수준에서 수행되어야 하는 사항에 대해서, 안내하거나 규정을 제공한다. 이것을 달성하기 위해서 학교는 교육과학부2001b가 자세히 명시하고 있는 내용을 바탕으로 이해하기 쉬운 교육 계획을 준비해야 한다. 또한 지역교육청에 속한 보육원 역시 여기에 근거하여 이해하기 쉽고 실천 가능한 교육 계획을 수립해야 한다.

실현성 있는 계획

학교는 2003년 4월까지 실현 가능한 계획을 준비해야만 했다. 이러한 계획은 세 가지 요소를 포함하고 있다.

- 학교 교과과정에 대한 접근성을 높이기
- 학교의 특별시설 등의 물리적인 환경을 개선하여 학교의 모든 시설에 대한 접근성을 높이기
- 동료학생이 잘못 알고 있는 장애학생에 대한 정보를 개선하기

학교의 교육 계획은 지역교육청과의 연계 속에서 개발되어야 한다. 또한 지역교육청은 총괄적으로 실천 전략을 수립해야 할 의무가 있다. 지역교육청의 실천 전략과 학교의 실현성 있는 교육 계획은 서로 정보를 교환해야 한다. 효과적인 교육 계획을 수립할 수 있는 한 가지 전략은 MAPS다.

조직 내의 MAPS

3장에서 MAPS는 개별 계획을 설계하기 위한 계획과정의 한 부분으로 소개하였다. 또한 MAPS는 통합교육을 지지하는 학교로 발전시

키는 데도 사용할 수 있다York & Tundidor, 1995. 각 아동을 위한 계획을 반영함으로써, 학교 조직은 발전하고 변화하며 더불어 다른 몇몇 문제가 발생할 수 있다.

MAPS 그룹이 조직되어 계획에 따라 일하려고 할 때 구성원은 핵심적인 존재다. 다른 계획의 발달에서처럼, 학교의 MAPS 그룹의 규모는 누가 포함되어야 할지에 영향을 줄 것이다. 교장은 MAPS 그룹을 이끌어 가는 데 알맞은 사람이다. 특수교육요구협회는 교육과정에 대한 선임교사의 책임감을 요구하고 특수교육요구에 대한 정부의 책임을 확인함으로써 많은 기여를 한다. 또한 장애아동의 부모와 지방의 장애 관련 단체의 대표자도 중요한 기여를 한다. 학교 외부의 다른 전문가의 참여도 역시 고려할 수 있다. 예를 들어, 특정 영역에서의 특수한 전문가에 의한 작업치료occupational therapy: OT, 혹은 지체장애 아동 혹은 감각장애 아동을 위한 상담교사를 포함시킬 수 있다. MAPS의 목적에 따라 반드시 학생에 대한 고려를 해야 한다. 그 과정에 학생을 참여시키는 것은 문제를 바라보는 다양한 형태의 시각을 반영할 수 있을 것이다.

MAPS 과정은 학교에서 작성된 개별 계획에 대하여 3단계 상황에서 질문을 할 수 있다. 그 3단계는 다음과 같다.

- 현재 상황
- 선호되는 상황
- 활동

이 과정은 교육 계획을 개발하는 데 요구되는 내용보다는 더 광범위한 내용을 다룬다. 그러나 이 과정은 단순히 문서로 정리되어야 할 또 다른 정리문서라기보다는, 학교 발전을 위해 현실성에 근간을 둔 실천 계획을 만드는 데 기여한다.

학교에서는 교육활동 과정을 계획하는 것이 단순히 반복되는 것으로 보이기 때문에 적절한 활동 방침을 결정해야 한다. 새로운 목적과 목표를 수립하기 전에 MAPS 절차가 어느 정도 진행되고 있는지를 수시로 검토해야 한다.

현재 상황

질문 1. 학교의 역사는 어떠한가?

- 학교의 통합교육 역사는 어떠한가?
- 과거에 중요한 사건이 있었는가?
- 현재의 상황은 어떤가?

이 과정을 보완하는 방법 중 한 가지는 한 장, 혹은 여러 장으로 학교의 역사를 그려 보는 것이다. 이것은 학교가 어떻게 현재의 위치에 이르게 되었는가를 보여 주는 스토리보드storyboard가 될 수 있다. 이것은 한 장의 큰 그림으로 그릴 수도 있다. 이러한 그림은 학교의 역사가 어떤지를 만화 형식으로 보여 준다Checkland & Scholes, 1990.

질문 2. 학교란 무엇인가?

- 지금 이 순간 학교에서의 통합교육을 설명하는 하나의 단어를 생각하라.

질문 3. 학교가 가진 강점과 기능은 무엇인가?

- 학교에서 통합교육을 하도록 하는 이유는 무엇인가?
- 누가 지원과 강화를 주는가?

이 과정의 첫 번째 부분에 나오는 것들은 몇몇 기본적인 문제에 관하여 실질적으로 얼마나 알고 있는가에 관한 것이다. 예를 들어, 학교에는 3~7세 사이의 지체장애 아동이 몇 명이나 재학하고 있는지 아는가? 학교가 지난 3년간 투입한 학습 지원 시간에 대한 기록을 가지고 있는가? 어떤 교직원이 최근에 참가한 연수에서 특수교육요구와 관련한 지침에 대해 정보를 가지고 있는가? MAPS 과정의 두 번째 단계로 진행하기 전에 이러한 종류의 기본적인 정보를 수집할 필요가 있다. 이 정보를 검토하고 분석하여 밝힌 사실에는 놀라운 것이 있다.

선호되는 상황

이 과정의 두 번째 단계는 통합교육 학기 동안에 학교의 비전 개발에 관한 것이다. 이것은 학교가 학교 내에서 통합교육 활동의 방법에 관한 비전을 가져야 한다는 것을 의미한다. 이러한 계획은 비전을 달성하기 위한 것이 아니라, 통합교육이 이루어지게 된다면 학교의 모습은 어떻게 변할 것인지에 대한 예측을 하기 위한 것이다. 이러한 비전은 앞으로 어떻게 나아가야 할지에 대한 실제 계획과 정책 수립을 이끈다.

이 비전과 연계시키려면 몇 가지 확실한 가치가 있어야 한다. 이러한 가치는 제1장에서 살펴보았던 것으로서, 통합교육에 대한 믿음에 관한 것이다. 이 가치는 다음과 같다.

- 권리: 이 가치는 주류학교에 지체장애 학생이 통합되기 위한 권리이고 당연한 것이다.
- 이익: 지체장애 학생이 주류학교에 다님으로써 사회적으로나 학업적으로 이익을 얻는다.
- 기술: 효과적인 통합교육을 위해서 교사는 기술과 지식을 가지고 있어야 한다.
- 허용: 지체장애 학생의 통합은 학급 동료에게 긍정적인 효과를 줄 것이다.
- 자원: 추가적인 자원이나 지원이 지체장애 학생의 성공적인 통합을 위해 필요하다.

통합교육을 위한 조직은 통합에 대한 어떤 가치가 통합의 비전을 보완해 주는지 파악해야 한다. 그 가치 중 중심이 되는 한 가지는 다양성이다. 2장에서는 모든 장애학생이 독특하고 개별적인 신체관리 프로그램이 필요하다고 강조하였다. 같은 맥락으로, 3장에서는 지체장애 학생에 대한 부모의 관점에 대하여 살펴보았다. 각 가족은 문화와 신념에 따라 고유한 희망사항이 있을 것이다. 각 학교는 교실과 건물에 쉽게 접근할 수 있도록 환경 개선을 위한 계획이 필요하다. 그러나 각 건물은 독특하기 때문에 각 건물에 대한 접근성 계획 역시 학교에 따라 다양할 것이다.

같은 방식으로, 통합교육을 위한 조직은 통합에 관해 다양한 견해가 있음을 인식해야 한다. 또한 이러한 다양성에 대해 모든 사람이 동의할 것으로 생각하기보다는 다른 의견이 있다는 것을 파악하고 이에 대처해야 한다. 어느 누구도 똑같은 가치를 가질 수는 없을 것이다. 그러나 사람들은 무엇이 공통적이고, 어떻게 다른지에 대해 인정함으로써 발전을 위한 토대가 된다.

질문 4. 학교에서 하는 통합교육에 대한 당신의 생각은 무엇인가?

- 10년 동안 학교에서 어떻게 통합교육을 할 수 있을까?
- 학생은 얼마나 다를 것인가?
- 교사는 얼마나 다를 것인가?

질문 5. 당신은 무엇을 두려워하는가?

- 통합교육에 대한 가장 큰 두려움은 무엇인가?
- 그것이 어떻게 잘못될 수 있는가?

통합교육을 위한 조직은 이제 새로운 '값진 그림rich picture'을 그릴 수 있다. 다음에 이 그림의 비전을 완벽하게 실현하려면 학교는 어떻게 해야 하는가? 특히, 통합교육을 위한 조직은 실천 계획의 세 가지 핵심적인 요소가 어떻게 그림 속에 포함될 수 있는지를 생각해야 한다. 이것은 다음과 같다.

- 장애학생을 위한 학교 교육과정의 접근성을 높이기
- 시설 등의 물리적인 환경을 개선하여 학교의 모든 시설에 대한 학생의 접근성을 높이기
- 동료 학생이 잘못 알고 있는 장애학생에 대한 정보를 개선하기

활 동

장애학생을 위해 개별 계획을 준비하는 것처럼 학교를 위한 조직적인 계획을 개발할 수 있다.

질문 6. 학교의 요구는 무엇인가?

- 더욱 통합적인 학교가 되기 위해 변해야 할 가장 중요한 것은 무엇인가?
- 학교에서 반드시 이행되어야 할 것은 무엇인가?
- 사회에서 반드시 이행되어야 할 것은 무엇인가?
- 지역교육청은 무엇을 해야 하는가?
- 다른 기관은 무엇을 해야 하는가?

질문 7. 우리의 목적과 목표는 무엇인가?

- 질문 6에 대한 답으로 우리는 어떠한 확실한 목적을 가질 수 있는가?
- 이러한 개별 목적을 달성하기 위한 적절한 연간 목표는 무엇인가?

이것이 실천 계획으로 요약되면, 7장에서 강조한 것처럼 아동을 위한 개별 계획을 수립할 수 있을 것이다.

질문 8. 통합교육의 효과를 어떻게 평가할 것인가?

마지막 질문은 통합교육의 효과성을 평가하기 위한 제도의 확보에 관한 것이다. 이것은 개인적인 측면과 학교적인 측면에서 살펴볼 수 있다. 개인적인 수준에서의 평가는 국가수준 교육과정하에서 아동의 새로운 기술이 발달하고 진보하는 것에 관한 것이다. 이것은 아동의 현 상태와 연간보고서를 통한 진보의 관찰 그리고 설정된 목표와 IEP를 토대로 하고 있다. 이런 과정을 통하여 개별 아동에 대한 통합교육의 효과성을 평가할 수 있다. 개별 아동에 관한 정보는 다음과 같이 분석할 수 있다. 어떤 영역에서 아동이 보다 더 진보할 것으로 보이는가? 그것은 어떤 영역과 관련되어 있는가?

학교 수준에서의 평가는 보다 통합적인 학교를 만드는 것에 관한 것이다. 이것은 실천 계획에서 수립된 목표가 달성되었는지를 살펴봄으로써 관찰할 수 있다. 그러나 이러한 평가 계획은 발전이 필요한 일부 분야만을 처리할 수 있다. 보다 통합적인 학교를 만드는 것은 총체적인 변화를 통해서 가능하다. 예를 들어, 보다 통합적인 학교는 다음과 같은 것에 의해 이루어질 수 있다.

- 학교에서 휠체어를 사용하는 학생 수의 변화
- 학교에 고용된 교수보조원 수의 변화
- 접근 가능한 교실 수의 변화

다른 측면에서 교수 활동의 변화를 통해 통합교육의 발달을 관찰할 수 있다. 통합적인 학교 여부의 평가는 다음과 같은 것에 의해서도 이루어질 수 있다.

- 교실 밖에서 수업을 받는 학생 수의 변화
- 교사에 의해 이루어지는 직접 교수 양의 변화
- 협력 학습을 하기 위한 학생집단의 변화
- 교사 역할과 교수보조원 역할의 유연한 변화

일부 영역의 목표는 실천 계획에 추가될 수 있다<표 8-1> 참고. 이것은 학교가 만들어야 할 변화에 대한 보다 종합적인 관점을 제공해 줄 것이다.

〈표 8-1〉 **접근성을 높이기 위한 계획**

학교의 물리적 환경 개선하기	목 적	목표 (날짜)	목표 (날짜)	목표 (날짜)	목표 (날짜)	목표 (날짜)
학교 적용						
학급 적용						
장비						
기타						
학교수준 교육과정에 대한 접근성 증가시키기						
교사와 LSA 정보와 훈련						
교육과정 발달						
학급 조직과 지원						
시간표와 교육과정 선택						
기타						
정보 수정하기						
대체 양식 예: 점자, 녹음테이프						
언어적 정보 예: 수화, 상징 체계						
기타						

변화의 촉진

지금까지 지체장애 학생을 위한 보다 통합적인 학교의 발달을 논리적인 3단계의 과정으로 제시하였다. 현재 상황, 선호되는 상황, 그리고 활동의 단계다. 실제적으로 학교의 변화는 보다 복잡하고, 때로는 각 교직원에 따라 달라진다. 교직원은 변화의 동력을 만들고 변화가 일어나도록 유도한다. 학교를 보다 통합적으로 만들려는 계획은 갈등을 조장할 수 있기 때문에 스트레스를 가져올 수 있다.

각 아동을 위해 옹호하는 것이 스트레스를 받는 일인 것과 같이, 더 통합적인 학교로 변화시키기 위해 옹호하는 것은 스트레스를 만드는 일이다. 보다 통합적인 학교로 변화하기 위해 최고가 되기를 강요하는 것 또한 스트레스를 받는 일이다. 변화는 일반적으로 변화를 바라지 않는 사람과 갈등을 겪게 만든다. 갈등은 단순히 협력이 부족하기 때문일 수도 있지만, 통합을 옹호하는 누군가를 의도적으로 방해하거나, '고립' 시키고자 하는 의도일 수 있다. 이러한 논쟁의 기저를 뒷받침할 수 있는 근거가 있다.

- 가치: 교사와 부모 그리고 전문가는 통합교육에 대해 이슈가 되는 주제에 대해 견해 차이가 있을 것이다. 갈등은 개인이 다른 견해를 가질 수 있는 상태에서는 불가피하다는 것을 인지해야 한다. 1장에서는 통합교육을 하기 위한 몇 가지 전제 조건을 설명하였다. 그 문제는 연구를 통해 알 수 있지만, 이 지식이 그 자체로 사람의 깊은 신념을 변화시킬 수는 없을 것이다.
- 요구와 관심: 갈등은 다른 사람들의 관심사에 관한 것일 수 있다. 즉, 교사는 어떤 자원이 A라는 곳에 지원되는 것이 더 좋을 것이라고 주장하는 반면에, 교장은 그 자원이 B라는 곳에 지원되길 원하는 경우다. 특수교육요구협회는 언어치료사가 교실에서 활동하기를 원하는 반면에, 교사는 학생이 언어치료를 빈 교실에서 받길 원한다.

- 의사소통: 갈등은 의사소통의 실패에서도 야기된다. 때때로 정보가 교사나 다른 교직원에게 전달되지 않을 때, 이러한 갈등은 오해를 낳는다. 불행하게도, 때로는 갈등이 아동의 권리인 지원과 장비에 관한 예산을 알려 주지 않는 정보의 규제와 같은 것에 의해서도 일어날 수 있다.

갈등은 스트레스가 될지라도 건설적인 것이다. 우리 사회에서 가장 중요한 변화 중 대부분은 갈등을 통해 이루어진다. 현대사회를 이끌어 온 대다수의 지도자는, 갈등은 변화를 이루기 위해서는 불가피한 것이라고 인식하였다. Mahatma Gandhi, Nelson Mandela, Martin Luther King 등이 그들이다. 갈등이 건설적이라는 것을 인식하는 것은 중요하며, 그것은 변화를 성취하기 위한 정신적인 힘을 준다.

갈등 관리 전략

갈등 관리 전략은 두 가지 측면에서 설명할 수 있다.

- 적극성: 교사가 자신의 걱정이나 관심을 만족시키는 정도
- 협조성: 교사가 다른 사람의 걱정이나 관심을 만족시키는 정도

다음은 갈등 관리의 네 가지 주요 방법을 안내해 준다[그림 8-1] 참고.

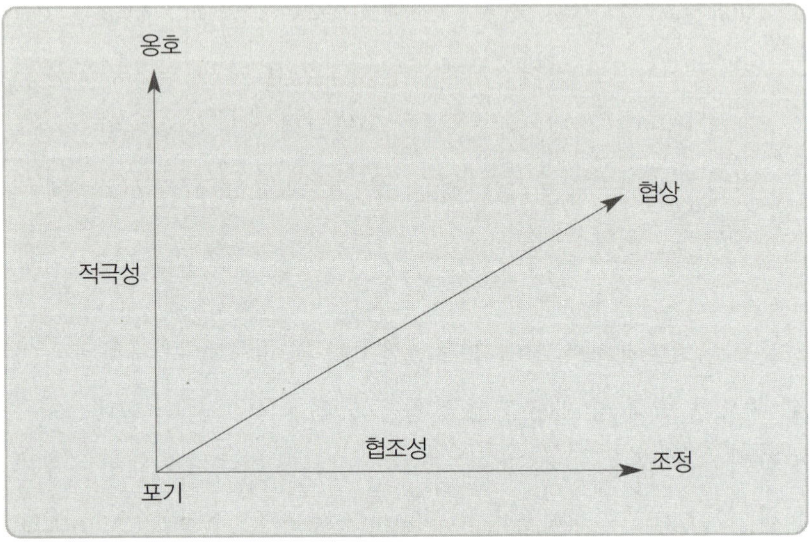

[그림 8-1] 갈등 관리 전략

- 옹호
- 조정
- 포기
- 협상

옹 호

7장에서 아동의 발달기록부에 갈등이 있을 때, 옹호 전략은 중요한 선택 전략이 될 수 있었다. 중재로서 옹호 전략 속에는 발달기록부를 작성하는 것에 대한 실천과정과 발달기록부의 구성이 어떠해야 하는지에 대한 명백한 지침이 있기 때문이다. 이 지침을 따르지 않는다면, 아동의 권리는 무시된다. 따라서 아동의 편에서 옹호하는 것이 중요하다. 옹호는 당신의 의견이 다른 사람의 의견보다 더 잘 선택되도록 노력하는 것을 포함한다. 이것은 'Win/Lose승리/실패'—당신이 이기고 남들은 졌다—로 알려져 있다. 권리가 위태로워졌을 때 옹호하는 것이 중요하다. 옹호 전략은 단순히 지체장애 아동의 권리를 보호하는 것뿐만 아니라, 부모나 교수보조원의 권리를 보호하기 위해서도 사용할 수 있다. 다른 한편 교장은 지역교육청과 함께 일하는 학교의 권리와 건강단체와 사회 서비스와 같은 기관의 권리에 대해 옹호할 수도 있을 것이다.

조 정

조정 전략은 하나의 견해로부터 방향을 제시하는 것이다. 이것은 'Lose/Win지고/이기는' 처럼 보인다. 조정은 복잡한 문제를 다른 사람과 함께 작업하려고 할 때 중요하다. 조정 전략의 장점 중 하나는 믿음을 형성하고, 사람들 간의 긍정적인 관계를 조장한다는 것이다. 조정은 갈등을 줄이고, 협조적이며, 지원하며, 격려하는 것이다. 또한 친밀감을 이끌어 내고, 협력적인 관계를 육성한다. 때때로 조정은 학교에서 통합교육의 일정표를 수립하는 데 중요하다. 예를 들어, 물리치료사가 학교에서 일하는 것은 갈등을 일으킬 수 있다. 물리치료사가 학교 홀을 사용하는 것이 교사에게는 불편할지라도, 물리치료사가 홀을 사용할 수 있도록 동의하는 것이 이러한 특정 갈등을 해결하는 방법이다. 이러한 해결책은 사람들 간에 믿음과 유연한 인간관계를 형성하고, 미래의 다른 갈등에 대해서도 더 나은 해결책으로 이끌어 준다.

포 기

포기란 앞으로 나가거나, 문제해결을 피하는 것이다. 포기 전략은 분쟁이 있을 때, 무익하게 사용된다. 문제는 아무것도 해결되지 않고 그 문제가 즉시 혹은 다시 발생할 수 있다는 것이다.

협 상

협상 전략은 양자가 협력하여 갈등의 해결책을 찾고자 노력하는 것이다. 'Win/Win승리/승리' 전략이라고 한다. 협상은 더 통합적인 학교를 향해 나아가려고 할 때 많은 문제점이 있다는 것을 인정하면서 시작된다. 어떤 일을 실행할 때 꼭 하나의 방법만 있는 것은 아니다. 즉, 사람들은 무엇이 우선순위인지 그리고 얼마나 제약이 따를지에 대해 여러 견해가 있다. 학교가 좀 더 통합적이기 위해서는 필요한 요구를 옹호하는 것이 적절하다. 이것은 권리이기도 하지만 하나의 원리로 볼 수 있다. 그러나 얼마나 통합적인 학교가 되어야 하는지는 관련자교사, 부모 그리고 학생 간의 협상이 있어야 할 것이다. 협상의 목적은 각자의 목표를 효율적으로 달성하기 위해 공평하게 각자의 의견을 나타내는 것이다. 즉, 협상은 보다 통합적인 학교를 만들기 위해 선택하는 전략이다.

분쟁이 존재하는 다양한 상황에서, 이를 해결할 방법을 결정하기 위한 명확한 제도는 없다. 여기에서 바로 엉킨 문제를 해결하기 위한 방법으로 협상이 필요한 것이다Fisher & Ury, 1981. 옹호를 위한 많은 유사 전략은 협상을 위해 사용될 수도 있다. 성공적인 협상을 위해 준비해야 할 두 가지 영역이 있다. 그것은 협상을 위한 준비와 실제적인 협상이다.

협상을 위한 준비

협상을 위한 준비는 무엇이 일어날 것인지에 대비하는 것이다. 상대가 문제를 어떻게 보는지에 관하여 생각할 필요가 있다.

- 문제: 자신의 문제를 확인하는 것뿐만 아니라 상대가 직면하고 있는 문제도 확인하라. 그들의 문제를 확인함으로써 동기를 파악할 수 있는 실마리를 찾게 될 것이다.
- 사실과 기술적 세부 사항: 관련 사실을 확인하고 그것이 정확한지 확인하라.
- 자신과 상대의 관심사: 자신과 상대방의 목표, 관심사 그리고 우선순위를 확인하라. 상대방의 강점과 약점을 파악하라.
- 다중적 해결책: 하나의 해결책에 집착하지 말라. 자신이 할 수 있는 가능한 모든 범위의 해결책을 만들어 보라.
- 최고의 협상과 최선책BATNA: BATNA는 'Best Alternative To a Negotiated Agreement'의 줄임말이다. 협상이 실패한다면, 자신이 해야 할 것을 확인하는 것이 좋다. 이것은 어떠한 제안도 비

교할 수 있는 참고사항으로 사용될 수 있다. 당신의 BATNA가 더 좋아질수록 당신의 협상 위치는 더욱 견고해질 것이다.

실제적인 협상

협상을 위한 준비는 실제적인 협상을 위한 연습처럼 보일 수 있다. 훌륭한 협상은 공감과 청취를 통해 좋은 관계를 만들어 내는 의사소통 기술에 달려 있다.

- **공동 문제**: 문제의 목적과 본질에 대해 의견이 일치하는 것에서부터 협상을 시작하는 것이 좋다. 상대의 의견을 들어 보고 모두에게 문제가 있다는 것을 확인하는 것이 중요하다.
- **공동의 관심사/요구사항**: 일반적인 상황에서 그리고 자신이 처하게 될 상황에서 공동 문제를 설명하는 것으로부터 시작하라. 상대가 그것을 어떻게 생각하는지 설명을 들어라. 도달할 수 있는 공동 목표점이 존재하는가?
- **상호 이득의 조건**: 자신과 상대가 모두 새로운 계획안으로부터 얻을 수 있는 것에 초점을 맞추어라.
- **앞으로 가는 방법**: 당신이 일을 처리할 방법에 대해 설명하고, 동의에 이르도록 노력하라.
- **평가**: 평가 일정을 정하는 것은 바람직하다. 이것은 당신이 진보에 대해 많은 관심이 있다는 것을 확인시켜 주는 것이다. 합의로 어떤 결과를 만들어 낸다면, 충분히 먼 미래까지 예상할 수 있다.

협상이 모든 문제를 해결하지는 못할 것이다. 상대방이 너무 강력하거나 협상을 원하지 않을 수도 있기 때문이다. 양자가 문제가 있다는 것을 인식할 때 협상을 할 수 있다. 따라서 첫 단계는 문제가 있다는 것을 확인시키는 것이다. 물리치료사는 교수보조원과 수요일 오후 교실에서 신체관리 프로그램을 수행하길 원할지도 모른다. 당신 또한 그 시간에 교실에서 미술 수업을 원하기 때문에 곤란한 시간이 될 수 있다. 학교 교실에는 여러 가지 문제가 상존한다. 첫 번째는 공동의 문제를 확인하는 것이다. 상대방이 문제를 해결함으로써 얻는 이익이 있다는 것을 알게 하는 것은 중요하다. 그들의 관점으로 문제를 보려고 노력하라. 어쩌면 그들은 아무런 문제를 가지고 있지 않을 수도 있다. 돕기 위해 제삼자의 자세를 취하는 것이 오히려 자신에게 도움이 될지도 모른다. 협상은 두 사람 모두 해결하길 원하는 상호간의 문제가 있을 때 효과적이다.

통합학교 만들기

학교가 어떻게 통합교육을 지향하는지에 대한 분석은 각자가 이 과정의 중심에 있음을 증명하는 것이다. 통합교육에 있어서 대다수의 장벽이 물적 자원일지 모르지만 결국 통합교육을 만드는 것은 사람들이다. 이는 통합교육을 이루기 위해서는 교사의 활동이 중요하다고 강조하는 이유다. 효과적으로 통합교육을 성취하기 위해서는 다음과 같이 세 가지 전략을 사용한다.

- 자원의 생산
- 정보 공유
- 동맹의 결성

자원의 생산

자원의 생산은 힘의 근원이다. 대다수 자원은 돈이다. 돈으로 지체 장애 학생을 학교에 적응시키기 위해 교수보조원의 일과 장비 그리고 시간을 살 수 있다. 그래서 학교로 자금을 끌어들이는 것은 자금을 잘 관리하는 것만큼 중요하다. 그러나 자원은 단지 돈에만 국한되지 않는다. 성공적인 통합을 위해 가장 중요한 자원은 학교 내의 사람들이다. 교사와 교수보조원의 전문 기술과 지원은 성공적인 통합을 위해 가장 중요한 자원이다. 신규 직원을 채용하고 관리하여 역동적인 교직원 팀을 만들어 낼 수 있는 학교는 성공적인 통합을 위한 가장 중요한 자원을 가지고 있다.

정보 공유

자원을 생산하고 보유하는 방법 중 한 가지는 정보망을 형성하는 것이다. 이것은 학교에 도움이 되는 정보를 가진 조직이나 주요 인물의 네트워크다. 이 네트워크 중 일부는 공식적인 것이다. 지역교육청과 연계한 학교의 교육 계획은 지역교육청의 전략 계획LEA's Strategic Plan을 토대로 만들어진다. 일부는 비공식적이다. 학생들의 보완 · 대체 의사소통 체계에 관해서는 전문 언어치료사를 아는 것, 봉사단체에 의해 제공되는 지역 자원 정보를 아는 것, 인터넷으로부터 전문가에 대한 정보 그리고 다른 지역 학교의 발전을 알 수 있는 지식은 통합교육의 발전을 위한 귀중한 정보 자원이다.

동맹의 결성

정보의 공유는 발전적인 동맹을 만들어 준다. 동맹은 어떠한 공식 기관이 없이도 영향력을 만들어 내는 수단이다. 이 책을 통해 제시한 주제는 협력적인 팀 활동이다. 지체장애 아동의 성공적인 통합교육을 위해 필요한 핵심적인 사람들이 있다. 여기에서 동맹의 결성은 통합교육을 만드는 힘에 관한 것이다. 즉, 지체장애 학생이 스스로 교실에서 활동할 수 있도록 해 주는 것과 동료가 그 과정에 참여하도록 하는 것에 관한 것이다. 또한 교사들, 교수보조원 그리고 다른 전문가가 통합활동이 일어날 수 있도록 하나의 팀으로 일할 수 있게 하는 것이다. 이 팀이 아동을 지원하는 것과 같은 방법은 동맹처럼 보일 수 있을 것이며, 그것은 학교의 발전을 지원하는 팀이 될 수 있다. 그 동맹은 연합 및 운영에 관한 공식적인 규제가 없는 사람들이 모인 그룹으로 볼 수 있으며, 팀원의 협력적인 행동을 필요로 하는 공유된 목표에 초점을 맞추고 있다.

사회관계도6장 참고를 그리는 것은 학교 내에서 통합교육의 문제에 대해 어떻게 그룹 지어지는지에 대한 지도를 만드는 과정이다. 교사는 그 지도의 중심에 자신을 놓을 수 있다. 그리고 통합에서 자신과 가장 가까운 우호 동맹군을 그릴 수 있다. [그림 8-2]를 보면, 통합교육에 대한 지원의 정도에서 지원이 강하면 플러스(+)로, 통합교육을 반대하는 것은 마이너스(-)로 표시된다. 사람들 사이의 선은 동맹을 의미한다.

연합의 지도자

다양한 연합의 핵심 구성원을 파악하는 것은 관심을 가져야 하는 사람의 수를 줄여 주는 데 유용하다. 연합의 핵심 구성원은 몇몇 사람이 영향을 받을 수 있도록 지렛대처럼 행동을 한다. 예를 들어[그림 8-2] 참고, 교사와 메이비스, 교사와 제인 사이에는 좋은 동맹관계가 형성되어 있다. 메이비스는 다른 학부모와 교장에게 영향을 미치는 연합의 지도자다. 그녀가 영향력을 미치는 것이 확실하다면, 교장도

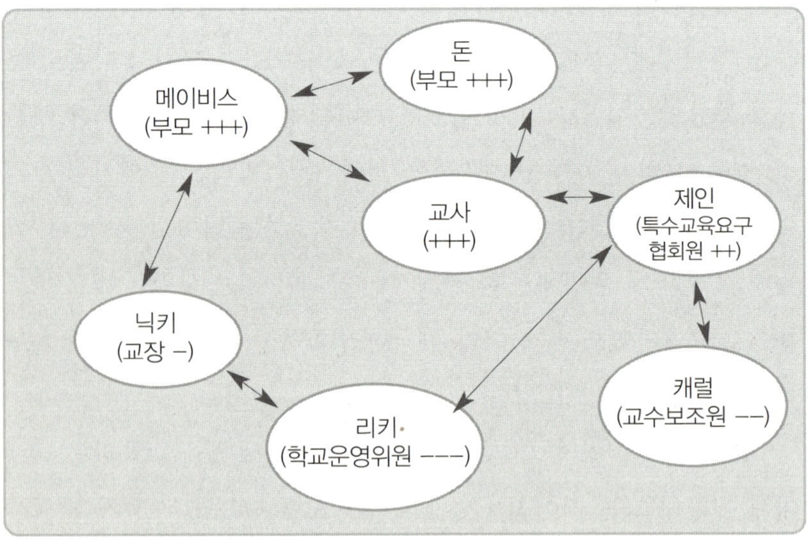

[그림 8-2] 통합 제휴

통합교육으로 유도할 수 있다. 같은 방식으로 특수교육요구협회 회원인 제인도 교수보조원과 학교운영위원회 위원에게 영향력을 끼친다. 이러한 연합의 지도자는 동맹관계에 중요한 부분이다.

활 동

대부분의 사람이 학교에서 통합교육을 하는 데 소극적으로 참여한다면, 첫 단계는 통합교육 활동을 활성화시키는 것이다. 통합교육 실천 계획의 필요성에 관하여 사람들에게 알리는 것이 최우선이어야 한다. 대부분의 사람이 지체장애 학생의 통합교육에 반대한다면, 어떤 강력한 동지를 확보해야 할 것이다. [그림 8-2]에서는 교장과 학교운영위원회 위원이 통합에 반대하는 관계에 있다. 이때는 특수교육요구협회 회원과 부모의 지원을 확보해야 하며, 지역교육청의 지원은 기대하지 말아야 한다. 통합을 강력하게 지원하지만 활동적이지 않은 사람이라면, 첫 단계는 활동성의 수준을 끌어올려야 한다.

주의의 우선순위

입장을 바꿀 것 같은 사람들을 우선적으로 고려해야 한다. 이것은 특히, 그들이 강한 힘을 가졌을 경우에 중요하다. 교장은 통합교육에 (−) 정도만 적대적이다. (−−−) 정도로 강하게 적대적인 학교운영위원보다 교장에게 주의注意를 기울여야 한다. 이러한 사람들에게 통합교육 계획을 알리는 데 더욱 정성을 쏟아야 한다.

학교의 다른 사람들도 지체장애 학생의 통합교육에 대해 다른 생각을 가질 것이라는 사실을 파악하는 것이 중요하다—특히, 중도 지체장애 학생의 통합교육에 관해서는 더욱 그렇다. 효과적으로 통합교육을 이루기 위해서는 다른 사람들과 동맹관계를 만들어 내고, 좀 더 통합적인 학교를 만들기 위해 그들의 지원을 얻어야 한다.

시작

어떻게 시작해야 하는지와 누구로부터 도움을 얻어야 하는지를 아는 것은 매우 어렵다. 좋은 출발점은 지체장애 학생을 담당하는 다른 교사에게서 찾을 수 있다. 그 교사는 어쩌면 학교 내에, 혹은 이웃 학교에 있을 것이다. 그들은 유사한 문제점을 말할 것이다. 과거에 다른 교사도 그들의 교실에서 지체장애 학생을 성공적으로 통합시켜 왔다. 그들의 이야기를 들어라—누가 그들을 지원해 주었는가?

몇몇 지역교육청에서는 지체장애 학생의 통합교육에 관련된 지원, 협의 또는 교사를 지원해 줄 수 있는 집단이 있을 것이다. 지역교사센터[1)]가 지역에도 있는지 알아보라. 만약에 없다면, 당신이 직접 시작하는 것도 고려할 수 있을 것이다.

여 행

지체장애 아동의 통합교육은 끝이 없다. 모든 아동이 학교에 완벽하게 통합되는 때를 상상하기란 어렵다. 이 책은 이러한 점에서 목적

1) 역자 주: 우리나라 지역교육청의 특수교육지원센터 격.

지에 대한 것이 아니라, 여행과정에 관한 것을 다루고 있다. 장애 정도의 차이뿐만 아니라 통합교육의 수준에도 차이가 존재한다. 그래서 근본적으로, 학교에 휠체어를 타는 학생을 통합하는 것은 어려울 것이다. 그러나 이것은 학교가 발전하면서 더 이상 문제가 되지 않았다. 오히려 다음의 내용이 더 문제가 된다. 보완 · 대체 의사소통 체계를 사용하는 아동의 통합교육에 관한 것 등이다. 그다음 해에는 학습장애가 있으면서 보완 · 대체 의사소통 체계를 사용하는 아동의 통합교육에 관한 것일 수 있다. 요점은 각각의 아동을 위한 계획을 수립해야 하는 것이 새로운 도전 과제라는 점이다.

만약 학교가 좋은 정보와 강한 동맹관계와 같은 좋은 자원을 가지고 있다면, 남은 과제는 그것이 잘 작동하도록 하는 것이다. 그러나 대다수 학교와 교사에게 지체장애 학생의 출현은 길고도 도전적인 여행의 시작일 것이다. 교사교수보조원, 교장 그리고 직원들는 학생을 옹호하는 것과 학생 편에서 협상하고, 다른 직원을 안내하고 지원하는 방법을 배워야 한다. 이러한 것의 최종 목표는 지체장애 학생의 정상화다.

당신이 원하는 것이 모든 학생에게 좋은 선생님이 되는 것이라면, 이는 매우 어려운 희망사항이다. 모든 장애아동을 통합하는 과정은 쉽지 않다. 따라서 당신이 협력자를 얻는 방법 속에서 교육에 관한 당신의 의견을 개진하는 것이 중요하다.

그러나 대부분의 교사는 긴 여정에서 그 여행의 의미를 찾는다. 교사는 혁신적인 방식으로 학급을 관리하는 방법과 다른 사람과 일하기 및 팀티칭을 위한 방법에 대해 더 배울 것이다. 즉, 어떻게 협상하고, 어떻게 중재하며, 어떻게 계획하는지를 배운다. 또한 다른 기관과 차별화되는 기술과 다른 배경을 가진 전문가와 일하는 방법을 배운다. 마지막으로, 가장 중요한 것은 지체장애 학생은 그들의 손과 얼굴 그리고 마음을 어루만져 줄 교사의 힘을 필요로 한다는 것을 배운다. 이러한 기능, 지식, 전략을 사용함으로써 교사는 진정으로 지체장애 학생을 통합교육할 수 있다.

참고문헌

Ainscow, M. (1999). *Understanding the Development of Inclusive Schools.* London: Falmer.

Ainscow, M., & Sebba, J. (eds). (1996). 'International developments in inclusive education'. *Cambrige Journal of Education (Special issue), 26*, 1.

Anderson, E. (1973). *The Disabled Schoolchild: A Study of Integration in Primary Schools.* London: Methuen.

Anderson, E. (1975). 'A research study on the integration of physically handicapped children in ordinary primary schools', in Loring, J. & Burn, G., *Integration of Handicapped Children in Society.* London: Routlege and Kegan Paul.

Appleton P., Minchen, P., Ellis, N. et al. (1994). 'The self- concept of young people with spina bifida: a population-based study'. *Developmental Medicine and Child Neurology, 36*, 198-215.

Audit Commission (2002). *Statutory Assessments and Statements of Special Educational Needs: In Need of Review?* London: Audit commission.

Bailey, D. (1987). 'Collaborative goal-setting with families: resolving differences in values and priorities for services'. *Topics in Early childhood*

Special Education, 7(2), 59-71.

Bailey, D., & Winton, P. (1987). 'Stability and change in parents' expectations about mainstreaming'. *Topics in Early Childhood Special Education, 7*(1), 73-87.

Bairstrow, P., Cochrane, R., & Hur, J. (1993). *Evaluation of Conductive Education for Children with Cerebral Palsy. Final Report Parts 1 and 2.* London: HMSO.

Baker, E. (1994). 'Meta-analytic evidence for non-inclusive educational practice: does educational research support current practice for special needs students? 'Doctral Dissertation, Temple University, Philadelphia.

Baker, E., Wang, M., & Walberg, H. (1995). 'The effect of inclusion on learning'. *Educational Leadership, 52*(4), 33-5.

Barton, M. (1992). *Teachers' Opinions on the Implementation and Effects of Mainsteaming.* Chicago: Chicago Public schools.

Bennet, T., Deluca, D., & Bruns, D. (1997). 'Putting inclusion into practice: perspectives of teachers and parents'. *Exceptional children, 64*(1), 115-31.

Beresford, B. (1995). *Expert Opinions: A National Survey of Parents Caring for a Severely Disabled Child.* New York: Joseph Rowntree Foundation.

Berryman. J., & Berryman, C. (1981). 'Use of the "Attitudes Toward Mainstreaming Scale" with rural Georgia teachers'. Paper presented at an American Educational Research Association meeting, Los Angels(ERIC Document Reproduction Service No. ED 201 420).

Booth, T. (1981). 'Demystifying integration', in Swann, W., *The Practice of Special Education.* Oxford: Basil Blackwell.

Booth, T., Ainscow, M., & Dyson, A. (1997). 'Understanding inclusion and exclusion in the English competitive educaion system'. *International Journal of Inclusive Education, 1*(4), 337-55.

Bower, E., & McLellan, D. (1994). 'Measuring motor goals in children with CP'. *Clinical Rehabilitation, 8*, 198-206.

Bowley, A. (1969). 'A follow-up of 64 children with cerebral palsy'. *Developmental Medicine and Child Neurology, 9*(2), 172-82.

British Picture Vocabulary Test (BPVT). Windsor: NFER-Nelson.

Byrne, E., & Cunningham, C. (1985). 'The effects of mentally handicapped children on families: a conceptual review'. *Journal of child Psychology and Psychiatry, 26*, 847-64.

CALL (Communication Aids for Language and Learning) (1997). *Person Passports*. Edinburgh: CALL.

Carlberg, C., & Kavale, K. (1980) 'The efficacy of special versus regular class placement for exceptional children: a meta-analysis'. *Journal of Special Education, 14*, 295-309.

Center, Y., & Ward, J. (1984). 'Integration of mildly handicapped cerebral palsied children into regular schools'. *The exceptional Child, 31*(2), 104-13.

Center, Y., Ward, J., & Ferguson, C. (1991). 'Towards and index to evaluate the integration of children with disabilities into regular classes'. *Educational Psychology, 11*(1), 77-95.

Champeau, T. (1992). 'Transactional analysis and rehabilitation: an integrative approach to disability'. *Transactional Analysis Journal, 22*(4), 234-42.

Checkland, P., & Scholes, J. (1990). *Soft System Methodology in Action*. Chichester: Wiley.

Cioni, G., Paolicelli, P., Sordi, C., & Vinter, A. (1993) 'Sensorimotor development in cerebral-palsied infants assessed with the Uzgiris-Hunt scales'. *Developmental Medicine and Child Neurology, 35*, 1055-66.

Clark, G., & Seifer, R. (1983). 'Facilitating mother-infant communication'. *Infant Mental Health Journal, 4*, 67-81.

Crocker, J., & Major, B. (1989). 'Social Stigma and self-esteem: the self-protective properties of stigma'. *Psychological Review, 96*(4), 608-30.

Darling, R. (1993). 'Parent-professional interaction: the roots of misunderstanding' in Seligman, M. (ed.), *The Family with a Handicapped Child: Understanding and Treatment*. London: Allyn and Bacon.

Deno, E. (1970). 'Special education as development capital'. *Exceptional Children, 37*(3), 229-37.

DES (1989). *Educating Physically Disabled Children*. London: HMSO.

DfEE (1996). *Supporting Pupils with Medical Needs in School* (Circular 14/96). London: HMSO.

DfEE (1997). *Excellence for All Children: Meeting Special Educational Needs*. London: HMSO.

DfEE (1998). *Meeting Special Educational Needs: A Programme for Action*. London: HMSO.

DfES (2001a). *Special Educational Needs Code of Practice*. London: HMSO.

DfES (2001b). *Special Educational Needs and Disability Act*. London: HMSO.

DfES (2001c). *Statistics of Education: Special Educational Needs in England, January 2001*. London: HMSO.

Diamond, K. (1993). 'Preschool children's concept of disability in their peers'. *Early Education and Development, 4*, 123-9.

Dutton, G., Day, R., & McColloch, D. (1999). 'Who is a visually impaired child?' *Developmental Medicine and Child Neurology, 41*, 211-13.

Egan, G. (1990). *The skilled Helper* (4th edn). Monterey, CA: Brooks-Cole.

Erwin, E., & Soodak, L. (1995). 'I never knew I could stand up to the system: families' perspectives on pursuing inclusive education'. *Journal of the Association for Persons with severe Handicaps, 20*(2), 136-46.

Evans, P., Johnson, A., Mutch, L., & Alberman, E. (1989). 'A standard form for recording clinical findings in children with a motor deficit of central origin'. *Developmental Medicine and Child Neurology, 31*, 119-27.

Farrell, P. (1997). 'The integration of children with severe learning difficulties: a review of the recent literature'. *Journal of Applied Research in Intellectual Disabilities, 10*(1), 1-14.

Fisher, R., & Ury, W. (1981). *Getting to Yes - Negotiating Agreements Without Giving In*. London: Hutchinson.

Forest, M., & Lusthaus, E. (1990). 'Everyone belongs with the MAPS Action Planning System'. *Teaching Exceptional Children, 22*, 32-5.

Fox, M. (1998). 'Multidisciplinary assessment of under-fives with cerebral palsy', in Wolfendale, S. (ed.), *Meeting Special Needs in the Early Years*. London: Davic Fulton.

Fox, M. (1999). 'Parents' concerns about the inclusion of children with physical disabilities into mainstream schools'. Unpublished doctoral thesis, University of East London.

Fuchs, D., & Fuchs, L. (1995). 'Sometimes separate is better'. *Educational Leadership, 52*(4), 22-6.

Garvar-Pinhas, A., & Schmelkin, L. (1989). 'Administratos' and teachers' attitudes to mainstreaming'. *Remedial and Special Education, 10*(4), 38-43.

Giangreco, M. (1997). 'Key lessons learned about inclusive education: summary of the 1996 Schonell Memorial Lecture'. *International Journal of*

Disability, Development and Education, 44(3), 193-206.

Goodman, R. (1997). 'Psychological aspects of hemiplegia'. *Archive Disability in children, 76*, 177-8.

Hall, D., & Hill, P. (1996). *The Child with a Disability.* Oxford: Blackwell.

Harter, S. (1988). 'Causes, correlates and the functional role of global self-worth: a life-span perspective', in Kolligian, J. & Sternberg, R. (eds), *Perceptions of Competence and Incompetence across the life-Span.* New Haven, CT: Yale University Press.

Jarrett, N. (1996). 'Inclusive education: theory into practice'. *Educational and Child Psychology, 13*(3), 76-85.

Jenkinson, J. (1997). *Mainstream or Special: Educating Students with Disabilities.* London: Rourledge.

Jenkinson, J. (1998). 'Parent choice in the education of students with disabilities'. *International Journal of Disability, Development and Education, 45*(2), 189-202.

Johnson, D., & Johnson, F. (1987). *Joining Together: Group Theory and Group Skills.* London: Prentice-Hall.

Kopp, C., & Shaperman, J. (1973). 'Cognitive development in the absence of object manipulation during infancy'. *Developmental Psychology, 9*(3), 430.

Larrivee, B. (1985). *Effective teaching for successful Mainstreaming.* London: Longman.

Levitt, S. (1982). *Treatment of Cerebral Palsy and Motor Delay.* Oxford: Blackwell Schientific Publications.

Lipsky, D., & Gartner, A. (1996). 'Inclusion, school restructuring, and the remaking of American society'. *Harvard Educational Review, 66*(4), 762-9.

Lodge, J. (1999). 'Developing curriculum access based on sensory approaches: partial sight and blindness', in Blamires, M. (ed.), *Enabling Technology for Inclusion.* London: Paul Chapman, pp. 83-95.

Logan, K., & Malone, M. (1998). 'Comparing instructional contexts of students with and without severe disabilities in general education classrooms'. *Exceptional Children, 64*(3), 343-58.

Lovell, C. (2001). *Advocacy.* Course material, University of Essex.

Lynch, J. (1987). *Prejudice Reduction and the School.* London: Cassell.

McCollum, J. (1984). 'Social interaction between parents and babies: validation of an intervention procedure'. *Childcare, Health and Development, 10,* 301-15.

Mahoney, G. (1988). 'Maternal communication with mentally retarded children'. *American Journal of Mental Deficiency, 92,* 341-8.

Male, D. (1998). 'Special educational needs: statistics and trends'. *Tizard Learning Disability Review, 3*(3), 40-5.

Mandell, C., & Fiscus, E. (1981). *Understanding Exceptional People.* New York: West Publishers.

Marks, S. (1997). 'Reducing prejedice against children with disabilities in inclusive settings'. *International Journal of Disability, Development and Education, 44*(2), 117-31.

Marlow, E., Thoman, M., & Innes, A. (1968). 'Spastics in ordinary schools'. *Special Education, 57*(1), 8-15.

Martin, S., Brady, M., & Williams, R. (1991). 'Effects of toys on the social behaviour of preschool children in integrated and non-integrated groups: investigation of a setting event'. *Journal of Early Intervention, 15,* 152-61.

Mason, M (1998). *Forced Apart: The Case for Ending Compulsory Segregation in Education.* London: Alliance for Inclusive Education.

Meyer, L. (2001). 'The impact of inclusion on children's lives: multiple outcomes, and friendship in particular'. *International Journal of Disability, Development and Education, 48*(1), 9-31.

Molnar, G. (1992). 'The influence of psychosocial factors on personality development and emotional health in children with cerebral palsy and spina bifida', in Heller, B., Flohr, L., & Zegans, L. (eds), *Psychosocial Interventions with Physically Disabled Persons.* London: Jessica Kingley.

MOVE (1995). *International Brochure.* Bakersfiled, CA: Kern Country Superintendent of Schools' Office.

Nabors, L., Willoughby, J., Leff, S., & McMenamin, S. (2001). 'Promoting inclusion for young children with special needs on playgrounds'. *Journal of Developmental and Physical Disabilities, 13*(2), 179-89.

Newell, P. (1985). 'Integration, possibilities, practice and pitfalls'. *Education and Child Psychology, 2,* 3.

Newson, J. (1979). 'Intentional behaviour in the young infants', in Shaffer, D. & Dunn, J. (eds), *The First Year of Life.* New York: Wiley.

Nind, M., & Hewett, D. (1994). *Access to Communication.* London: David Fulton.

Parish, T., Maker, S., Arheart, K., & Adamchak, P. (1980). 'Normal and exceptional children's attitudes towards themselves and one another'. *The Journal of Psychology, 104,* 249-53.

Pearpoint, J., Forest, M., & Snow, J. (1992). *The Inclusion Papers.* Toronto: Inclusion Press.

Peck, C., Carlson, P., & Helmstetter, E. (1992). 'Parent and teacher perceptions of outcomes for typically developing children enrolled in integrated early childhood programs: a statewide survey'. *Journal of Early Intervention, 16*, 53-63.

Phillips, W., Allred, K., Brulle, A., & Shank, K. (1990) 'The regular education initiative'. *Teacher Education and Special Education, 13*, 182-5.

Piaget, J. (1966). *The Origins of Intelligence in Children*. New York: International Universities Press.

Queensland Spastic Welfare League (1993). *Children with Cerebral Palsy in the Classroom: A Guide for Teachers*. Queensland, Australia.

Quinn, P. (1998). *Understanding Disability: A Life-span Approach*. London: Sage.

Rahamin, L. (1999). 'Scaling physical barriers', in Blamires, M. (ed.), *Enabling Technology for Inclusion*. London: Paul Chapman.

Rekate, H. (1990). *Comprehensive Management of Spina Bifida*. Boca Raton, Florida: CRC.

Resnick, M., & Hutton, L. (1987). 'Resilience among physically disabled adolescents'. *Psychiatric-Annals, 17*(12), 796-800.

Richardson, S., Hastorf, A., & Dornbusch, S. (1964). 'The effects of physical disability on a child's description of himself'. *Child Development, 35*, 893-907.

Rogers, C. (1983). *Freedom To Learn for the 80's*. New York: Macmillan.

Rose, R. (2001). 'Primary school teacher perception of the conditions required to include pupils with special education needs'. *Educational Review, 53*(2), 147-56.

Salisbury, C., Palombaro, M., & Hollowood, T. (1993). 'On the nature and change of an inclusive elementary school'. *Journal of the Association for Persons with Severe Handicaps*'. *18*(2), 75-84.

Schein, E. (1988). *Organisational Psychology*. London: Prentice-Hall.

Scope (1994). *Right from the Start*. London: Scope.

Scope (1995). *Bobath: Scope Therapy Factsheet*. London: Scope.

Scope (1998). *Whose Problem Is It?* London: Scope.

Scope (undated). *The Land of Droog*. London: Scope.

Scruggs, T., & Mastropieri, M. (1996). 'Teacher perceptions of mainstreaming/in clusion, 1958-1995: a research synthesis'. *Exceptional Children, 63*(1), 59-74.

Seligman, M., & Darling, B. (1989). *Ordinary families and speciall children: A systems approach to childhood disability*. London: Guilford Press.

Sideridis, G., & Chandler, J. (1997). 'Assessment of teacher attitudes toward inclusion of students with disabilities: a confirmatory factor analysis'. *Adapted Physical Activity Quarterly, 14*, 51-64.

Skinner, M. (1996). 'Full inclusion and students with disabilities: one size fits all?' *Reading and Writing Quarterly: Overcoming Learning Difficulties, 12*, 241-4.

Sloper, P., & Turner, S. (1991). 'Parental and professional views of the needs of families with a child with severe physical in the disability'. *Counselling Psychology Quarterly, 4*, 323-30.

Sloper, P., & Turner, S. (1993). 'Risk and resistance factors adaptation of parents of children with severe physical disability'. *Journal of Child Psychology and Psychiatry, 34*(2), 167-88.

Society of Education Officers (1996). *SEN Initiatives: Managing Budgets for Pupils with SEN*. London: and Coopers and Lybrand.

Stainback, W., & Stainback, S. (1990). *Support Networks for Inclusive Schools: Interdependent Integrated Education*. Baltimore: Paul H. Brooks.

Staub, D., & Peck, C. (1995). 'What are the outcomes for nondisabled students?' *Educational Leadership, 52*(4), 36-40.

Staub, D., Schwartz, I., Gallucci, C., & Peck, C. (1994). 'Four portraits of friendship at an inclusive school'. *The Journal of the Association for Persons with severe Handicaps.*

Stolber, K., Gettinger, M., & Goetz, D. (1998). 'Exploring factors influencing parents' and early childhood practitioners' beliefs about inclusion'. *Early Childhood Research Quarterly, 13*(1), 107-24.

Strully, J., & Strully, C. (1989). 'Friendship as an educational goal', in Stainback, S., Stainback, W., & Forest, M. (eds), *Educating All Students in the Mainstream of General Education.* Baltimore: Brooks, 59-68.

Swain, J., Finkelstein, V., French, S., & Oliver, M. (1993). *Disabling Barriers: Enabling Environments.* London: Sage.

Thomas, G. (1997). 'Inclusive schools for an inclusive society'. *British Journal of Special Education, 24*(3), 103-7.

Thomas, G., Walker, D., & Webb, J. (1998). *The Making of the Inclusive School.* London: Routledge.

Vandercook, T., York, J., & Forest, M. (1989). 'MAPS: a strategy for building the vision'. *The Journal of the Association for Persons with severe Handicaps. 14,* 205-15.

Varni, J., Rubenfeld, L., & Talbot. D. (1989). 'Determinants of self-esteem in children with congenital/acquired limb deficiencies'. *Journal of Developmental and Behavioral Paediatrics, 10*(1), 13-16.

Vincent, D., & de la Mare, M. (1985). *The New Reading Analysis.* Berkshire: NFER-Nelson.

Wang, M., & Baker, T. (1986). 'Mainstreaming programs: design features and effects'. Journal of *Special Education, 19,* 503-21.

Warnock, M. (1978). *Special Education Needs. Report of the Committee of Enquiry into Special Education Needs.* DES/HMSO.

Whorf, B. L. (1956). *Language, Thought and Realty* (edited with an introduction by J. Carroll). New York: Wiley.

Within Reach (1992). National Union of Teachers/The Spastics Society.

Wittrock, M. (ed.) (1985). *Handbook of Research on Teaching.* New York: Collier MacMillan.

Wolfendale, S. (1992). *Empowering Parents and Teachers.* London: Cassell.

York, J., & Tundidor, M. (1995). 'Issues raised in the name of inclusion: perspectives of educators, parents and students, *Journal of the Association for Persons with severe Handicaps. 20*(1), 31-44.

York, J., Vandercook, T., MacDonald, C., Heise-Neff, C., & Caughey, E. (1992). 'Feedback about integrating middle school education students with severe disabilities in general education classes'. *Exceptional Children, 58*(3), 244-58.

찾아보기

인명

J

K

L

M

N

O

P

내용

ㅌ

ㅍ

ㅎ

저자 소개

Mark Fox

저자는 지난 25년 동안 특수교육요구를 가진 아동의 부모와 함께 지역교육청, 국가건강보험협회(NHS) 그리고 지체장애인협회 등에서 교육심리학자로 일해 왔다.

역자 소개

김삼섭

공주사범대학교 교육학과(교육학사)와 단국대학교 대학원(특수교육학 전공, 교육학박사)을 졸업하였고, 공주대학교 특수교육과 학과장, 특수교육연구소장, 특수교육대학원 원장, 일본 도쿄도립대학 객원연구원, 한국특수교육학회 회장을 역임하였다. 현재 공주대학교 특수교육과 교수로 재직 중이다.

박은송

공주사범대학교 특수교육과(교육학사)와 공주대학교 대학원(특수교육학 전공, 교육학박사)을 졸업하였고, 광주세광학교, 한국선진학교에서 교사로 근무하였다. 현재 한국우진학교 교사로 재직 중이다.

통합학급 교사를 위한

지체장애 학생교육

2012년 3월 5일 1판 1쇄 인쇄
2012년 3월 10일 1판 1쇄 발행

지은이 • Mark Fox
옮긴이 • 김삼섭 · 박은송
펴낸이 • 김진환
펴낸곳 • ㈜ 학지사
121-837 서울특별시 마포구 서교동 352-29 마인드월드빌딩 5층
대표전화 • 02) 330-5114 팩스 • 02) 324-2345
등록번호 • 제313-2006-000265호

홈페이지 • http://www.hakjisa.co.kr
커뮤니티 • http://cafe.naver.com/hakjisa

ISBN 978-89-6330-777-0 93370

정가 14,000원